双语学研究

（第五辑）

梁光华　余成林　郑江义　主编

科学出版社

北京

图书在版编目(CIP)数据

双语学研究. 第五辑 / 梁光华，余成林，郑江义主编. —北京：
科学出版社，2018.1
ISBN 978-7-03-055076-7

Ⅰ.①双… Ⅱ.①梁… ②余… ③郑… Ⅲ.①双语学–文集
Ⅳ.①H0-53

中国版本图书馆 CIP 数据核字(2017)第 267639 号

责任编辑：王洪秀　冯晓寅 / 责任校对：邹慧卿
责任印制：张欣秀 / 封面设计：铭轩堂

科学出版社 出版
北京东黄城根北街 16 号
邮政编码：100717
http://www.sciencep.com

北京京华虎彩印刷有限公司 印刷
科学出版社发行　各地新华书店经销
*
2018 年 1 月第 一 版　开本：720×1000 B5
2018 年 1 月第一次印刷　印张：23
字数：342 000

定价：98.00 元
(如有印装质量问题，我社负责调换)

国家第六批特色专业建设点"汉语言文学专业"建设项目成果

贵州省特色重点学科"中国语言文学"建设项目成果

贵州省区域内一流建设培育学科"中国语言文学"建设项目成果

目　录

语言本体

语言接触与语言翻译

双 语 教 学

教汉语，学汉语　对汉语要有这样的认识

陆俭明（北京大学）

引　言

不管是汉语作为外语教学（教学对象是外国人），还是汉语作为第二语言教学（教学对象是国内其他民族子弟），我们统称为"汉语教学"。

作为一名汉语教师，不管是在中国任教负责教来华外国学生的汉语教师，不管是在中国任教担负教其他民族的子弟的汉语教师，不管是在海外任教的中国的汉语教师，也不管是海外各国本土的汉语教师，都必须明白"自己为什么要教汉语"，同时也要让所教的学生明白"自己为什么要学汉语"。而在思考这两个问题时，一定要有世界眼光和国际视野。

当今我们处在一个大数据、云计算、网络化、全球化、万物互联（internet of things）、人类逐步走向太空的信息时代。在当今社会，语言能力已成为国家和个人发展的重要因素。高科技的迅速发展、经济的全球化、信息高速公路的大普及，带来了全球性的商品流、信息流、技术流、人才流、文化流，国家与国家之间、地区与地区之间的交流日益频繁，而且日趋多样化。要让这一条条细流汇合成畅通无阻的洪流，语言能力是一个不可缺少的条件；从另一个角度说，影响世界各国广泛交流的一个重要因素就是语言。显然，这种时代变化要求个人与国家要具备更高、更多元的语言能力和高水平的语言教育能力。联合国前任秘书长安南先生就曾经这样说过："21世纪的年轻人起码要掌握三种语言，这

样才能适应社会发展的需要。"这是很有前瞻性的看法。如今的现实告诉人们，个人的语言能力已关涉到一个人的生存与发展，已成为与他人竞争的一个先决性条件。社会各招聘单位对应聘人员首先进行的考核不是专业知识，而是语言能力。这种语言能力，不仅包括母语的语文素养及其口语、书面语的表达能力，也包括外语的能力与水平。国家的语言能力已关涉到国家软硬实力的提升，关涉到国家的安全。那是因为在当今世界国家语言能力跟获取信息的能力，跟信息资源的储备、利用、保护的能力，跟国际空间的开拓能力和国际竞争能力成正比；而在信息化时代，任何国际交往和国际利益的争取与维护，更需要有很强的语言能力的支撑。因此，国际间的激烈竞争业已包含着语言人才的竞争，语言技术的竞争，乃至语言意识、语言规划的竞争。我们看到，如今一些发达国家都已经从战略高度来对待语言问题。以美国为例，21世纪以来就先后出台了《国家外语能力行动倡议》（2004年）、《国防语言转型路线图》（2005年）、《语言与区域知识发展计划》（2006年）、《国家安全语言计划》（2006年）、《国防部语言技能、区域知识和文化能力的战略规划：2011—2016》（2011年）等一系列重大语言政策和举措，足见他们对语言之重视。总之，国家语言能力的强弱已经而且将进一步成为国家强弱盛衰的一种表征。（赵世举，2015）在这样一个时代大背景下，各个国家越来越重视语言教学，并要求自己的国民在学好母语的同时，还得学习、掌握好外语。对各国青少年来说，在学好母语书面语的同时，得学好一门或两门外语，汉语将逐渐成为外国学生选修的外语。

我们所说的要用世界的眼光、国际的视野来看待我们的汉语教学，就是上面所说的意思。

同时，为使汉语教学取得最好的效果，汉语教师也好，汉语学习者也好，最好对所教、所学的汉语要有些认识。该有什么样的认识呢？

第一点认识

汉语是目前世界上历史悠久而基本上未被分化的语言。目前在世界上，以汉语为母语的人口是最多的，有将近 15 亿，主要分布在中国，以及东南亚一些国家（如新加坡、马来西亚、印尼、菲律宾、泰国等）。由于华人遍布世界各地，因此汉语也可以说遍及全世界。

现代汉语，自唐宋元明清以来，特别是 20 世纪随着"五四"新文化运动时期的"白话文运动"和后来掀起的"国语运动"的"双潮合璧"，逐渐形成了"以北京语音为标准音、以北方方言为基础方言、以典范的白话文著作为语法规范"的汉民族共同语。中国是一个多民族、多语种的国家。长期以来汉语逐渐成为中国各民族之间交流的语言。2000 年 10 月 31 日由中华人民共和国第九届全国人民代表大会常务委员会第十八次会议通过，并自 2001 年 1 月 1 日起施行的《中华人民共和国国家通用语言文字法》明确规定："国家通用语言文字是普通话和规范汉字。"我国宪法赋予各兄弟民族有使用和发展本民族语言的权利，如今规定普通话和规范汉字为国家通用语言文字，这是符合我国国情、符合我国各民族利益的。国家通用语言文字法的颁布与实施标志着我国的语言文字工作走上了法制化的轨道。

如果我们能让所教学生对汉语有上面所说的认识，那么，如果所教学生是外国学生，就能明白学好汉语，就意味着掌握了与世界 1/5 人口交流的机会，就意味着能进入中国的文化宝库，也就意味着拿到了进入拥有 13 亿多人口的庞大市场的钥匙；如果所教学生是中国少数民族的子弟，就能明白学好汉语这一全国通用语，就意味着可以走出自己的家园，自由地走向全国各地，特别是走向东南沿海最发达地区，能更好地学习最新科学技术知识，从而有助于改变本民族地区的面貌，促使本民族地区能朝着现代化的方向更快地发展。

第二点认识

众所周知，汉语有复杂的方言。目前一般将汉语分为以下七大方言区[①]：①北方方言，又叫"官话方言"，以北京话为代表；②吴方言，也叫"吴语"，

---

① 汉语方言分区基本根据北京大学中文系现代汉语教研室所编《现代汉语》（增订本，商务印书馆，2012 年）第一章第四节"现代汉语方言"。

以苏州话或上海话为代表；③湘方言，也叫"湘语"，又可以分为新湘语和老湘语，新湘语以湖南省长沙话为代表，老湘语以湖南省双峰话为代表；①④赣方言，也叫"赣语"，以江西省南昌话为代表；⑤客家方言，也叫"客家话"，以广东省梅县话为代表；⑥闽方言，也叫"闽语"，闽方言以厦门话和福州话为代表；⑦粤方言，也叫"粤语"，以广东省广州话为代表。汉语各方言语音分歧最大，其次是词汇，语法上也有一定的差异。

方言对一个民族、对一个国家的共同交际会有十分不利的影响，因此，在中国必须大力推广作为汉民族共同语的普通话。但是，方言又有它重要的存在价值。

价值之一，汉语方言对中华文化的传承与发展有很大的贡献。汉语方言，传承千年，有着丰厚的文化底蕴，在整个中华文化中，有相当一部分文化就是由方言创造、保留和传承的，而且具有汉语各个方言区浓郁的乡土色彩和丰富独特的文化魅力。且不说国粹京剧、昆曲用的实际是方言，我国的一些主要剧种，如越剧、黄梅戏、豫剧、川剧、粤剧、淮剧等，以及各种地方曲艺，如苏州评弹、山东快书、天津三句半、东北二人转、上海滑稽、云黔的文琴戏、云南圣谕等也都用的是方言。而从文学史上的经典看，很多作品中也不乏方言成分，表现了不同作品的个性差异。显然，"方言是传统文化、地域文化的载体"，同时也是"唤起人们归属感、认同感的情感纽带"。（赵菲，2010）

价值之二，"方言是语言的活化石"，汉语纷繁的方言对研究、了解汉语发展的历史极有用处。根据目前已有的研究与认识，汉语从南到北的方言差异，大致反映了汉语从古至今的语音、词汇、语法的发展变化。可以这样说，"现代汉语南方方言正是古代汉语的历史投影；随着地理推移，现代汉语北方方言显示古代汉语历史演变的结果"。（余志鸿，2008）也可以这样说，古汉语向现代汉语"纵"的演变和类型上南方话向北方话"横"的推移，"正好相对，互为验证"。（桥本万太郎，2008）

汉语教学要教普通话，但不要较真儿，要有弹性，中国人几乎 99.99%

---

① 关于老湘语、新湘语的代表性方言，由北京大学项梦冰教授提供。

说的都是夹杂方言的普通话——蓝青官话。就全球范围的汉语教学来说，有必要引进"大华语"这一概念。"大华语"是指"以普通话为基础而在语音、词汇、语法上可以有一定的弹性、有一定宽容度的全球华人的共同语"[①]。汉语教学中引进"大华语"的概念，既有利于汉语教学，也符合下列"动态规范"观[②]：语言的变异是绝对的，语言的规范是相对的。

第三点认识

记录汉语的书面符号是形、音、义融为一体的一个个方块汉字。汉字可以超越方言、超越古今，不受空间、时间的限制，因而汉字跟属于"非形态语言"的汉语相互之间的关系极为和谐，从而确保了汉语在书面上一直保持统一。教汉语、学汉语必须过好"汉字关"。

现在，汉语教学的发展势头不错。在我们国内，众多的少数民族子弟迫切要求学习汉语；世界各国学汉语的人也越来越多。国内外汉语学习者，其学习目的与要求各不相同。但是我们必须清醒地认识到，无论对国内少数民族子弟来说，还是对外国汉语学习者来说，他们学习汉语，当然首先得学习汉语口语，只有这样，才可以跟汉族人交谈；但是从我们国家整体的发展来说，从汉语走向世界这一开展汉语教学的根本目的来说，我们不能只满足于已经有多少人能说"你好！""再见！""谢谢！"几句口语，

---

① "大华语"这一概念最早由陆俭明在"第三届中国社会语言学国际学术会议"（2004年12月18~20日，南京大学）全体大会上所作的题为《汉语走向世界与"大华语"概念》报告中提出来的，该报告后来以同样的标题在《中国社会语言学》（澳门，第2期，2005年）上发表，并收录在陆俭明所著的《作为第二语言的汉语本体研究》（外语教学与研究出版社，2005年）。参看陆俭明：《"大华语"概念适应汉语走向世界的需要》，载 GlOBAL CHINESE（全球华语），Vol.1 Is.1，2015。

② 参看李宇明：《信息时代的语言文字工作任务》，在"第三届全国语言文字应用学术研讨会"上的报告（杭州，2003年11月7~9日），该报告收录在中国应用语言学会编的《全国语言文字应用学术研讨会论文集》（香港科技联合出版社，2004年）；《语言规范试说》，载《当代修辞学》2015年第4期。另参看石典："语言文字规范和辞书编纂"学术座谈会简记，载《中国语文》2004年第3期。晁继周：《树立正确的语文规范观》，载《中国语文》2004年第5期。

得尽可能吸引、鼓励汉语学习者，特别是年轻人，要学习书面语。而这就必须引导学生学习汉字。这也正如赵金铭教授所指出的，如果他们只学"说的汉语""听的汉语"，不学汉字，不学习掌握书面语，那日后只能成为会说汉语的"文盲"。（赵金铭，2004）更值得注意的是李宇明教授所说的话，即"在汉语教学中不能掌握汉字的学生，最终可能会放弃汉语"①。

　　到底如何有效进行汉字教学，至今还是一个很值得大家探索的问题。现在给外族学生、外国学生讲解汉字一般都会讲到笔画、部件、部首偏旁、形旁声旁（义符声符）以及笔顺等，但具体怎么个讲法，各有各的想法和做法：有人主张采用"'基本部件+基本字体系'教学法来教汉字"（崔永华，1999）；有人主张"利用'字族'理论教汉字"（陈曦，2001）；有人主张采用综合联想识字法来教汉字（刘社会，2004）；有人主张采用"笔画、笔顺、部件、结构有机结合教学法"来教汉字，因为笔画是"汉字形体书写元素"，笔顺是"连笔成字的基本原则"，部件是"方块汉字的结构元素"，结构是"连笔成字的框架形式"；（施正宇，1999）有人主张采用"从汉字部件到汉字结构"教学法（张旺熹，1990）；等等。具体到对每个汉字该怎么讲，又各有各的招儿，甚至可以说五花八门。归纳起来，基本分两派：一派是严格按六书或新六书来讲；一派是出于让学生产生兴趣、便于学生记忆的考虑而采用"自我理解析字法"②；也有采用猜谜的讲法以增强学生记忆，前者如"一家有两口，大口养小口"（谜底为"回"），"顶天立地"（谜底为"工"），

---

① 参看李宇明《重视汉字教学》，在"汉语应用语言学学科建设与发展高峰论坛"（2012年8月20日，北京语言大学）上的书面报告。

② 2014年1月笔者应邀出席在巴黎举行的"欧洲汉语教师精英论坛"，在会上听到一位已在欧洲生活的中国汉语老师给学生讲解繁体"愛"字和简体"爱"字。那位汉语老师是这样讲授的（记录文字可能会有字句上的出入，但内容保证属实）：同学们你们看，繁体汉字"愛"，最下面是个"友情"的"友"（笔者注：其实繁体"愛"字最下面的部件不是"友"；简体汉字"爱"的最下面的部件才是"友"），因为爱情需要以友情为基础；爱情不能光有友情，得二人心心相印，所以"友"上面有个"心"；谈情说爱，不能老是在广场上、大街上，得到房子里边去促膝相谈，所以"心"上面有一个表示房子的"冖"；进到房子里，免不了会动手动脚，所以最上面是个手。现在男女青年谈情说爱随便得很，所以简化字"爱"里面就没有那个"心"了。从传统《说文解字》六书的角度看，这种讲法简直是胡说八道。但是，那位老师这样讲，学生爱听，而且全班没有一个学生不会认和写繁、简二体的"愛/爱"字。

一口咬断牛尾巴（谜底为"告"）；也有采用两字比照说趣闻的讲法，以引发学生兴趣。例如，"'口'对'回'说，亲爱的，都怀孕这么久了，也不说一声"；"'巾'对'币'说，你戴上博士帽就身价百倍了"；"'日'对'曰'说，你该减肥了"；"'丙'对'两'说，你家什么时候多了一个人，结婚了？"虽然讲法有别，但有一点是逐渐趋同，那就是都认为"不能忽视汉语的字词联结"（施正宇，2008），"要把字和词的教学结合起来"（李培元和任远，1986）。认字的目的还是识词，字词联结有助于识字、记字。"字不离词，词不离句，句不离文"，这已逐渐成为汉语教学界的共识。

第四点认识

汉语属于非形态语言，是语用强势语言。因此，在汉语教学中要特别注意这样几点。

第一，名词、动词、形容词无形态标志，进入句子也不发生词形上的变化。因此，汉语词类与句法成分是一对多的对应。（朱德熙，1985）具体如图1所示。

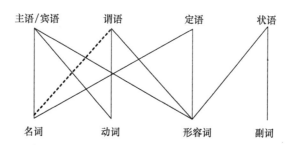

图1　汉语词类与句法成分的对应
注：虚线表示有少数词也具备句法功能

这就是说，汉语里的一个词往往可以出现在多种不同的句法位置上，而在词形上完全一样。试以"研究"为例。

（1）a. 这个问题，他<u>研究</u>，我不<u>研究</u>。[作谓语]
　　　b. 她<u>研究</u>语法。[作谓语中心，带宾语]

  c. 这个问题得<u>研究</u>清楚。[带补语]

  d. 这个问题我打算<u>研究</u>。[作"打算"的宾语]

  e. 这就是我的<u>研究</u>课题。[作名词"课题"的定语]

  f. 语法<u>研究</u>越来越受到重视。[直接受名词"语法"修饰]

  因此，对于母语为"形态语言"的学生来说一定得明了（这也需要汉语老师有意识地告诉学生），在"形态语言"里，譬如在英语里，作为句子，一定有一个定式动词（finite verb）；而作为词组，一定没有定式动词。例如：

  （2）I study Chinese grammar.

   [我研究汉语语法。]

   To study Chinese grammar is important.

   [研究汉语语法很重要。]

   Studying Chinese grammar is important.

   [研究汉语语法很重要。]

   It is important to study Chinese grammar.

   [研究汉语语法是很重要的。]

   *Study Chinese grammar is important.

   *It is important study Chinese grammar.

  再有，在"形态语言"（如英语）里，句子一定是主谓关系，词组一定不会是主谓关系。因此，我们通常说的主谓结构，当处于被包含状态时，在英语里不列入词组的范围，而称为"从句"或"子句"（clause）。例如：

  （3）The student who answered the question was John.

   [回答问题的那个学生是约翰。]

  （4）I worked till he came back.

   [我一直工作到他回来。]

  （5）Why she brought so many hats is a puzzle.

   [她为什么买那么多帽子还是个谜。]

例（3）里的 who answered the question，例（4）里的 he came back，例（5）里的 why she brought so many hats，虽然都处于被包含状态，但都依然视为句子，只是称为"从句"或"子句"，因为都是主谓关系。

汉语由于属于"非形态语言"，情况则不同，汉语里的动词就没有所谓定式动词（finite verb）与不定式动词（infinitive verb）的不同表现形式，汉语的句子也不一定是"主语-谓语"的模式。这样，在汉语里，句子和词组在句法构造上不形成对立，彼此不是整体和部分的关系，主谓结构跟其他句法结构处于同等的地位。在汉语里，一个句法结构如果处于被包含状态，它就是词组；如果处于单说地位（附有一定的句调），它就是句子。（朱德熙，1985）请对照"弟弟扫地"［主谓结构］和"参观科技博物馆"［述宾结构］进行理解：

（6）a."弟弟干什么呢？""弟弟扫地。"［句子］

　　　b. 弟弟扫地的时候总戴着口罩。［词组］

（7）a."明天干什么？""参观科技博物馆。"［句子］

　　　b. 参观科技博物馆的人可多了。［词组］

再如，"木头桌子"［"定-中"偏正结构］：

（8）a."你想买什么桌子？""木头桌子。"［句子］

　　　b. 木头桌子现在很贵呀！［词组］

从这里也可以了解到，在"形态语言"（如英语）里，词、词组、句子之间是层层组成关系（composition），即由词构成词组，由词组构成句子；而在汉语里，词和词组之间是组成关系，词组和句子之间则是实现关系（realization），即词组加上句调就成为句子。（朱德熙，1982）

第二，同一种语法关系可以隐含较大的语义容量和复杂的语义关系而没有任何形式标志。试以"动词+名词"的述宾关系（即动宾关系）为例。

（9）a. 吃苹果［动作-受事］

　　　b.（这锅饭可以）吃五个人［动作-施事］

  c. 吃大碗[动作–工具]

  d. 吃食堂[动作–方式；也有人分析为"动作–处所"]

  e. 吃父母[动作–凭借（靠父母生活）]

  f. 排电影票[动作–目的（为取得电影票而排队）]

  g. 养病[动作–原因（因病而养）]

  h. 扔框里[动作–处所]

  第三，在汉语里相同的词类序列，可以代表不同的句法构造。例如，"动词+动词"可以形成不同的句法结构关系（陆俭明和郭锐，1998）。

（10）研究讨论　　[并列关系]

   打算回家　　[动宾关系]

   挖掘出来　　[动补关系]

   研究结束　　[主谓关系]

   访问回来　　[连动关系]

   请他坐下　　[递系关系，也称兼语关系]

   讽刺说　　　[状语–中心语修饰关系]

   养殖研究　　[定语–中心语修饰关系]

  第四，支配人说汉语的是以下两个东西：一是汉语语言信息结构规律，特别是汉语句子信息结构所遵循的准则（陆俭明，2016，2017）；二是绝对遵循语言表达的经济原则，只要不引起误解，能省就省。因此，在汉语里常常会看到很不合逻辑的句子，但是大家都能理解，都能接受。例如：

  （11）赵元任先生是菲律宾女佣。[赵元任先生是男士。这句话的意思是"赵元任先生家雇用/使用的是菲律宾女佣"。]

  （12）那炸酱面没付钱就走了。[意即"那吃炸酱面的顾客没付钱就走了"]

  （13）卧铺不能延长。[意即"卧铺票适用期不能延长"]

  （14）上一周我赶论文呢！[意即"上一周我赶时间写论文呢"]

以上都说明汉语是语用性很强的语言。

第五点认识

汉语是节律性很强的语言，词语的音节数会影响词语的具体用法。（陆俭明，2003，2004，2013）譬如说，在日常生活中说到花卉，如果那花儿的名字是双音节的，那么可以带"花"字，也可以不带"花"字。例如：

（1）我送她一枝玫瑰花。　　⇨我送她一枝玫瑰。

她很喜欢牡丹花。　　　　⇨她很喜欢牡丹。

那丁香花真香啊！　　　　⇨那丁香真香啊！

但是，如果那花儿的名字是单音节的，那么一定得带"花"字。下面左边的说法成立，右边的说法都不成立：

（2）她采了一大把菊花。　　⇨*她采了一大把菊。

我喜欢桂花。　　　　　　⇨*我喜欢桂。

她摘了一枝荷花。　　　　⇨*她摘了一枝荷。

地名、人名也存在类似的单双音节对立的现象。例如，全国各地的县名，有双音的，有单音的。双音的县名中，"县"字可以不说出来。例如：

（3）1958 年她出生在北京昌平县。　⇨1958 年她出生在北京
　　　　　　　　　　　　　　　　　　昌平。

我明天去山西万荣县。　　　　⇨我明天去山西万荣。

我老家在江苏海门县。　　　　⇨我老家在江苏海门。

但如果是单音的县名，那"县"字非说出来不可（右边的说法都不成立）。请看：

（4）1958 年她出生在北京通县。　⇨*1958 年她出生在北京通。

我明天去山西宿县。　　　　　⇨*我明天去山西宿。

我老家在江苏吴县。　　　　　⇨*我老家在江苏吴。

人的姓，有单姓有复姓。单姓，可以有"老王""小王"这样的称呼；复姓，就没有这样的称呼，譬如，一个人姓欧阳，一般我们不会叫他"老欧阳"或"小欧阳"。反之，复姓，我们可以直接以姓相称呼，例如：

（5）欧阳，你来一下。

（6）司马，王老师叫你去。

单姓就不能这样称呼，我们不说：

（7）*张，你来一下。

（8）*秦，王老师叫你去。

在现代汉语里，像"进行""加以""予以"一类动词事实上不表示实际的意思，只起某种韵律或语用的作用，譬如"住房问题明天我们还要进行讨论"，从意义上说，跟"住房问题明天我们还要讨论"没有多大差别，句中的"进行"不表示实际的意义，所以这种动词一般称为"虚化动词"①。这种动词在使用上有两个特点，一是要求后面有一个动词来作它的宾语，二是这个作宾语的动词只能是双音节的，不能是单音节的。例如：

（9）金融问题你还需进行学习。

（10）这些情况需进一步加以调查。

例（9）、例（10）里的双音节动词"学习""调查"就不能用同义的单音节动词"学""查"来替换，我们不说：

（9'）*金融问题你还需进行学。

（10'）*这些情况需进一步加以查。

正是这种汉语的节律性，在现代汉语里句子合格不合格不能单看是否符合句法规则、是否符合语义规则，还得看是否符合汉语韵律规则。（冯胜利，1996，2000；陆俭明，2014）

---

① "加以、进行"这类虚化动词，有人称为"傀儡动词"、"准谓宾动词"或"形式动词"等。

正是这种汉语的节律性，加之上述汉字的独特性，对汉语文学创作产生了极大的影响，突出体现在骈文、对联的产生和诗词格律的发展上，特别是五言、五绝、七言、七绝等律诗以及词曲的产生与发展上。

结　　语

本文只着重谈了汉语教师对汉语本身要有很好的认识，这有利于教汉语、学汉语。其实，对汉语教师来说，为使汉语教学有成效，对汉语不只要有上面所述的认识，而且还得对汉语要素教学（如对语音教学、汉字教学、词汇教学、语法教学等）、对汉语教学中语言教学与文化教学的关系问题，对汉语教学中的规范问题，都需有一定的认识，限于篇幅我们就不在这里谈了。（参见陆俭明和马真，2016）

参 考 文 献

北京大学中文系现代汉语教研室. 2012. 现代汉语（增订本）. 北京: 商务印书馆.

晁继周. 2004. 树立正确的语文规范观. 中国语文, (6): 558 562.

陈曦. 2011. 关于汉字教学法研究的思考与探索——兼论利用汉字"字族理论"进行汉字教学. 汉语学习, (3): 70-75.

崔永华. 1999. 关于汉字教学的一种思路//吕必松主编. 汉字与汉字教学研究论文集. 北京: 北京大学出版社.

冯胜利. 1996. 论汉语的韵律结构及其对句法构造的制约. 语言研究, (1): 110-129.

冯胜利. 2000. 汉语韵律句法学. 上海: 上海教育出版社.

李培元, 任远. 1986. 汉字教学简述//第一届国际汉语教学讨论会组织委员会编. 第一届国际汉语教学讨论会论文集. 北京: 北京语言学院出版社.

李宇明. 2004. 信息时代的语言文字工作任务//中国应用语言学会编. 全国语言文字应用学术研讨会论文集. 香港: 香港科技联合出版社.

李宇明. 2015. 语言规范试说. 当代修辞学, (4): 1-6.

刘社会. 2004. 对外汉字教学十八法//赵金铭主编. 汉语口语与书面语教学: 2002 年国际汉语教学学术研讨会论文集. 北京: 北京大学出版社.

陆俭明. 2005. 现代汉语语法研究教程. 1~4 版. 北京: 北京大学出版社.

陆俭明. 2014. 句子的合格与不合格. 当代修辞学, (1): 1-9

陆俭明. 2016. 从语言信息结构视角重新认识"把"字句. 语言教学与研究, 117(1): 1-13.

陆俭明. 2017. 重视语言信息结构研究　开拓语言研究的新视野. 当代修辞学, (4):1-17.

陆俭明, 郭锐. 1998. 汉语语法研究所面临的挑战. 世界汉语教学, (4): 3-21.

陆俭明, 马真. 2016. 汉语教师应有的素质与基本功. 北京: 外语教学与研究出版社.

桥本万太郎. 2008. 语言地理类型学. 余志鸿译. 北京: 世界图书出版公司.

施正宇. 1999. 现代汉字的几何性质及其在汉字教学中的意义//中国对外汉语教学学会编.
　　中国对外汉语教学学会第六次学术讨论会论文选. 北京: 华语教学出版社.

施正宇. 2008. 词·语素·汉字教学初探. 世界汉语教学, (2): 109-118.

石典. 2004. "语言文字规范和辞书编纂"学术座谈会简记. 中国语文, (3): 276-278.

余志鸿. 2008. 语言地理类型学. 导读//桥本万太郎. 语言地理类型学. 余志鸿译. 北京:
　　世界图书出版公司.

张旺熹. 1990. 从汉字部件到汉字结构. 世界汉语教学, (2): 112-120.

赵菲. 2010. 论方言价值及其保护. 山东省农业管理干部学院学报, (2): 151-153.

赵金铭. 2004. "说的汉语"与"看的汉语"//赵金铭主编. 汉语口语与书面语教学——
　　2002 年国际汉语教学学术研讨会论文集. 北京: 北京大学出版社.

赵世举. 2015. 语言与国家. 北京: 商务印书馆.

朱德熙. 1982. 语法分析和语法体系. 中国语文, 1.

朱德熙. 1985. 语法答问. 北京: 商务印书馆.

藏汉双语齐驱　文理学科并驾

——藏汉双语教育人才培养之路探索

严木初（阿坝师范学院）

引　言

四川藏区藏汉双语教育，从小学、初中、高中到大学呈现出连贯完整的体系化特征。目前，从使用的教学语言来看，基础教育阶段双语教育人才培养模式主要分为两类：以学藏文为主，加学汉语文，这类学生使用的教材（包括汉语文教材），基本上使用的是藏、青、甘、川、滇五省区统编教材，习惯上称为"一类模式"。以学汉文为主，加学藏语文，这类学生除藏语文外，其他教材与当地普通班使用的教材一致，习惯上称为"二类模式"。多年来，这两种模式"为提高藏民族的思想文化水平，促进藏区社会的稳定和发展，继承弘扬藏族优秀的传统文化等方面做出了巨大贡献"（严木初和郭三黎，2010）。但藏汉双语教育所存在的不足也相当明显，一方面是藏汉双语教育人才培养的数量、质量与藏区经济社会文化发展实际需求还有不小的差距；另一方面是藏汉双语教育水平与内地快速发展的整体教育水平差距越来越大。

本文结合四川藏区基础教育双语教育实际，对藏汉双语人才培养模式现状及问题进行深入探析，并就笔者所在学校近年来在藏汉双语教育培养思路、课程设置等方面所做出的尝试与努力做粗略介绍，投石问路，望专家学者批评指正，共同为优化藏汉双语教育人才培养模式贡献绵薄之力。

一、四川藏区藏汉双语教育现状及问题

（一）四川藏族语言复杂，导致双语教育发展不平衡

　　藏族是一个多元一体的民族，各区域的语言差异大。四川藏族使用的语言除藏语的安多方言、康方言外，还有嘉绒语、道孚语和有待于进一步识别的语言。非康方言、安多方言的藏族学生学习藏语，犹如学习第二语言，难度比学习汉文还大。阿坝藏族使用的语言主要是藏语的安多方言和嘉绒语。20世纪60年代，嘉绒语研究专家林向荣教授就提出了"嘉绒地区不宜开设藏文"的观点（林向荣，1984，1986）。甘孜藏族使用的语言除藏语的康方言外还有嘉绒语、道孚语和有待于进一步识别的其他语言（黄布凡，1988）。大家普遍认为阿坝考生的藏文成绩好于甘孜考生，这是有原因的。因为阿坝地区的双语教育基本上在安多方言区，母语成了学生学习的语言，教学效果就不言而喻。甘孜藏区语言复杂，除说康方言的学生外，其他学生从小学开始就担负着两种外语的学习任务，成绩不理想也在情理之中。这也从侧面证实，虽然同为藏族，但由于母语不同，学习藏文的难易程度也存在显著差别。在什么地方进行双语教育要从实际出发，不能一刀切。

　　双语教育国家重视，政策倾斜大，双语学生就业率高。这样，学校办双语班的积极性高，学藏文，家长高兴（其中藏族感情的因素不少），学生满意。但是采取偷换模式的考生大有人在（普通高中生临近高考时变成双语考生），其结果是录在藏文专业的大学生，有的连语言关都没有过，文字就更不用说了，这样下去双语教育就失去应有的意义。

（二）两类教育模式存在缺陷，导致学生知识残缺

　　"以藏语文教学为主同时开设汉语文"的一类模式与"以汉语文教学为主同时开设藏语文"的二类模式原本是为了因地制宜，适应不同地区经济

社会文化教育现状，实现分类差异化培养的目的。但实际教学过程中没有处理好两者之间的关系，最终没有达到均衡发展，导致学生知识残缺。一类模式学生藏文成绩普遍好于汉文成绩，个别水平高的学生在中学就发表过藏文诗集，但不少学生连汉语拼音都没有过关，韵母认不全，拼写规则不知道，声调分读不准，笔画数不清，错字别字太多，语言表达不通顺，不少学生不能用汉语完全表达自己的思想。二类模式的学生汉文成绩普遍好于藏文成绩，个别水平高的学生能用汉语主持大型的文艺晚会，但绝大多数学生的藏语听说读写能力水平较差，能用藏语表达自己思想的学生凤毛麟角，文字写作能力就可想而知了。真正能够在藏汉双语轨道上健康行走的学生不多，普遍存在语言"跛足"现象。

（三）过于强调语言习得，导致文理学科发展不均衡

囿于历史和现实多方面的原因，藏区数理化教育基础薄弱。在基础教育阶段学生需修习藏语、汉语甚至英语等多种语言。学时有限，相关地理、生物、化学、科技、艺术等非语言类课程开设严重不足。一类模式的学生藏语文成绩好，数理化成绩差，到高中阶段就表现为学文史的多，学理工科的少。这样，造成文史理工发展不平衡，懂藏汉双语的理工类专业人才奇缺，教育"梗阻"与"短板"现象并存。

（四）双语教育质量不高，与内地差距明显

以 2014 年四川省各类专业录取最低控制线进行比对，就能看出双语教育与内地差距有多大。2014 年四川省各类高考以"3+X"（语数外+文理综）750 分的总分设置。双语的语文成绩由藏文和汉文两部分组成，各占总分的50%，即藏文 75 分，汉文 75 分。藏文用四川省统一试题，汉文用的是"民考汉"试题，相当于汉语等级考试，比普通内地学生汉语试题简单得多。其他科目的试题均用普通内地学生的试题，只是用藏文答卷。两类考生各批次最低控制线的差距惊人，具体情况见表1。

表1　2014年四川省各类专业录取最低控制线

类别	批次	普通专业（分）		藏文专业（分）		分　差（分）	
		本科	专科	本科	专科	本科	专科
文史	第一批	551	450	304	278	247	172
	第二批	500	200	—	—	—	—
	第三批	476	—				
理工	第一批	540	390	227	208	313	182
	第二批	475	180	—	—	—	—
	第三批	446	—				

注：参见四川省教育考试院网站。

双语考生的得分点在语文，平均分达100分以上。[①]也就是说双语考生的录取分数1/3，甚至多一点的是语文成绩。如果汉语文用内地考生的试卷，语文成绩就没有现在这样好了，相应控制线就低了。双语学生语文成绩不理想，其他成绩极差。这说明双语教育和普通教育质量差距不小。

（五）双语教师"量"不足，"质"不高

四川藏区地处青藏高原，气候恶劣，条件艰苦，双语教师队伍不稳定，人员流失严重，教师数量不足。部分地区中小学长期请代课教师，找顶岗实习生，甚至顶岗实习学生聘请不来，就压缩课时，减少相关课程。在就业形势相当严峻的今天，藏汉双语师资不足困难如此，可见缺编的严重程度。

在学历层次上总体偏低，除有少部分大专毕业生外，绝大多数是中专毕业生。在专业结构方面，藏文物理、化学、生物、政治、历史、地理学科的教师缺乏。较少接触现代教育理念与现代教育技术，藏、汉双语专业素质不高。

---

① 阿坝师范学院双语教育系2014级41人文科生语文的平均分是116分，最高分134分，最低分94；44人理科生语文的平均分是108分，最高分125分，最低分87分。

二、藏汉双语教育人才培养模式探索

（一）科学规划双语教育，寻求符合自身特点的教育模式

四川藏族的语言复杂，在哪些地方进行双语教育，要有一个科学的规划、正确的引导，不能一哄而上。进行双语教学的学校，要合理安排课程课时，既要符合教育规律，又要实现培养目标。

双语教育本身就是复合型教育。学生在第二语言的习得时，还必须处理语言习惯背后的思维习惯和文化冲突。在小学一年级就学藏语文、汉语文、数学三门主课，对第一语言是民族语言的学生来讲学习压力实在是太大。合理确定藏汉语言科目的开设时间与课时比例，具有特别重要的意义。如果采用"先藏后汉，循序渐进"的方法开展教学，肯定比"民汉同步"的效果好。先以藏语（母语）学习为主，第二语言（汉语）学习为辅，让学生在学习母语中找到学习的乐趣，树立自信。汉语文的教学从会话教学开始，"母语起步，会话过渡"。先学会话后学文，鼓励学生用汉语交流，开展有针对性的活动，有意创造汉语语境，通过听、说、读、译训练，循序渐进。课时逐年加大，逐步过渡，十年左右基本达到并行性双语教育的要求，实现既有一定的藏文基础，又能熟练使用汉文的教学目的。在解决了教学语言的前提下，逐步开发加大其他课程，实现文理并重的办学格局，逐步克服重文轻理的现状。强化"短板"决定人才"容量"的观念，树立"学习汉语，学习数理化"的思想。

（二）推行"藏汉平行，文理并重"培养模式的必要性

从语言功能来看，藏语是藏区主要的交际工具，使用频率高，汉语只在特定场合使用，如与汉藏交往、多民族交际的场合、会议等，属"母语-汉语型"。"汉语是国家最主要的行政语言，是国内通行面最广的交际工具，

是国家对外交往中的正式语言文字。"（宝玉柱，2011）因此，国家把汉语称为"国家通用语言"，鼓励并大力推广汉语言文字。少数民族学习汉语言文字，既是现实的需要，又是公民的义务。学习汉语言文字，对个体来讲，能挖掘自身最大的发展潜能，成为对社会有用之才；对民族来讲，能提高整个民族的综合素质，促进民族地区的现代化；对国家来讲，有利于构建和谐社会，促进藏区社会政治稳定、经济发展。

从文字功能来看，藏文是我国少数民族文字中历史最悠久的文字之一，用藏文记载的文献仅次于汉文文献，如今在藏区，无论是官方还是民间，藏文依然发挥着它的作用。学习藏文不仅可以更好地继承和发扬藏民族优秀的传统文化，还能为藏区社会和谐发展添砖加瓦。在我国，现代科学技术的主要语言载体是汉文。把包括以汉语言文字为载体创造的科学技术及借鉴吸收的科学技术通过汉语言文字来传播，是少数民族学习人类文明成果的最有效途径之一。

从语言习得的途径来看，藏族习得汉语文，主要是通过学校教育实现的，在日常生活交往中自然而然掌握汉语的学生不多。在一定程度上可以说，普及、提高藏区汉语文水平是藏区教育战线的首要任务。

藏区各条战线缺的是双语专业技术人才，学校最缺的是数理化双语教师。这与教育上未能突破"重文轻理"的瓶颈是互为因果的。现在，生源差，不得不降低标准，2014 年四川藏汉双语免费师范生（专科），文科的录取线是 278 分，理科的录取线是 208 分（并且是历来最高分）。缺教师，只能降低要求，请代课教师、找顶岗实习生。如果这些问题得不到高度重视，不加大改革力度，那么，很难使教育适应当今社会和经济发展形势。

以上就是藏汉双语教育中推行"藏汉平行，文理并重"的客观要求。其实，这也是符合双语教育含义的。我国语言学家严学窘（1990）说："双语教育即使用两种语言，其中一种通常是学生的本民族语言，作为教育教学实施的工具。"

（三）推行"藏汉双语齐驱、文理学科并驾"培养模式的步骤

提高藏汉双语教育的质量，这是民族的需要、时代的需要。如何实现藏汉双语兼顾并重，文史理工平行发展，使双语教育名副其实，培养德才兼备的合格藏汉双语人才就成了当今教育责无旁贷的使命。

第一，统一思想，提高认识，克服民族语文"说起来重要，做起来次要，忙起来不要"的思想。

民族语文工作光靠人治不行，还要靠法治；光靠教育部门不行，还要有相关部门的通力合作。法律可以使民族语文工作在稳定的状态中前进。明确各部门的职责，发挥各部门的职能。要让"母语教育是开发儿童智力的金钥匙""学好汉语走出大山""学好数理化走遍天下都不怕"等道理深入人心。

第二，要培养一大批多层次的双语教育研究专门理论工作者和水平较高的专家，构建双语学。

目前，对双语研究有兴趣、有研究的，主要是一些语言学家、教育家、大学教师，但这些人缺乏中小学教学的具体经验，缺乏丰富的双语教学感性认识，而有实际经验的中小学教师，由于忙于教学，做研究的少，在理论上有所欠缺。总的情况是，双语教学中既有具体教学经验，又有语言学修养的教师太少。要鼓励语言学家、教育家、大学教师到双语教学的第一线去工作调研，要创造条件，鼓励第一线的双语教师从事科学研究，两者合力共登双语教育研究舞台之时，是双语教育又一个春天到来之日。

开展我国和国外双语教育的比较研究与双语理论研究，为双语教育提供理论上的指导。开辟双语教育研究阵地，成立专门研究机构，使双语教育研究系统化、科学化，从依存于语言或教育学等学科中独立出来，成为介于语言学、民族学、教育学、心理学等学科之间的新兴边缘学科，构建我国双语教育研究理论体系和实践体系，从而为我们这个多民族、多语种的国家经济和文化建设服务。

第三，明确各教育阶段的培养目标，切实把藏汉双语教育落到实处。

课程是实现培养目标的载体，课程结构是人才培养模式中的重要内容。双语教育课程设置应充分考虑社会培养目标，学生的文化基础及认知心理。合理确定藏汉语言科目的开设时间与课时比例，具有特别重要的意义。小学是培养学生学习习惯、树立学习积极性的关键时期，也是奠定一定语言文字基础的时期，这时期主要以学习藏语文为主，除汉语文外，其他科目的授课语言最好是藏语。让学生在学习母语中找到学习的乐趣，树立自信。汉语文的课时逐步加大，汉语文的教学从会话教学开始，鼓励学生用汉语交流。小学毕业时，大部分学生的汉语文水平能达到普通班四年级的水平。初中到高中，逐年加大汉语言的课时，到高二藏汉双语课时一样，高中毕业多数学生的汉语文水平达到普通班高二的水平，基本实现"藏汉双语化"。

高等教育藏汉双语教育的培养目标应该是，培养拥护中国共产党的领导，具有一定专业技能，有同等水平使用藏汉双语（文）能力和较高藏汉文化素养的接班人和劳动者。教育类型为"专业+双语双文化型"，即专业加藏汉双语双文化并重的教育模式。教育的重点是专业教育和文化教育，实现"藏汉双语双文化"。

只有分工明确，任务落实，才能实现"藏汉平行，文理并重"的教育模式。

三、解决当前藏汉双语教资缺口的设想

教育的关键在于教师，统一思想，科学规划，确定符合时代发展规律的办学理念固然很重要，但没有优秀合格的教师队伍一切都是空谈。随着社会的发展，目前，藏区家长送子女上学的积极性越来越高，出现了"在四川少数民族地区中小学，以前的压力是控辍保学，现在的压力来自双语老师太少"（《中国教育报》2015 年 11 月 16 日）的情况，不少学校只有请代课教师来维持教学次序。一些边远的小学更为突出，有的学校代课教师超过教师总数的一半，学校成了部分待业青年打工的地方。突破双语教资缺口成了民族教育的瓶颈，因地制宜，多种方法构建一支"留得下，用得上"的双语师资队伍是当务之急。

（一）改进免费师范生的培养方式，实施多学科双语教师培养工程

国家一直在实施免费师范生培养工程，但这一工程并未有效解决双语教师资源缺口的问题。这与双语免费师范生培养规模小、专业单一、制度没有创新政策和没有利用好等有关。实际上，在就业难、学费高的今天，免费师范生的培养制度还是有吸引力的，双语教师的培养要充分利用这个政策和优势，并突破现行的制度。笔者认为在招生形式和培养方式上可以改革。首先，在高考前，对会讲藏语的普通考生进行师范潜质条件面试，再根据高考成绩、招生计划录取到有关高校的相关专业，可以称为"定向双语免费"师范生。在专业学习的同时开始学习藏文（为了兼顾办学成本，这类学生最好集中在一所学校。阿坝师范学院、四川民族学院都能承担这一任务，这两所学校师范专业比较齐全，有藏文专业，专业院系与藏文系合作就能完成培养任务）。这类免费师范生可以定向到具体学校的具体岗位。

为了避免目前免费师范生培养过程中存在的一些弊病，最好明确学生、用人单位、培养学校三方的责任、权利和义务。比如，对学生可以规定，到岗以后以逐年退费的方式落实师范生免学费待遇，五年后允许调动，八年后可以改行等。这样既提高了双语教师的素质，又解决了"专业不错，但不懂藏文"的问题。

（二）改进岗前培训方式，实施跨界培养工程

针对高校的双语专业有限、民族中小学年年招不到满意的双语教师这一状况，能尽快解决这一问题最现实、最有效的办法是，招毕业于普通师范专业会说藏语的人，签定合同后让他们带薪到民族院校集中学习藏文和学科专业术语，一年后到岗担任双语教学工作。笔者认为这个方

法是可行的。理由是，会说藏语的人学习拼音文字的藏文，学习难度不大，掌握了 30 个字母和拼读方法后可以自学。2015 年有一位绵阳师范学院数学专业毕业的学生在笔者所在的系用藏文教数学，她的母语是安多方言，她边教边学以专业术语为主的藏文，其教学效果与藏数学专业毕业的学生差别不大。

双语教师的招录可以尝试打破专业限制，不一定非要受限于双语专业，可以在普通专业中跨界培训，可以克服常规培养周期长、四川高校双语专业单一有限（目前只有专科层次的藏数学专业）、质量不高等问题。如果普通专业背景的人跨界培训一年左右后到岗任教，相当于四川高校办了若干急需的双语专业，是一个既省力又能较快解决目前双语教师资源缺口大的办法，可谓两全其美。

（三）改变录进方式，实施准入式递进培养工程

目前，笔者所在地区最为紧缺的是数理化等专业的双语教师，而就业市场上藏文专业毕业的学生不少，尤其是藏文科方向的学生，出现了供大于求的矛盾。针对这种情况，我们可以充分利用他们会藏语语言与受过高等教育，因而具备良好基本学习素养的优势，在他们中招考愿意从事非本专业学科的执教者，根据理科测试成绩录进、分科，然后免费进行一年的学科专业知识培训。通过一定的笔试面试后，合格者将明确身份，成为正式的双语教师，再带薪培训一年专业知识。这样，准入式递进模式培养出来的执教者，可"短、平、快"地缓解当下理科双语教师紧缺的燃眉之急。从事小学双语教育工作，笔者认为其是合格的。

（四）改进在职培训方式，实施脱产提升培养工程

国家非常重视双语教师的培训，从县培到州培到省培，花的人力、物力不少，但花大价钱没有起到相应的效果。究其原因，首先是培训时间短，这类培训多利用寒暑假，为期两周左右。其次，专业性不强，培训的内容

与教学一线的实际需求有一定距离，效果不明显。培训本应是难得的提升机会，而现在却成了无法推脱的任务。如何扭转这一局面？首先，培训机构应当做好一线教学的全面调研，增强培训内容的针对性与服务性，一种实现专业学识、师范技能的合格培训，一种实现专业学识、专业技能的深造与提升，一种实现专业转行培训。其次，在培训的时间上有一个完整的周期性，而非短暂的一次性，尽可能实行脱产学习与提升。最后，培训工作应该做好后续的跟踪调查、科研合作工作，使在职培训不流于形式，不浮于表面，不脱节于一线，真正做到"培"有所针对，"训"有所提升。

参 考 文 献

宝玉柱. 2011. 喀喇沁蒙古族双语教育研究//戴庆厦主编. 双语学研究（第三辑）. 北京: 民族出版社.

德里克·郎特里. 1992. 英汉双解教育辞典. 赵宝恒, 汪莲如, 潘祖培译. 北京: 教育科学出版社.

黄布凡. 1988. 川西藏区的语言关系. 中国藏学, (3): 142-150.

林向荣. 1984. 藏语与嘉绒语的语法比较. 民族语文, 5.

林向荣. 1985. 阿坝藏族自治州双语使用情况调查. 民族语文, 4: 42-48.

倪秀, 刘磊. 2015-11-16. 民族双语师资"金字塔之困". 中国教育报, 1.

严木初, 郭三黎. 2010. 立足"三个面向", 科学构建专业课程——浅谈藏汉双语教育专业的课程建设. 阿坝师范学院学报, 27(3): 115-117.

严学宭. 1990. 论双语制的合理性//中国少数民族双语教学研究会编. 中国少数民族双语研究论集. 北京: 民族出版社.

启动研究阐释及其在双语
研究中的应用

薛　琳（北京科技大学）

引　言

　　人类的认知活动总是受到先前经验的影响，认知发展包含着对前摄经验的模仿和重复，语言发展尤为典型。作为认知发展的一个重要层面，语言理解和语言产出是一个推理、思考、记忆、想象、理解、重构的过程。在语言习得的研究中，人们所能直接观察到的外在表征只是语言的输入与输出，中间过程是暗箱操作。在这一过程中，人类隐性的记忆系统发挥着核心作用。外在直观的语言在实际使用中存在各种各样的言语形式，有的是重复模仿的结果，有的是创造的结果。言语行为反映着潜在的心理运行机制。启动效应则是语言内在心理运行机制程序化知识的表现方式，说话者意识不到启动效应的存在，但他们使用的语言形式和意义特征受到启动效应的影响。长期以来，双语习得机制的研究围绕着语法处理过程和词汇处理过程的运行机制，以及一种语言系统机制对另一种语言的系统机制的影响进行。基于这一研究焦点，启动会成为双语机制研究的一个主要实验手段。

　　语言学理论旨在提供语言表层及内部心智表征的结构特点。启动研究的目的是建立起反映语言表征和处理过程的特征的模型，进而描述和解释语言处理的心智过程。（Bock，1987；Pickering & Branigan，1999）。本文着眼于启动的理论思维和实践意义，针对启动的本质及其和双语研究的联系展开论述，并展望其在跨语言研究中的应用。

一、启动是一种机制，也是一种实验方法

启动（priming）概念源于实验心理学，最初的启动实验也开始于这一领域的研究（Levelt & Kelter，1982）。根据启动的本质，可以说它是人类庞大的隐性语言处理系统程序化知识的表现形式。隐性记忆系统包括通过重复体验习得的认知活动或认知程序的记忆，以及对技能、习惯及启动机制的记忆。在语言层面上，说话者对先前接触过的语言形式及意义的敏感性表明言语使用（usage）受到环境中语言形式和意义的复现的影响。在语言学语境中，启动指先前和语言接触的经验影响后续的语言处理过程和言语产出过程，这一影响贯穿语言形式的识别、理解和产出的过程。

启动分为听觉启动（auditory priming）、结构启动（structural priming）及语义启动（semantic priming）三类。听觉启动全称为长时听觉重复启动（long-term auditory repetition priming）；语义启动是语义相关词汇启动，指使用者对周围环境中的语言语义特征无意识地产生敏感性，这种敏感性对语言的心理表征及外部语言行为产生影响（McNamara，2005）；句法启动指句法结构重复启动。在本质上，启动具有以下几个特点：①抽象性（Pickering & Ferreira，2008）：启动独立于真实的具体的声音和意义，能够反映语言心理表征重复的机制；②启动是程序性知识的表现形式：启动能够把存在于心理感知或概念层面的语言信息外化表现出来，这些信息就是形式语言学假设的语言知识（linguistic knowledge）；③自主性：不依赖于某个交际目的或语篇、功能因素。

结构启动既是一种机制，也是一种实验方法。作为心理表征机制，结构启动是描述语言处理的一个基本要素，反映语言理解及产出学习机制；作为实验方法，它将先前的语言接触对语言理解及产出的内隐影响和心理表征外化，研究启动结构对目标结构的促进作用的程度。在启动实验中，被试者意识不到启动词或启动结构和目标词或目标结构之间的关系，启动词对目标词的促进作用是隐性存在的。可以这样说，启动效应赋予了内在

心理机制功能性的价值。

（一）句法启动研究

句法知识既不是完全抽象的句法自主体系，也不完全是词汇化的知识。结构启动影响着短语结构规则或相似表征的排序及选择，这也是独立于词汇的句法知识的表征。句法知识在心理表征方面独立于词汇知识，然而它受到与之同时进行的词汇处理过程（lexical processing）的影响。

句法启动是研究句子产出机制最常用的方法之一（Ferreira & Bock，2006；Pickering & Branigan，1999）。首先，Bock（1986）的心理语言学启动实验是最早证明启动效应的研究。结构启动研究的早期主题之一是语言产出过程中意义驱动和结构驱动间的关系。Bock 和他的同事进行过一系列的实验（Bock，1986，1989；Bock & Loebell，1990，1992），研究说话者描述图片时的语言产出是否受到先前接触相似句法结构的影响。结果表明，即使启动句和产出句间没有语义或语篇上的联系，说话者仍然对启动句的结构特征具有敏感性。由于 Bock 的实验具有一定开创性，加之与格结构的可转换特征具有代表性，围绕这一转换结构进行的实验研究广泛开展（Bock，1990；Bock & Griffin，2000；Bock et al. 1992）。其次是通过结构启动实验研究说话者在回忆句子过程中的内部机制。这一主题的代表作是 Potter 和 Lombardi（1998）的句法启动研究以及后期的实验报告。结果表明，说话者完成回忆句子的任务是输入语言的概念表征的再现，而不是句子表层特征的逐字记忆。Pickering 和 Branigan（1998，1999）提出启动效应出现在语言表征的词元（lemma）的水平上，节点词（node）和其他词的组合启动能够影响后续的理解和产出机制而产出同样的组合。Pickering 和 Branigan（1998）认为句法启动激活了句法表征，句法表征和动词的词汇表征相互联系，并提出"词汇促进"（lexical boost）启动效应，也就是说，在启动句和目标句之间的核心动词或核心名词被重复时，产生的启动效应比不重复时要强。这一说法也已被数个研究证明（Branigan et al.，2000；Cleland & Pickering，2003；Corley & Scheepers，2002；Pickering

& Branigan，1998）。

　　语言理解和语言产出的机制联系紧密，由理解和产出产生的启动效应表明两个过程在抽象的语言知识上存在共性。功能语法的研究者认为句法知识派生于语言的各种表层形式，如词语组合、句子意义的外在特征等。主张词汇语义自主性（lexical semantic autonomy）（Bock，1987；Frazier & Fodor，1978）的研究者认为，句法知识自成系统，独立于语言的各种表层形式之外。这两种观点长期并存的主要原因是纯粹的句法表征是隐性存在的，很难直接标记。Bock（Bock，1986；Bock & Loebell，1990）注意到结构启动可能能提供句法表征自主系统的证据，并且量化评估了这种可能性。在 Bock 的实验中，说话者听到并重复介词宾语或双宾语启动句，在介词宾语中包含介词 to（例如，the secretary was taking a cake to her boss），或介词 for（the secretary was baking a cake for her boss）。然后他们描述目标图片，可以使用介词宾语结构描述，也可以使用双宾语结构描述，介词宾语结构通常包括介词 to。如果功能词启动引起结构启动的出现，那么就应该只有带有介词 to 介词与格结构的启动句能够引起介词与格结构的目标句的出现。而实验结果显示，带有介词 to 的启动句和带有介词 for 的启动句能够引起带 to 的介词与格结构的目标句几乎是等量的。这表明被启动的是一个抽象的介词短语结构而不是一个特定的功能词。在此基础上，后来的一些研究（Ferreira，2003；Scheepers，2003）都证明了启动不完全以词汇为基础（lexically-based），句法知识的抽象系统对结构启动有影响。但这些研究不能得出这样的结论：抽象句法知识系统是唯一引起启动的形式。也就是说，抽象句法是主要但不是唯一引起结构启动的知识类型。

　　语言理解和语言产出不是一个问题的两端，而是一个连续的整体。现有的结构启动研究的成果表明了启动效应贯穿语言理解和语言产出的过程，影响了从理解到产出的共有的语言机制。Potter 和 Lombardi（1998）发现被试对象对目标句的判断受到对启动句的回忆的影响。Bock 等（2007）发现被试听到启动句后描述图片时体现出的启动效应，这种效应的大小和模式和被试对象产出启动句时的启动效应接近。

（二）语义启动和词汇处理

语义启动指语言使用者受到先前接触过的意义相近的词的影响，以前的体验对后来的词汇的识别和处理产生影响。语义启动也是心智的运行，在这一点上和句法启动具有共性，但语义启动和语言的概念及意义特征密切联系，句法启动则专注于句法及形态特征。一般来说，语义启动和词汇处理联系更紧密。由于语言使用者接触过意义相联系的词语或图片，后续的词汇处理过程被简化，语义启动就能够反映这一特征，同时也反映简化过程中潜在的认知机制。语义启动效应描述了处理过程被简化的层级。

语义启动的经典实验是词汇决定任务实验（lexical decision task）。（Meyer & Schvaneveldt，1971）研究者向实验者分别展示语义上有联系的词对，例如 doctor-nurse，语义上无联系的配对，例如 nurse-butter，以及词和非词的配对，例如 chair-marc。通过观察和测量被试判断的时间来描述词汇处理过程。语义启动研究发展至今，有 40 多年的时间。根据一些有代表性的典型研究（Lucas，2000；McNamara，2005；Neely，1991；Schneider & Chein，2003），可以总结出语义启动的两个特点：一方面，语义启动具有自主性，即它是一个持续、无意识的认知过程；另一方面，在启动效应的后期阶段体现出策略性。例如，说话者看到有联系的词汇时，会有认知策略地建立启动词和目标词的联系而不是激活它们的联系。

二、启动在双语研究中的应用

双语者必然习得了母语和二语两个语法系统，双语语言习得的研究大多围绕两种语言在认知系统中的相互联系和相互作用进行。它们是整合为一体的，还是相互独立的两个系统？二语的句法处理或者独立于一语的句法体系，或者在共享的句法表征中包含了已经存在的母语句法体系。已有的很多研究都是关于概念和词汇表征的（Dijkstra et al.，1998；Kroll & Stewart，1994；van Hell & de Groot，1998）。有关词汇处理的理解任务（如词汇决定任务）和产出任务（如翻译任务）表明在两种语言概念表征方面存在重叠的部分，在处理过程中两种语言之间也有互动。大部分双语学理论假设双语者的两种语言的内部表征不是完全分离的，至少有某一部分是整合的（Hartsuiker & Pickering，2008）。作为心理语言学的研究范式，启动研究可以检验双语认知机制的运行状态，两种语言是互相激活还是共享部分句法表征。

（一）关于语言理解

语言之间的句法启动能够表明一语和二语之间的句法互动。跨语言句法启动的实验设计启动句和目标句为不同的语言。Loebell 和 Bock（Loebell & Bock，2003）的实验是比较经典的案例之一，他们的实验结果显示德-英双语者相对于介词宾语结构而言，在产出德语的双宾与格结构后更有可能产出英语的双宾与格结构句。启动效应在从德语到英语（即启动句是德语，目标句是英语）和从英语到德语两个方向都存在。在这一实验中，只有被动句的启动效应没有出现。Hartsuiker 等（2004）针对西班牙语-英语双语者进行实验证明了被动句启动效应。这两个实验得出的不同结果可以解释为：双语者内部语言机制中不仅两种语言结构相互联系，而且表层语序也相互联系。Bernolet 等（2007）针对荷兰语和德语的关于词序的启动实验证明了这一点，具有相同词序的关系小句出现了启动效应，当词序不同时，启动效应没有出现。另一项针对与格动词转换的荷兰语-英语跨语言的启动研究（Schoonbaert et al.，2007）发现在双语者两种语言各自内部（即 L1-L1，L2-L2）和两种语言之间都存在启动效应，这表明一语和二语共享而不是互相激活某种句法结构。总之，大量行为实验证据表明在双语之间存在句法启动效应。这些数据说明了一语和二语之间句法表征的联系，在双语语言之间和语言内部都存在启动效应，甚至存在共享的句法表征。

神经影像学的研究也为共享句法表征提供了证据。大脑中母语的句法处理激活了颞叶区域和布罗卡斯区的下额区域（Friederici，2002；Kaan & Swaab，2002）。心理语言学和神经语言学提供了新的范式研究双语句法处理过程中一语和二语的互动。这个领域的实验中使用重复抑制范式（the repetition suppression paradigm）直接测试一语和二语之间句法处理的共享程度。一些 fMRI（功能性磁共振成像）研究发现了由于启动的发生在脑激活区域效应降低（Henson & Rugg，2003；Schacter & Buckner，1998），通常称为"fMRI 适应"或"重复抑制"。

（二）关于语言产出

通常产出一个句子时，说话者的语言处理经历两个过程：一个是从心理词典中提取词汇；另一个是把这些词汇在某个句子结构中各就其位，使其符合语法规则。由于双语者需要从两个语言系统的转换中选择词和句法规则，词汇选择过程和结构建构过程在双语系统中就更加复杂。双语机制研究中存在不少针对这些过程相互作用、相互影响的假设和验证（Chang et al.，2006；Pickering & Branigan，1998）。关于双语句子产出的模型结构目前有三类，即双语适应模型（the bilingual adaptation）（Levelt，1989；de Bot，1992），双语程序性/陈述性模型（Ullman，2001），细化的认知阶段及其表征双语适应模型（Hartsuiker et al.，2004）。研究的焦点问题是一种语言的句子产出过程多大程度上受另一种语言影响。

双语适应模型（Levelt，1989；de Bot，1992）假设了三个主要的认知过程，即概念化的过程，公式化的过程，发音的过程。其中，概念化指一语和二语形成言语表达前所有信息和世界知识的建构，即言语产出前所有语篇输入和理解的记录。公式化包括语法编码和语音编码两个水平，语法编码建构句子表征，包括从心理词汇中提取词，把语法功能赋予概念，建立层级结构，插入词汇；语音编码赋予语音内容和词的结构。de Bot 还提出"词汇共享"，即两种语言的词汇在系统网络中相互联系，但对于每一种语言来说都有独立的公式化体系；并且他进一步提出两种语言的公式化体系会相互影响，相互影响的程度由语言类型上的差别距离和语言水平决定。

根据 Ullman（2001）的程序性/陈述性模型，词汇处理过程由陈述性记忆系统促进脑区的一部分，而句子处理过程由程序性记忆系统促进脑区的另一部分。这一模型假设程序性记忆系统受到在什么年龄接触到第二语言的影响大于陈述性记忆系统。当年龄到达一定阶段，学习者就不能依赖程序性系统来习得语法，因此必须转换到陈述性系统。这就意味着他们学习、表达和使用语法规则和本族语者或早期学习的人不同。晚学者或者把句子形式整体储存，或者在陈述性记忆中表征语法规则。

Hartsuiker 等（2004）的模型关注心理词汇与句法编码在双语机制中的交接。这一模型假设词汇是双语机制中两种语言共享的部分。词元的层级包含了词元节点，这些节点一方面连接语言的节点，另一方面连接句法信息。例如，hit 连接一个节点（hit）表明它是个动词，另一个节点（hit）表明它可以和一个主语及一个宾语名词短语连接形成一个主动句（He hits the floor.）。这些起到连接作用的节点可以和所有具有相关特征的词相联系，和具体语言类型的关系相对较弱。

对于语法结构建构的假设是这三个模型的区别之处。de Bot（1992）假设不同的语言具有不同的程式（formulator），预测一种语言的语法处理不会受到另一种语法规则的影响。然而这个模型并没有排除程式间的相互影响，因此，该模型也解释了一种语言的语言处理对另一种语言的语言处理的有限的影响。de Bot 还提出，当两种语言在类型上联系紧密时，这些影响会更强，影响的强弱和两种语言类型距离以及习得者二语水平有关。当说话者的二语水平相对低时，这些影响更强。Ullman（2001）提出假设，二语中的语法处理部分上依赖于陈述性知识，尤其对于二语水平相对较低的说话者来说更是如此。相反，一语的语法处理完全依赖于程序性知识。所以，这一模型就和从一种语言到另一种语言产生语法影响的假设相符合。由这一模型可以预测，任何跨语言的影响对于二语水平相对低的说话者来说都会更明显、强度更大。Hartsuiker 等（2004）假设不同类型语言共享语法规则，由此预测在共享规则的框架中的跨语言影响。与上文提到的两个模型不同的是：Hartsuiker 推测来自共享规则的跨语言语法影响和语言内部的语法制约没有强弱之分；另一个不同之处在于，Hartsuiker 的模型预测不存在由二语水平差异造成的跨语言影响。

（三）来自跨语言启动研究的证据

如上文所述，有关语言产出的三个模型都肯定跨语言启动效应。一系列涉及不同语言和构式、使用不同范式的实证研究也证明了这一点。Loebell 和 Bock（2003）发现了德语（一语）和英语（二语）之间双向的启动效应。实验中被试先用一种语言重复启动句，然后用另一种语言描述目标句。当重复启动句和描述图片时他们倾向于使用与格句的同样形式（介词宾语结构或双宾语结构）。Hartsuiker 等（2004）的研究发现了及物动词句的跨语言启动效应。他们让西班牙语-英语双语者在一个对话游戏中互相描述图片。被试者首先听到用他们的一语（西班牙语）的启动描述，然后使用二语（英语）描述下面的图片，结果相对于听到西班牙语的主动句或不及物动词句而言，他们在听到西班牙语的被动句之后产出了更多的英语被动句。其他的跨语言启动研究还有针对荷兰语-英语双语者（Schoonbaert et al.， 2007），针对希腊语-英语双语者（Salamoura & Williams，2006；2007），基本使用了类似的范式。Schoonbaert 等使用口语对话范式挖掘语言内部和语言之间的启动效应，发现启动效应在一语内和二语内及一语和二语间都存在。Salamoura 及 Williams 的实验及 Pickering 的实验使用句子补充任务，证明了与格动词启动效应的存在。

此外，以其他母语语种为研究对象的还有 Kim 和 McDonough（2008）针对母语是韩语的英语学习者二语被动句产出的研究，以及针对中国英语学习者二语理解及产出的研究（王敏，2009；王启和屈黎娜，2012；官群和马靖，2014；赵晨，2014；孙兵等，2014），涉及及物性、双及物构式、与格结构以及时体等。

三、启动在双语研究中的发展趋势

综上所述，结构启动会提供一种方法来评估双语处理过程中的句法表征问题。关于双语句法知识的研究有两个重要的问题：双语者表征和处理第二语言的结构和单语者表征和处理第一语言的结构是否是不同的？双语者如何把他们原有的语言系统整合到一语和二语共享的表征系统中？传统的理论研究者（Ullman，2001）认为一语者和二语者应该产出不同的目的语句子，提出一语者掌握大量词汇方面的陈述性知识和语法方面的程序性知识。相反，二语者的语法知识更具有陈述性，因为他们在学习过程中更多地把语法规则作为事实去记忆。结构启动方面的研究可能会对这个推断提出不同的解释，即在一语和二语的构式之间存在着相同模式的启动效应。跨语言启动研究对二语习得研究的贡献在于触及双语者内部语言的句法表征形态，即两种语言是以共享的还是分离的状态存在。它可以提供证据证明两种不同的语言是否可以以及可以在多大程度上以同样的方式来分析同一种结构。

　　结构启动贯穿从语言理解到语言产出的过程，启动影响着理解和产出中普遍存在的机制。结构启动的研究可以从理论上证明，语言使用包含着普遍、抽象的机制，与语言知识有紧密的关系。事实上，它开启了一个探索语言理解及语言处理和心理表征的新的模式，即评估不同类型的句子产出的效应。在结构启动的大部分实验中，被试者都受到启动的影响产出了目标句（target sentence），并且启动效应的强度和模式和被试产出启动句时的启动效应类似（Bock & Griffin，2000）。还有研究显示，强烈的启动效应出现在对话任务的理解和产出之间（Cleland & Pickering，2003），启动可能是句法的（如构式的重复）或语义的（如及物事件的重复）。由启动实验验证，语言理解和语言产出机制体现出一定的相互影响。语言产出和语言理解之间的启动，正如言语产出说和写的两个过程，投射出语言知识尤其是与句法相关的语言知识的普遍表征。

　　在过去近 20 年的发展中，启动研究对语言产出和语言理解的表征以及二者之间的关系体现出解释力，针对长期沿用的逻辑推理论证及内省式分析方法来说，结构启动开辟了一个新的视角。正如对待其他研究方法一样，我们也抱着批判性的态度去看待启动研究。作为实验方法的结构启动研究结果受操作过程中被试对象的语言水平的影响很大，如果被试对象的语言水平不作为重要的参数严格细化，就会影响实验结果的信度，对跨语言影响的二语、双语研究来说尤其如此。

　　已有的双语句法处理和词汇处理的数据和发现大部分来自针对印欧语

系内部进行的启动研究，而针对汉藏语系双语者语言处理的启动研究目前还比较少，这一领域存在较大的研究空间。尤其基于汉语的特点，如汉语特殊的给予类动词结构、汉语名动词等，启动研究更具有理论推进意义和实践意义。在未来的双语研究领域，启动研究会发挥更大的作用。

参 考 文 献

官群, 马靖. 2014. 中国学生对外语时体的习得与使用倾向. 现代外语, (5): 679-690.

姜琳. 2009. 双宾结构和介词与格结构启动中的语义启动. 现代外语, 32(1): 59-67.

孙兵, 周盼, 蔡欸, 等. 2014. 外语句子口头产出中的结构启动研究. 西安外国语大学学报, 22(01): 45-48.

王敏. 2009. 语言水平及任务类型对第二语言产出中结构启动的影响. 现代外语, 32(3): 276-286.

王启, 屈黎娜. 2012. 二语交互中的结构启动与二语发展. 外语教学与研究, (6): 875-885.

赵晨. 2014. 二语句法表征中的范畴化：来自结构启动的证据. 外语教学与研究, (2): 235-245.

Bernolet, S., Hartsuiker, R. J. & Pickering, M. J. 2007. Shared syntactic representations in bilinguals: Evidence for the role of word-order repetition. *Journal of Experimental Psychology: Learning, Memory, and Cognition*, 33: 931-949.

Bock, J. K. 1986. Syntactic persistence in language production. *Cognitive Psychology*, (18): 355-387.

Bock, J. K. 1987. Coordinating words and syntax in speech plans. In A. Ellis(Ed.), *Progress in the Psychology of Language(Vol 3)*(pp. 337-390). London: Erlbaum.

Bock, J. K. 1989. Closed-class immanence in sentence production. *Cognition*, 31: 163-186.

Bock, J. K., Loebell, H. & Morey, R. 1992. From conceptual roles to structural relations: Bridging the syntactic cleft . *Psychological review*, (99): 150-171.

Bock, J. K., & Griffin, Z. M. 2000. The persistence of structural priming: Transient activation or implicit learning? *Journal of Experimental Psychology: General*, (129):177-192.

Bock, J K. & Loebell, H. 1990. Framing sentences . *Cognition*, (35): 1-39.

Branigan, H. P., Pickering, M. J. & Cleland, A. A. 2000. Syntactic coordination in dialogue. *Cognition*, 75: B13-B25.

Chang, F., Dell, G. S. & Bock, K. 2006. Becoming syntactic. *Psychological Review*, 113: 234-272.

Cleland, A. A., & Pickering, M. J. 2003. The use of lexical and syntactic information in language production: Evidence from the priming of noun-phrase structure. *Journal of Mem-*

ory and Language, 49: 214-230.

Corley, M. & Schoopers, C. 2002. Syntactic priming in English sentence production: Categorical and latency evidence from an internet-based study. *Psychonomic Bulletin & Review*, 9: 126-131.

de Bot, K. 1992. A bilingual production model: Levelt's 'Speaking' model adapted. *Applied Linguistics*, 13: 1-24.

Dijkstra, T., Van Heuven, W. J. B. & Grainger, J. Simulating cross-language competition with the Bilingual Interactive Activation model. *Psychologica Belgica*, 1998(38): 177-196.

Ferreira, V. S. 2003. The persistence of optional complementizer production: Why saying "that" is not saying "that" at all. *Journal of Memory and Language*, (48): 379-398.

Ferreira, V. S. & Bock, K. 2006. The functions of structural priming. *Language and cognitive Processes*, 21: 1011-1029.

Frazier, L. & Fodor, J. D. 1978. The sausage machine: A new two-stage parsing model. *Cognition*, 3: 291-325.

Friederici, A. 2002. Towards a neural basis of auditory sentence processing. *Trends in Cognitive Sciences*, (6): 78-84.

Hartsuiker, R. J. & Pickering, M. J. 2008. Language integration in bilingual sentence production. *Acta Psychologica*, 128: 479-489.

Hartsuiker, R. J., Pickering, M. J. & Veltkamp, E. 2004. Is syntax separate or shared between languages? Cross-linguistic syntactic priming in Spanish/ English bilinguals. *Psychological Science*, 15: 409-414.

Henson, R. N. A. & Rugg, M. D. 2003. Neural response suppression, haemodynamic repetition effects and behavioural priming. *Neuropsychologia*, 41: 263-270.

Kaan, E., Swaab, T. Y. 2002. The brain circuitry of syntactic comprehension. *Trends in Cognitive Sciences*, 6: 350-356.

Kroll, J. F. & Stewart, E. 1994. Category interference in translation and picture naming: Evidence for asymmetric connections between bilingual memory representations. *Journal of Memory and Language*, 33: 149-174.

Levelt, W. J. M. 1989. *Speaking: From Intention to Articulation*. Cambridge: MIT Press.

Levelt, W. J. M. & Kelter, S. 1982. Surface form and memory in question answering. *Cognitive Psychology*, 14: 78-106.

Loebell, H. & Bock, K. 2003. Structural priming across languages. *Linguistics*, 41: 791-824.

Lucas, M. 2000. Semantic priming without association: A meta-analytic review. *Psychonomic Bulletin & Review*, 7: 618-630.

McDonough, K. 2006. Interaction and syntactic priming: English L2 speakers' production of dative constructions. *Studies in Second Language Acquisition*, 28: 179-207.

McNamara, T. P. 2005. *Semantic Priming: Perspectives from Memory and Word Recognition*. New York: Psychology Press.

Meyer, D. E. & Schvaneveldt, R. 1971. Facilitation in recognizing pairs of words: Evidence of a dependence between retrieval operations. *Journal of Experimental Psychology*, 90: 227-234.

Neely, J. H. 1991. Semantic Priming effects in visual word recognition: A selective review of current findings and theories. In D. Besner & G. W. Humphreys(Eds.), *Basic Processes in Reading: Visual Word Recognition*(pp. 264-336). Hillsdale: Erlbaum.

Pickering, M. J. & Branigan, H. P. 1998. The representation of verbs: Evidence from syntactic priming in language production. *Journal of Memory and Language*, 39: 633-651.

Pickering, M. J. & Branigan, H. 1999. Syntactic priming in language production. *Trends in Cognitive Sciences*,(3): 136-141.

Pickering, M. J. & Ferreira V. S. 2008. Structural priming: A critical review. *Psychological Review*, 134(3): 427-459.

Potter, M. C. & Lombardi, L. 1990. Regeneration in the short-term recall of sentences. *Journal of memory and language*, (29): 633-654.

Potter, M. C. & Lombardi, L. 1998. Syntactic priming in immediate recall of sentences. *Journal of Memory and Language*, 38: 265-282.

Salamoura, A. & Williams, J. N. 2006. Lexical activation of cross-language syntactic priming. *Bilingualism: Language and Cognition*, 9: 299-307.

Schacter, D. L. & Buckner, R. L. 1998. Priming and the brain. *Neuron*, 20: 185-195.

Scheepers, C. 2003. Syntactic priming of relative clause attachments: Persistence of structural configuration in sentence production. *Cognition*, (89): 179-205.

Schneider, W. & Chein, J. M. 2003. Controlled and automatic processing: Behavior, theory, and biological mechanisms. *Cognitive Science*, 27: 525-559.

Schoonbaert, S., Hartsuiker, R. J. & Pickering, M. J. 2007. The representation of lexical and syntactic information in bilinguals: Evidence from syntactic priming. *Journal of Memory and Language*, 56: 153-171.

Ullman, M. T. 2001. The neural basis of lexicon and grammar in first and second language: The declarative/procedural model. *Bilingualism: Language and Cognition*, 4: 105-122.

van Hell, J. G. & de Groot, Annette, M. B. 1998. Conceptual representation in bilingual memory: Effects of concreteness and cognate status in word association. *Bilingualism: Language and Cognition*, 1: 193-211.

新疆农村双语教师队伍现状及专业发展影响因素探究

—— 以新疆和田地区于田县为例[①]

陈 炜 唐素华（新疆教育学院）

引 言

《国家中长期教育改革和发展规划纲要（2010—2020 年）》明确提出，以农村教师为重点，提高中小学教师队伍整体素质。可见，我国高素质教师队伍建设的关键是提高广大农村教师队伍的整体质量。新疆自 2004 年开展双语教育工作以来，历经十几年的时间，农村各级各类的双语教育工作都有了长足的发展，但也存在着一些问题，就农村双语教师队伍发展来说，存在教师整体数量仍不足，尤其是骨干双语教师的数量不足，教师专业水平和教学能力仍需进一步提升。这些问题已经成为影响新疆基础教育均衡发展的障碍。在此背景下，本文以新疆和田地区的于田县农村中小学教师为调查对象，探查于田县农村中小学双语教师队伍和专业发展的现状，以

① 本文系新疆维吾尔自治区教育科学"十二五"规划青年课题"新疆和田地区农村小学双语教师队伍调查研究"（144021）、新疆维吾尔自治区普通高等学校人文社会科学重点研究基地教师教育研究中心课题"新疆和田地区农村中小学双语教师专业发展研究"（XJEDU040515CO4）的阶段性研究成果。于田县位于新疆维吾尔自治区南端，塔克拉玛干大沙漠南缘，距和田市 180 千米，是一个以农业为主的地区，目前总人口有 262 281 人，其中，维吾尔族人口 256 984 人，占人口总数的 98%；汉族人口 3562 人，占总人口的 1.36%（数据来源于《于田县教育简况》，由和田地区于田县教育局 2014 年11 月编制）。

及制约双语教师专业发展的因素，在此基础上，提出几点促进新疆农村双语教师专业发展的建议。

一、双语教育发展现状

截至 2014 年底，于田县有各级各类学校总数 141 所（含 2 所普通高中，1 所职业高中，44 所幼儿园，94 所义务阶段中小学，各级各类学校教职工 3426 名，其中，中小学专任教师 2528 名（小学专任教师 1494 人，初中专任教师 1034 人），普通高中专任教师 382 人，职业高中专任教师 79 人，幼儿园专任教师 408 人。①双语教育发展情况具体如下。

（一）双语班级的情况

截至 2014 年底，和田地区于田县共有 73 所小学，747 个班级，在校学生 22 367 人，其中有 538 个双语班，学生人数为 17 405 名；有 14 所初级中学，236 个班级，在校学生 8990 人，其中有 86 个双语班，学生人数为 3454 名（表 1）。

表 1　双语班级和学生情况（截至 2014 年年底）

类别	班级情况			学生情况		
	班级总数（个）	双语班级（个）	占班级总数比例（%）	学生人数（名）	双语班级学生人数（名）	占学生总数比例（%）
小学	747	538	72.0	22 367	17 405	77.8
初中	236	86	36.4	8990	3454	38.4

表 1 表明，于田县小学双语教育的普及率已达到 72%，这一方面是近几年双语教育在新疆南部地区快速推进的成绩，另一方面，随着快速发展的双语教育带来的师资问题也成为双语教育发展中最突出的问题。

---

① 数据来源《于田县教育简况》，由和田地区于田县教育局 2014 年 11 月编制。

（二）双语教师队伍现状（见表2）

1. 双语教师的数量

截至 2014 年底，和田地区于田县共有 938 名双语教师，其中，少数民族双语教师有 867 名，汉语双语教师有 61 名，其他民族 10 人；高中双语教师 150 名，初中双语教师 259 名，小学双语教师 529 名。双语教师占教职工总体比例为 27.38%，其中，少数民族双语教师占双语教师的比例为 92.43%，是农村双语教师的主体力量，汉语双语教师占双语教师的比例为 6.50%。

2. 双语教师职称结构情况

截至2014年底，于田县教师职称结构总体上不断改善，具有中教高级职称教师的比例是19.82%，有明显提高；具有中教一级和中教二级职称教师的比例分别为33.15%和21.96%，呈波动发展趋势；中教三级职称教师比例为10.44%，有下降趋势；未评职称教师比例为14.60%，上升幅度较大，主要由新进教师的数量增多导致。

3. 双语教师年龄结构分布情况

在和田地区于田县 938 名双语教师中，35 岁以下的双语教师有 737 名；35～39 岁的双语教师有 133 名；40～44 岁的双语教师有 57 名；45～49 岁的双语教师有 10 名；50 岁及以上双语教师有 1 名。35 岁以下的青年双语教师占双语教师总体比例的 78.57%，成为双语教师的主力军，经进一步访谈了解到，这批双语教师以新疆 2011 年单独实施的双语教师特岗招聘为主，其次来自转岗、外聘的教师。

4. 双语教师学历情况

在和田地区于田县 938 名双语教师中，本科及以上学历的双语教师比例为36.99%；专科学历的双语教师比例为51.49%，占教师比例的一半以上，成为于田县师资队伍的主导力量；高中阶段以下学历在双语教师比例为 11.51%，教师的学历结构有明显改善。这主要是自 2007 年起，为提高新疆双语教师师资队伍的整体素质，新疆维吾尔自治区教育厅出台了《自治区中学少数民族"双语"教师"两年制"培训与学历提升相结合的试行办法》①，依此政策新疆农村中小学学历未达标的教师均逐步参加了"双语"教师"两年制"培训与学历提升相结合的提高学历的学习，旨在提高新疆"双语"教师培训质量，提升"双语"教师队伍综合素质和学历水平，促进中小学少数民族"双语"教师队伍建设。

5. 双语教师 HSK 或 MHK 等级情况

截至 2014 年底，于田县双语教师 HSK6 级或 MHK 达到三级乙等的人数为 497 人，占双语教师总人数的 52.98%，符合教师任职资格基本条件，其中30 岁以下少数民族双语教师获得 HSK 或 MHK 合格等级证书比例逐年增高，已达到 53%；31～40 岁少数民族双语教师获得 HSK 或 MHK 合格等级证书比例为 41%，41～50 岁的双语教师获得 HSK 或 MHK 合格等级证书的比例很少，50 岁以下的双语教师基本没有获得 HSK 或 MHK 合格等级证书。

6. 双语教师培训情况

2014～2016 年三年间和田地区于田县有 393 位双语教师参加过各类培训，其中 318 人参加了疆内培训（和田地区和乌鲁木齐市的各类培训），75人参加了疆外培训，经进一步了解，整体来说，近 3 年于田县参加培训的教师人数呈上升趋势，并逐年递增，而且以参加和田地区本土的培训为主。

7. 双语教师的学科分布情况

高中双语教师学科分布情况：汉语学科 22 名，数学学科 21 名，化学学科 11 名，物理学科 17 名，生物学科 9 名，其他学科 70 名，合计 150 人，生物学科比例最低。

初中双语教师学科分布情况：汉语学科 89 名；数学学科 45 名；化学学科 13 名；物理学科 18 名；生物学科 9 名，其他学科 85 名，合计 259 人，理科学科的比例较低，尤其是生物学科和化学学科。

小学双语教师学科分布情况：汉语学科 246 名；数学学科 143 名；科学学科 24 名；其他学科 116 名，合计 529 人，科学学科比例最低。

---

① 新疆维吾尔自治区教育厅.2007. 自治区中小学少数民族"双语"教师"两年制"培训与学历提升相结合的试行办法（新教师〔2007〕16 号）。

表 2　双语教师队伍总体情况（截至 2014 年年底）

	类别		人数/人	所占百分比（%）
教师数量	少数民族双语教师		867	92.4
	汉族双语教师		61	6.5
	其他民族		10	1.1
职称	中（小）教高级		186	19.8
	中（小）教一级		311	33.2
	中（小）教二级		206	22.0
	中（小）教三级		98	10.4
	未评职称		137	14.6
教师年龄结构	35 岁以下		737	78.6
	35～40 岁		133	14.1
	40～45 岁		57	6.1
	45～50 岁		10	1.1
	50 岁		1	0.1
最后学历	研究生学历		0	0
	本科学历		347	37.0
	专科学历		483	51.5
	中专及以下学历		108	11.5
汉语水平等级	HSK8 级及以上或 MHK 四级乙等及以上		36	3.8
	HSK7 级或 MHK 三级甲等		356	38.0
	HSK6 级或 MHK 三级乙等		497	53.0
	HSK5 级或 MHK 三级乙等以下		49	5.2
培训情况	疆外培训		75	19.1
	疆内培训		318	80.9
双语教师学科分布情况	高中双语教师学科	汉语学科	22	14.7
		数学学科	21	14.0
		化学学科	11	7.3
		物理学科	17	11.3
		生物学科	9	6.0
		其他学科	70	46.7
	初中双语教师学科	汉语学科	89	34.4
		数学学科	45	17.4
		化学学科	13	5.0
		物理学科	18	6.9
		生物学科	9	3.5
		其他学科	85	32.8
	小学双语教师学科	汉语学科	246	46.5
		数学学科	143	27.0
		科学学科	24	4.5
		其他学科	116	22.0

注：①国家汉语水平等级考试，简称 HSK，为测试母语非汉语者（包括外国人、华侨和中国少数民族考生）的汉语水平而设立的一项国际汉语能力标准化考试。

②中国少数民族汉语水平等级考试，简称 MHK，是专门测试母语非汉语少数民族汉语学习者汉语水平的国家级标准化考试。

二、新疆农村中小学双语教师队伍发展中的问题

（1）于田县双语教师配置在不断改善，从师生比看，双语教师数量 2014 年已达到 1：22.23，依据《国务院办公厅转发中央编办、教育部、财政部关于制定中小学教职工编制标准意见的通知》，县城初中学校师生比要逐步达到 1：16，农村小学师生比要逐步达到 1：23 的标准，于田县中小学师生比 1：22 的比例基本与编制标准一致，但高质量的双语师资仍很匮乏，具体表现在：第一，有些双语教师学科知识不成体系，专业知识仍旧薄弱，不具备学科教学能力；第二，有些学科双语教师汉语功底不深，不能用汉语进行双语授课；第三，双语教师队伍中民族教师所占比例高达 92.43%，部分民族双语教师专业知识、教学经验、教学技巧还需要进一步提升，影响了双语教学教师队伍的建设；第四，理科学科和科学学科教师数量短缺，由于缺乏专业教师，临时聘用教师和顶岗实习的学生成了弥补专业教师不足的主要方式，这些教师由于没有受过专业教育和培训，教学理念和能力都相对较低，另外，这部分教师多数是非理科和科学学科专业的教师，这种"教非所学，学非所教"的现象，导致课堂教学效果差，尤其是科学学科的教学，部分学校的课堂教学濒临瘫痪。

（2）双语教师队伍学历水平有了很大提高，专科学历占教师学历的一半以上，如表 2 所示，但仍有 11.51% 的双语教师学历水平在高中阶段以下，这部分教师没有达到教师入职的基本要求，过高的占比严重影响到双语教师整体队伍的质量。此外，经过对于田县 6 所学校（中小学各 3 所）43 位专科及以上学历的双语教师进一步调查了解到，68.2% 的双语教师是刚毕业或者经过特岗教师的考核进入到教师队伍中来的，27.1% 的双语教师是通过函授、培训等形式取得学历的教师，存在高学历、低能力现象，加上教非所学现象比较普遍，严重影响了教学质量。

（3）教师职称结构总体上不断改善，具有中教高级职称的教师比例进一步提高（表 2），但增加的速度缓慢，究其原因，一方面是学校评定职称有名额限制，另一方面是教师自身不具备评定职称的科研和论文等方面的

硬件条件，其中中教一级和中教二级教师比例占专任教师比例为 55.1%，比例明显偏高，这部分教师是专任教师的中坚力量，承担了学校重要的教学工作，屡次参评职称评聘都不能获评，严重影响了教师的教学积极性和工作热情，建议对新疆南部基层一线的中小学教师在评聘职称时侧重于教学效果的评价，在论文和科研上给予一定政策的倾斜，适当放宽要求。

（4）国家和地方提供了多种层次与形式的培训，使教师进修机增多，但这些培训形式远远不能满足教师的学习愿望和改善教育教学质量的需求。于田县仅有 41.89% 的中小学双语教师参加过教师培训，但调查中发现部分双语教师不愿意参加培训，主要原因：一是家庭原因；二是参加培训回校后，在工资待遇基本不变的情况下，工作量却加大，而且要承担更重的双语教学和教研工作；三是教师认为培训课程对于教学工作帮助不大，培训的形式大于实质，不是为了拿学历证书就不愿意来乌鲁木齐或者疆外参加培训。

三、农村双语教师专业发展的状况

依据于田县教育局 2007—2014 年关于全县教职工情况综合报表数据，结合课题组对于田县 10 所农村中小学实地调查的情况，通过听课、访谈和汉语学科专业测试等方式，本文探究和田地区于田县双语教师专业发展中存在的问题，提出几点促进新疆农村双语教师专业发展的建议。

（一）双语教师专业发展中的问题

1. 双语教师教育观念相对滞后，专业发展意识薄弱

在本次调查中，通过对 152 位双语教师的调研访谈，统计得出，有自我发展意识的教师比例为 41.8%，其中仅有 13.6% 的教师有自我发展规划，经过进一步了解，这 20 位有自我发展规划的教师，在实际工作中也未完全实现计划内容，可见，于田县双语教师队伍中教师专业发展意识薄弱，自我效能感缺失现象较普遍。

2. 双语教师知识水平发展不均，教育学理论知识和学科教学知识匮乏

教师的专业知识包括五个方面的内容，即教育理论与实践知识、一般课程知识、学科教学知识、课程知识、学科专业知识，为了了解双语教师专业知识的基本情况，课题组以于田县 152 名汉语学科的教师为测查对象，测试题包括教育理论知识、一般课程知识、汉语课程知识、汉语学科教学知识、汉语学科专业知识五个维度的内容，共计 78 道题，满分 100 分，结果表明：汉语学科的双语教师在汉语课程知识和汉语学科专业知识方面得分较好，其中，汉语学科专业知识及格率达到 63.4%；教育学理论知识和学科教学知识得分较低，其中，汉语学科教学知识的及格率为 46.3%，这表明汉语学科的双语教师学科教学策略知识偏低，教学理念滞后，教学设计简单，另外与被试对象有 56.8%不是汉语专业也有一定的关系，教非所学这一现象不是农村双语教师的个别现象，需要引起重视。

3. 教师身兼数职，行政事务繁杂，严重影响了教师的专业发展

本次问卷中的开放性试题：你认为有什么因素制约了你的专业发展？43.6%的教师认为是应付一些上级的无谓检查；37.8%的教师认为是要处理许多教学事务之外的繁杂事务；33.8%的教师认为是担任学校的行政事务；23.6%的教师认为是处理学生的事务。当前，由于新疆大气候的影响，新疆南部地区农村教师往往身兼数职，除了繁重的教学工作，还要兼任的教务和行政工作，以及完成上级的检查工作，这使得多数教师没有精力和时间去钻研专业教材和教学，更无法进行行动研究和反思教学来提升自身的专业能力。

（二）促进新疆农村双语教师专业发展的建议

1. 实施双语教师资格认证制度

实施双语教师资格认证制度可以对从事双语教学的教师在教学能力、

职称、学历、汉语水平等级等基本要求上做出统一的规定，制定统一的双语教师资格标准，原则上只有取得双语教师资格证书者，才能有资格被选聘为双语教师，从双语教师入职的源头上确保双语教师的质量，不断提升双语教师队伍的整体素质。

2. 强化双语教师专业自我发展意识

在所调研的 152 位双语教师中仅 13.6%的教师有自我发展规划，通过对其中的 10 位有自我发展规划的教师访谈，我们了解到：1 位教师对自己未来的自我发展规划有较为具体的计划；4 位教师有大致的实施计划；5 位教师未做出具体的实施计划。研究表明，教师专业发展的基础就是需要具备自我发展意识，教师只有具备了自我发展意识，才能对自己的专业现状有总体认识、体验、评价和期望，才能制订自己的未来专业发展规划，在此基础上，教师过去的发展过程，目前的发展状态和未来的发展目标才能打造成一个三维立体结构，才能在整个职业生涯中增强对自己专业发展的责任感，并不断进行自我更新和完善。同时，教师的专业成长是一个持续不断的过程，在此过程中，自我规划是教师专业自我发展的关键，专业发展方向、发展目标、发展路径、行动方案是教师自我规划的总体内容，教师要将这些内容与自身学历提升、职称评定、MHK 水平等级考试以及在职培训紧密结合，才能获得源源不断的专业知识和职业成长发展的驱动力。

3. 加强校本教研为主体的双语教师专业发展培训

教师专业发展的根本途径就是将教师的专业发展融合到自己实际的教育教学中，立足于教学实践中，使教学研一体化。在本次调查中，参与调研的 152 位双语教师，主持各类课题的仅有 6%，参与课题研究的也不到 13%，教学和教研严重脱节的问题令人担忧。一线的教师，教学实践就是最好的研究方法，双语教师要始终将研究和教学绑在一起，以"教和学"为基点，以"课例"为载体，通过教学录像、教案、课例、说课、讲课、评课、学生的作业等思考和分析教学中存在的问题和现象（宁晓洁，2013），研究如何从理论层面来提升这些问题，总结经验，只有将学科研究与教学实践紧密结合，才能不断发展和提升自身的专业素质，才能使农村中小学校不仅仅成为培养学生的场所，更成为教师专业成长的主要环境和重要基地，成为师生共同发展的家园。

参 考 文 献

陈兰. 2011. 和田地区中小学双语师资队伍建设研究. 新疆教育学院学报, 27(4): 50-53.

韩玺英, 周生贵. 2013. 关于提高新疆南疆地区双语教育质量的思考. 兵团教育学院学报, (4): 1-4.

李孝川, 王凌. 2008. 云南贫困民族农村教师专业发展的困境及出路. 继续教育研究, (10): 68-69.

马戎. 2008. 新疆民族教育的发展与双语教育的实践. 北京大学教育评论, 6(2): 2-41.

宁晓洁. 2013. 双语教学中的师资队伍现状研究. 继续教育研究, 1: 137.

施晓珺. 2015. 新疆维吾尔自治区中小学少数民族"双语教育"教师培训与学历提升关系研究. 佳木斯职业学院学报, (7): 152.

王嘉毅, 赵明仁. 2012. 民族地区教师队伍建设的现状、问题与对策研究. 西北民族研究, (1): 29-39.

杨洁, 李康甲, 张俨, 等. 2012. 陕甘两省农村教师专业发展实证研究. 课程教育研究, (3): 9-10.

张岩莉. 2014. 农村中小学教师队伍现状的调查与分析——以河南省为例. 中国统计, (1): 42-43.

朱旭东, 周钧. 2007. 教师专业发展研究述评. 中国教育学刊, (1): 68-73.

云南少数民族学前儿童双语教育现状分析

季红丽（玉溪师范学院　中国社会科学院研究生院）

引　言

　　语言问题是民族教育中最敏感的问题之一，与之相关的学前双语教育一直以来都是国内外争议较大的一个热点话题。双语教育，一方面备受青睐，"双语对智力的影响如同食物对身体健康的影响"（Baker & Colin, 1988）；另一方面又在遭受质疑和排斥，存在民族语文无用论、多余论、过渡论、双语有害论、简单理解论、融合论、经费奇缺论等（金志远，2000）。

　　聚集着全国少数民族种类最多的云南省，一直以来是民族双语教育的天然大课堂和民族地区双语教育研究的摇篮。随着国家普通话教育的推广和深化，民族地区学前儿童的母语教育和学校教育之间的矛盾已经成为刻不容缓的现实问题，濒危语言保护、双语教育及语言政策方面的呼吁及研究层出不穷（孙宏开，2012）。在 SIL（世界少数民族语义研究院）的协助下，大理"白-汉"双语教育和景洪市"傣-汉"双语教育项目分别于 2005 年和 2006 年正式启动，为云南省民族地区的双语教学揭开了序幕。本文通过调研云南省民族地区彝族、哈尼族、白族和傣族学前儿童的双语教育现状，旨在分析云南省双语教学示范点与非示范点的教学差异及社会评价，进而阐释云南省民族地区学前双语教育的意义，并对云南省民族地区的学前双语教育提出相关建议。

一、双语教育的发展及意义

国内外学者对"双语教育"（bilingual education）这一概念的界定不尽相同。约翰·爱德华（John Edwards，1984）、王斌华（2005）将其定义为"使用两种语言进行教学"。李枚珍（2011）把双语教育定义缩小为少数民族双语教育。苏德（2004）、王树根和姜昕（2007）提出双语教育与双语教学的区别，认为双语教学是双语教育的组成部分，双语教育除学校教育之外，还延伸到家庭教育和社会教育的过程中。本文的"双语教育"主要指少数民族地区实施的民族语言和汉语的双语教学实践及活动。

John Edwards（1984）认为双语教育的模式主要有过渡型双语教育与保持型双语教育。前者着重帮助小语种学生尽快适应主流语言教学及文化，达到同化的目的，如美国的淹没式双语教育；后者着重培养双语文化人，其目的在于保持并促进民族多元文化共同发展。按照教育部的习惯用法，我国的双语教育包括"一类模式""二类模式""三类模式""双语双文模式""双语单文模式"五种类型。"一类模式"是指各门课用民族语讲授，另开一门汉语课；"二类模式"是指各门课用汉语讲授，另开一门民语课；"三类模式"是指部分课程用民语授课，部分课程用汉语授课；"双语双文模式"是指在小学阶段同时用民汉两种语言教学；"双语单文模式"是指在学前班和小学低年级用民族语辅助汉语教学（周庆生，2014）。从属性来看，云南省的双语教育属于过渡型和双语单文模式。

双语教育始于多民族地区或国家，其本质都是处理"国家一体"与"民族文化多元文化"的冲突。滕星（2000）在《凉山彝族社区学校实施彝汉双语教育的必要性》一文中指出，如何处理多民族国家面对的"国家一体"与"民族文化多元文化"的冲突及和谐的问题是 21 世纪人类面临的两大挑战之一。在民族地区学前儿童中开展双语教育不仅能促进幼儿语言能力及认知能力的发展，而且有利于传承少数民族语言及文化（李福军，2007）。周庆生（2014）指出，随着《国家中长期教育改革和发展规划纲要（2010—2020 年）》的颁布，我国民族地区的双语教育模式正在转型，通过双语教学抢救保护濒危语言或传承民族语言文化是双语教育模式转型期的重要特点之一。

二、调查方法及调查内容

本文以云南省彝族、哈尼族、白族和傣族学前儿童为调研对象，采用入户调查、问卷调查、访谈、课堂观察及跟踪、400词汇测试等方法，深入以上四个民族聚居地的八所幼儿园及其相关家庭和社区展开调研。八所幼儿园涉及市、乡镇和村级三个不同的级别，它们分别是，玉溪市红塔区洛河中心幼儿园和洛河草皮村幼儿园；元江县羊街乡垤霞小学、坝木小学、戈垤小学学前班；大理白族自治州剑川县沙溪镇石龙村小学学前班；西双版纳州景洪市曼迈小学和曼别小学学前班。玉溪和元江的幼儿园到目前为止没有开展过任何双语示范教学活动，其双语教育处于原始状态。大理和西双版纳的幼儿园系 SIL 资助创办的"白汉双语教学"项目和"傣汉双语教学"项目示范点，其共同宗旨是帮助学前儿童克服语言障碍，顺利过渡到汉语教学。

本文调查的内容主要包括社区民族语言使用现状、学前儿童的双语能力（包括母语水平和汉语水平）、双语教育现状、家长和幼儿园师生对民汉双语教育的态度等四方面。学龄前儿童的母语能力及双语能力划分为"熟练""一般""略懂""不会"四个等级，其划分标准如下。

（1）熟练：听、说能力俱佳，能在日常生活中自如应用。

（2）一般：具备一定的听说能力，但是在日常生活中不能自如应用。

（3）略懂：具有部分交际能力，能听懂简单的会话，但不能自如应用。

（4）不会：听、说能力较低或完全不懂，日常生活中不能使用。

为了更迅速、准确地判定学前儿童第一语言的水平，我们在调研时辅助使用 400 词测试。这些词涉及植物、动物、日常生活作息、身体部位、颜色等各方面，能客观地反映测试对象的语言熟练程度。400 词测试等级划分和上述语言能力等级划分采用相同的划分标准，也分为"熟练""一般""略懂""不懂"。

三、资 料 分 析

本项目以八所幼儿园的 333 名学前儿童为主要调研对象，考查了他们的双语能力及双语教学现状，并向其本人、家长和授课教师发放问卷调查表，以便进一步了解人们使用母语的情况以及对待双语教学的态度，具体情况如下。

（一）语言使用现状分析

整体而言，在调查的四个少数民族地区中，洛河的母语使用频率最低，彝语仅用于和祖辈、父辈的简单交流，人们在大部分场合使用汉语。其原因主要是距离市区较近（仅 9 千米），受汉语影响较大。羊街、大理和景洪的学前儿童在家庭内部和本民族内部经常使用本民族语的比例均高达 90%以上，这说明当地的母语保存较好，语言活力旺盛，然而，由于羊街缺乏官方正规的双语教学活动及安排，其学前儿童在幼儿园经常使用母语的频率大大低于大理和景洪的学前儿童。据任课教师反映，羊街学前班的儿童在入校两周内就必须适应普通话教学，课堂上不提倡使用民族语教学。大理和景洪的学前儿童刚入园时使用纯母语教学，师生围绕 SIL 开发的本土教材在课堂上学习民族语的拼音文字及本民族文化。双语教学模式下的白族、傣族儿童经常使用母语的百分比远远高于非双语教学模式的儿童，具体统计数据详见表 1。

表 1　学前儿童在不同场合"经常使用"母语和汉语的百分比统计

"经常使用"百分比 语言使用场合		民族语（%）				汉语（%）			
		洛河	羊街	大理	景洪	洛河	羊街	大理	景洪
家庭内部	和祖父辈交流	50	100	100	100	37	0	0	0
	和父母辈交流	38	100	100	95	42	0	0	5
	和兄弟姊妹交流	20	90	95	90	50	10	5	10
本民族内部	和本村的孩子玩	20	90	100	100	57	10	0	0
	和本村的人打招呼	40	100	100	100	31	0	0	0
	参加本村的婚礼	38	95	100	100	27	5	0	0
	参加本村的葬礼	38	97	100	100	27	3	0	0

续表

"经常使用"百分比 语言使用场合		民族语（％）				汉语（％）			
		洛河	羊街	大理	景洪	洛河	羊街	大理	景洪
幼儿园	老师课堂教学	8	40	100	100	90	60	0	0
	回答问题	0	20	100	100	100	80	0	0
	课堂讨论	0	20	100	100	100	80	0	0
	课后讨论	10	85	100	95	87	15	0	5
	课后娱乐	6	92	90	95	94	8	10	5

注：为了使资料有可比性，该表格每一列的数据为当地所调研幼儿园的平均值。例如，"洛河"是指玉溪市红塔区洛河中心幼儿园和洛河草皮村这两所幼儿园的学前儿童在各场合经常使用该语言的百分比平均值。

（二）学前儿童双语能力分析

本文的双语能力是指学前儿童的母语熟练程度和汉语熟练程度。和上述语言使用场合的统计结果一致的是，洛河两所幼儿园的学前儿童人人熟练掌握汉语，但是熟练掌握母语的百分比仅为6%和10%。汉语水平和母语水平的巨大悬殊加速了洛河学前儿童放弃母语转用汉语的进程，致使一半以上的彝族学前儿童已经变成汉语单语人。羊街、大理和景洪的学前儿童则相反，其母语熟练程度明显高于汉语，绝大部分孩子入园前的母语水平都是"熟练"，汉语水平只是"一般"或"略懂"。大理石龙和景洪曼迈熟练掌握母语的百分比略低（分别是80%和73%），这是因为班级里混合了其他民族学生。例如，在大理石龙学前班的46人中，22%的学生是非白族，其中有9个本村的彝族孩子和1个外村的傈僳族孩子。在幼儿园母语教学熏陶下，这10个孩子的白语日益提高，逐渐成为熟练的三语人。这种幼儿阶段以母语授课的双语模式还吸引了一部分家长和儿童。例如，景洪市曼迈小学的艾自瀚，其父亲是傣族，母亲是汉族，专门从景洪市机关幼儿园转学而来，其目的就是巩固和提升傣语水平。幼儿阶段开设的母语教学课程不仅巩固了学前儿童的母语水平，也为培养未来的双语双文化人奠定基础。如同许鲜明所言："双语教育不仅是解决少数民族双语问题的最佳模式，而且在增强少数民族语言活力。抑制民族语言衰退、扭转语言转用、濒危语言保护中发挥的重要作用不可低估"。（许鲜明，2012）学前儿童的双语能力统计详见表 2。

表 2　学前儿童双语能力统计

调查地点		人数（人）	母语（民族语）熟练程度（%）				第二语言（汉语）熟练程度（%）			
			熟练	一般	略懂	不会	熟练	一般	略懂	不会
洛河	洛河中心幼儿园	49	6	0	94	0	100	0	0	0
	洛河草皮幼儿园	37	10	65	25	0	100	0	0	0
羊街	垤霞小学	29	100	0	0	0	0	14	86	0
	坝木小学	35	100	0	0	0	0	71	29	0
	戈垤小学	16	100	0	0	0	0	0	100	0
大理	石龙小学	46	80	20	0	0	0	100	0	0
景洪	景洪曼迈小学	60	73	27	0	0	0	0	100	0
	景洪曼别小学	61	90	10	0	0	6	10	84	0
	总计	333	70%	15	15	0	26	24	50	0

　　双语教学模式下学前儿童母语能力得到巩固，还表现在 400 词汇测试的测试结果。鉴于学前儿童认知的局限性和调查样本的广度，400 词汇测试的测试对象除各幼儿园的 333 名学前儿童以外，还追踪调查了幼儿园所属小学的低年级和高年级学生。洛河、羊街、大理和景洪测试对象熟练掌握 400 词的平均百分比分别是 40%、80%、97% 和 87%。也就是说，大理和景洪学前儿童熟练掌握 400 词的人数比洛河分别高 57% 和 47%，比羊街分别高 17% 和 7%，具体数据见表 3。由此可见，双语教育是巩固和提升学前儿童母语能力的有效措施。

表 3　调查对象 400 词汇测试结果

测试对象（人）　语言能力	熟练	一般	略懂	不会
洛河（206）	160（40%）	12（3%）	12（3%）	22（54%）
羊街（400）	320（80%）	20（5%）	16（4%）	44（11%）
大理（400）	388（97%）	8（2%）	0（0%）	4（1%）
景洪（416）	348（87%）	40（10%）	16（4%）	12（3%）

（三）学前双语教育现状对比分析

上述学前儿童语言使用现状和双语能力分析结果表明：开展双语教育的大理和景洪，其学前儿童的母语水平更稳定，更有可能成为真正的双语人。此外，接受双语教育的儿童，在专业教师先进教学理念和教学方法指引下，在学习兴趣、综合素质拓展等方面都优越于非双语教育区的儿童。调查表明：云南省双语教育模式与非双语教育模式下的学前教育存在以下四方面的差异。

1. 师资力量及专业培训

推行双语教学的学前班，系当地政府部门和 SIL 经过官方签订合同并共同投资扶持的项目，在师资力量及培训方面明显优越于非双语教学区域。大理和景洪双语项目的 11 位专职教师都是本地人，都能熟练掌握本民族语和汉语，均获取学前教育大专文凭。此外，他们每年定期参加双语教育专业培训，培训内容涉及老师个人表现、教室管理、教材使用、课程安排和如何授课等方面，双语教师队伍相对稳定。洛河和羊街的学前班教师队伍缺乏稳定发展，除洛河中心幼儿园 19 名在职教师以外，大部分学前班的教师没有接受学前教育专业资格培训。有的班级（如洛河草皮村幼儿园）同时容纳了大、中、小班的孩子，所有课程由 1 名教师承担，幼儿园教师的"保姆"角色明显。羊街乡的学前班教师主要由小学数学老师和语文老师组成，通常每完成一届毕业生更换一次，教师队伍不稳定和缺乏专业培训，从根本上制约了洛河和羊街的学前双语教育。

2. 教材编写及使用

大理和景洪的师生使用由 SIL 专家编写的本土教材，教材紧密结合当地经济、地理、文化和节日等因素用民族语编写而成，以当地的传统故事和孩子身边经常发生的事为内容依托，通过歌谣、讲故事、绘画、数字趣味游戏等形式展现出来。教材编写遵循幼儿的年龄特点和身心发展规律，以周主题为线索展开，合理安排和组织幼儿一日生活。教材还包括教案，帮助教师提前准教具并为教师的教学提供参考。大理石龙学前小班的教案还附有澳大利亚毕丽丝（Liz）博士撰写的《乡村教师学前教育简介》，帮助教师更好地使用教材组织教学活动。大理和景洪的本土化教材集中了国际先进教学理念和本民族特色，为学生爱学习、教师懂教学提供了有力保障。洛河和羊街的学前班采用全国统编的学前班教材，以认字和算术为主要内容教学，音乐、美术等课程由于条件有限而形同虚设，教师基本遵循照本宣科的传统教学模式，教学缺乏互动和创新。

3. 教学理念及方法

学前儿童年龄特点和身心发展规律从根本上要求幼儿教师需具备相应的教学理念并能灵活应用适合幼儿的教学方法，促进幼儿身心和谐发展。幼儿教师的教学理念和方法直接影响到幼儿的探索欲望与学习兴趣。大理石龙和景洪的学前教育是以学生为中心的教育，其教室墙壁到处粘贴了幼儿的主题绘画、涂鸦及手工等作品，教室黑板的正上方还悬挂着教师的示范作品以及常用的本族语字母等，座位摆放间隔较大，方便挪动。整个教室布置色彩艳丽、轻松活泼。大理石龙小学还利用教室外的空地专门为幼儿设置了小操场、沙坑和简易的攀爬栏杆，以便开展各项正规与非正规的教学活动。大理的学前儿童在老师带领下自制霸王鞭等教具，学习白族传统舞蹈和音乐。景洪的幼儿教师自 2006 年傣-汉双语项目开展以来一直从事学前儿童教育教学工作，对 TPR[①]、自上而下和自下而上等教学方法应用自如，课堂安排有条不紊，能有效实现师生互动和生生互动。

洛河和羊街的学前教育基本以教师为中心，小学化教育倾向严重，主要表现在以下四方面。

（1）教学环境小学化。环境资源是学前教育的重要课程资源之一，教室环境的布置应充分融入学前课程教学中。但由于学前教育投入力度不大，调查的三个学前班都安置在村级小学内部，教学和活动场所通常是小学偏僻角落的两三个教室，没有适合幼儿玩耍的游乐设施。教室布置是传统秧

---

① TPR 是美国加州心理学家詹姆士博士提出来的一种语言教学法，全称为 Total Physical Response，中文叫做全身反应教学法。TPR 注重语言学习中的互动模式。

田型摆放的桌椅，儿童面朝黑板，密集的桌椅致使幼儿缺乏开展游戏和区域活动的空间。

（2）教育方法小学化。在教学方法上普遍采取教师讲、幼儿听，教师念、幼儿读，教师做、幼儿看等"注入式"或死记硬背的方式，儿童学习比较被动。这致使幼儿在学习过程中固定在座位的时间多于自由活动时间，被动接受知识的环节多于动手实践的环节。

（3）教育教学内容"小学化"。洛河和羊街的学前教育以学拼音、写字、做数学题为主要教学内容。有的学前班虽然使用了学前班的教科书，但并不注重以游戏作为幼儿一日活动的基本形式。音乐、美术、舞蹈等课程基本用于安排学生抄写拼音汉字或做算术题。

（4）教学时间"小学化"。学前班活动时间与小学上课时间同步。农村学前班全天都在上课，每周 20～25 节课，每堂课时间持续 40 分钟。此外，每天还有早读安排。严格、冗长的授课时间容易使幼儿出现上课讲悄悄话、学习效率低下等现象。

农村学前班"小学化"的现象有其存在的客观因素。一方面，对学前教育的投入不足，学前班没有独立的校舍及教学场所；除学生用书和教师用书外，学前班缺乏必要的教学用具、学具，用于开展游戏活动和区域活动的玩具及教学材料更是少之又少。任课教师只能压缩一些需要使用大量教学资源的课程，用识字、写字、算算术等活动取而代之。另一方面，由于学前班任课教师基本由小学教师担任，教师缺乏幼儿教育专业培训。教师基本凭借小学课程的教学经验进行教学，难免会将适合于小学生年龄特点的教学方法应用在学前儿童身上。这种教育教学活动小学化的做法，严重违背了幼儿身心发展规律，不利于幼儿全面和谐发展，也阻碍着农村学前教育事业的健康发展。

4. 教学效果及社会评价

受上述多种因素影响，推行双语教育地区的教学较灵活，教学效果相对较好。大理石龙的学前教育利用周主题将不同的主题联系在一起，其主体的选择符合季节的变化、当地节日以及人们每天的生活，旨在以学生熟悉的生活常识为导入来帮助他们适应学校生活和关注周边事物。

这样的主题设计可以帮助老师找到各种有趣的活动来引导学生在实践中学习基本技能和知识。在每一个主题下，师生可以自己动手准备相关教学教具，在实践中巩固所学知识和技能。以小班第一学期第一周的数学活动的主题"多、少"为例，为了让学生理解这组概念，老师每天安排不同的活动。第一天和第二天利用数学活动时间把学生带到操场上，首先让男生和女生各站一排，引出"多"和"少"，然后又让学生根据各自的姓名排队并用"多"和"少"来比较各队的人数；第三天在教室组织学生将不同的小物件（瓶盖、冰淇淋棍、纽扣、豆子等）分别在地板或桌面上排成排，并比较各排的多少；第四天和第五天组织学生投掷瓶盖比赛活动，以游戏的形式进一步巩固"多和少"的概念。丰富灵活的主题教学不仅让学生掌握教学内容，而且有助于培养学生的逻辑思维和认知能力。石龙村村长作为项目自始至终的参与者和支持者，由衷地感叹："孩子们爱读书了。"家长们以前认为"让孩子在家务农比上学更有成就感"的看法也大为改变。景洪曼迈和曼别小学学前班的幼儿们课堂表现活泼可爱，放学回家主动扮演小老师角色，教父母认读傣文字母。曼迈小学学前班大班的家长普遍反映：孩子们学习傣文的进步特别大，一个学期下来就基本会读，连家长也不知不觉学会了。学生入学时使用母语教学，缩短了学校教育和家庭教育之间的距离，学生能更好、更快地适应学校生活，并增进学生对自己母语的感情。

相比石龙和景洪的成就感，羊街和洛河的学生就无法享受这种愉悦了。洛河和羊街学前儿童的汉语在入园前基本是零起点，入园后必须在短短的两周内适应学校的普通话教育，这对于绝大部分幼儿而言是一个很大的挑战，部分家长于是让孩子选择放弃使用本民族，转用汉语。例如，洛河彝族区的大部分孩子已经丧失熟练使用彝语的能力。羊街学前儿童由于汉语水平不高，其民族语在刚入学时往往成为师生的负担。例如，羊街乡坝木小学的老师普遍不愿意上学前班的课，一方面因为"孩子小，坐不住"，另一方面就是"和他们讲普通话特别费事"。加之老师的教学方法单一，洛河和羊街的幼儿学习兴趣普遍较低，课堂教学效果相对不理想。

（四）对待双语教育的态度分析

对于少数民族语言而言，人们的语言态度和对待语言教育的态度就像人口普查一样，可以成为衡量语言是否健康的参考标准（Baker & Colin，1992）。可喜的是，不论是在双语教学模式的大理和景洪，还是在非双语教学的洛河和羊街，家长、幼儿和教师对待双语教育的态度都是积极肯定的。大家达成共识的一点是，本民族语和汉语同等重要，两种语言都需要学习；学习本民族语言来源于民族认同感和民族情感需要，学习汉语则是为了升学和工作的需要。洛河大部分家长和教师对于彝语的转用表示遗憾，当问及是否愿意参加彝-汉双语教育培训项目时，20%的调查对象选择"相当愿意"，60%的调查对象选择"愿意"，10%的调查对象选择"随意"，选择"不愿意"的人仅占10%。

四、结论及相关建议

实施双语教学的大理和景洪，其幼儿使用本民族语言的场合更多，范围更广。幼儿的母语能力和潜在的双语能力也明显高于洛河和羊街的幼儿。此外，双语教育模式下的学前教育在师资力量及专业培训、教材编写及使用、教学理念及方法、教学效果及社会评价等四方面都比洛河和羊街的学前教育占优势。学前教育阶段开展双语教育不仅能有效保护本民族语言及文化，而且符合幼儿身心发展规律。幼儿、家长和教师对民-汉双语教育的积极态度还说明：民族地区开展学前双语教育是一项利国利民的工程，符合广大学前儿童、家长和教师的需求。通过调研结果可以预见：双语模式培养出来的学前儿童，不论是在母语保存和语言能力发展，还是认知能力、学习兴趣等综合素质等方面，都具有一定的优越性。在民族地区开展学前双语教育是保护少数民族语言文化的重要保障，也是提高民族地区教学质量的有效措施。它不仅符合学前儿童的语言习得理论和身心发展规律，还为培养真正的双语双文化人奠定坚实的基础。正如联合国教育、科学及文化组织一再明确强调的："本民族语言是入门教育取得成功的关键……在教育启蒙阶段抵制儿童使用自己原来的语言是与现代教育理论的主流背道而驰的"（麦凯和西格恩，1989）。

云南省民族地区开展学前双语教育面临着诸多挑战与冲突，如全国教育一体化与少数民族多元化之间的冲突、政策法规与教学实践脱节、师资力量薄弱等。针对云南省民族地区学前儿童双语教育现状，我们提出以下四点建议供相关部门和人员参考。

第一，为双语教育提供实际保障。建议设立专项基金，建立完善的监管措施，加大对双语教学的扶持和投资力度，确保落实学前双语教育的硬件和软件设施。

第二，培养可持续发展的双语师资队伍。落实并完善当地部门培养、录用本土双语教师的自主权。目前已经实施双语教学的学校，可以考虑从本校年轻教师中挑选潜在的双语教师，利用"老带新"的方法培养民-汉皆通的双语型教师，不断补充、壮大双语教师队伍。没有开展双语教学项目的学校，可以集中培训在职的本民族教师，然后择优选用。另外，应提高双语教师待遇，提高双语教授的积极性，培养可持续发展的双语师资队伍。

第三，充分利用本土教学资源。由于广义的双语教育课程资源包括"利于实现双语教育课程目标的各种因素"（陈得军和刘琴，2014），学前双语教师在教学过程中除了需要利用好教材之外，还需要利用好各种环境资源和人力资源，如当地的民族饮食、体育游戏、礼仪习俗、民族音乐和舞蹈、宗教信仰、儿歌与童谣等，把学前儿童培养成真正的双语人和双文化人。

第四，提高全民的双语教育意识。家庭内部习惯用语的选择和使用直接决定学前儿童的母语能力，民族地区学前儿童的双语教育离不开家庭教育和社区教育的支持。校方及相关部门应该加强宣传，提高全民的教育意识，促使学前儿童的双语教育有机融入家庭教育和社会教育中。

总之，民族地区的学前双语教育将直接关系到民族语言文化的持续发展和我国多元化教育的发展。相关部门应该培养稳定的双语师资队伍，充分利用本土资源，借助全民力量，扩大学前双语教育的范围，推广双语教育试点，使学前儿童的双语教育面向家庭和社会。

参 考 文 献

陈得军, 刘琴. 2014. 少数民族双语教育课程资源探析. 南昌教育学院学报, (1): 123-125.

金志远. 2000. 关于双语教学不同观点和态度综论. 内蒙古师范大学学报, (S1): 208-211.

李福军. 2007. 云南少数民族双语教育中的文化心态研究. 云南师范大学学报, 39(1): 128-131.

李枚珍. 2011. 30 年来中国少数民族双语教育研究发展与现状. 贵州民族学院学报, (1): 185-189.

M. F. 麦凯, M. 西格恩. 1989. 双语教育概论. 严正, 柳秀峰译. 北京: 光明日报出版社.

苏德. 2004. 少数民族双语教育研究综述. 内蒙古师范大学学报, 17(11): 1-6.

孙宏开. 2012-5-7. 拯救濒危语言 保护语言多样性. 中国社会科学报, B04 版.

腾星. 2000. 凉山彝族社区学校实施彝汉双语教育的必要性. 民族教育研究, (1): 5-25.

王斌华. 2005. 中外比较双语教育的界定、属性与目的. 教育发展研究, 25(6): 49-53.

王树根, 姜昕. 2007. 试论中外双语教育的差异. 武汉大学学报, 60(5): 788-791.

许鲜明. 2012. 双语教育对少数民族语言的保护作用. 玉溪师范学院学报, (5): 11-15.

张卫国. 2014. 双语学纲要. 北京: 中央民族大学出版社.

张治国. 2012. 全球化背景下中美语言教育政策的比较研究. 北京: 北京大学出版社.

周庆生. 2014. 论我国少数民族双语教学模式转型. 新疆师范大学学报, (2): 122-128.

Baker, C. 1988. *Key Issues in Bilingualism and Bilingual Education*. Clevedon, England, Philadelphia: Multilingual Matters Ltd.

Baker, C. 1992. *Attitudes and Language*. Clevedon, England, Philadelphia: Multilingual Matters Ltd.

Edwards, J. 1984. The social and political context of bilingual education. In R. J. Samuda, J. W. Berry & M. Laferriere(Eds.), *Multiculturalism in Canada: Social and Educational Perspectives*. London: Allyn and Bacon.

民办高校双语教学现状调查研究

—— 以广东白云学院为例

赵盼盼（云南师范大学）

在飞速发展的经济全球化的大背景下，随着科技的进步，人们共住同一个地球村，各国之间的往来越来越频繁，国际间的竞争也越来越大。在地球村里，民族繁多，语言各异，如果东村说的话西村听不懂，西村说的话东村听不懂，那么地球村就成了哑巴村，地球村必须有大家公用的共同语（周有光，1998）。目前，英语作为一门通用语言，是世界上使用地区最广泛的语言，有 67 个国家把英语作为官方语言，80%的科技信息由英语传播，90%的网址用英语，75%的邮件用英文（莫海霞，2009）。

为了顺应当今时代发展趋势，使我国的教育走向世界、走向现代化，培养高质量的汉英双语人才已成为我国教育发展必不可少的一部分。教育部高度重视双语教育，2001 年，印发《关于加强高等学校本科教学工作提高教学质量的若干意见》，首次提出"为适应经济全球化和科技革命的挑战，本科教育要创造条件使用英语等外语进行公共课和专业课教学"，并强调要先行发展"高新技术领域的生物技术、信息技术等专业"，以及我国加入世界贸易组织（WTO）后更需要与国际接轨的金融、法律等专业，还提出要争取在三年之内使与这些专业相关的外语教学课程"达到所开课程的 5%～10%"，同时还鼓励"暂不具备直接用外语讲授条件的学校、专业，可以对部分课程先实行外语教材、中文授课，分步到位"。近 15 年，在国家政策的扶持下，通过借鉴国外成功的教育模式和自我探索，双语教学在我国如火如荼地开展，特别是在北京、上海、广州等一线发达城市，部分院校取得了一定的成效。但是，多数院校的双语教学收效甚微。目前关于高等院校的双语教学的研究多集中在公办院校，关于民办高校的研究很少。本文通过调查广东白云学院这所民办高校的双语教学现状，发现其存在的问题，提出针对性的解决策略，以期丰富民办高校的双语教学理论。

一、基 本 概 念

双语的英文是 Bilingual，双语是指在一个国家或地区里使用两种语言上课，这两种语言一种是学生的母语或本族语，另一种是学生所在地区的通用语言，即第二语言或学生所学习的目的语（外语）（倪哲，2015）。本文所使用的双语指的是汉语和英语。

双语教学是将母语外的另一种语言（主要是英语）直接应用于非语言类课程的教学，并使该语言与学科知识被学习者同步获取的一种教学模式。它有两个主要特征：第一，它强调在非语言类专业学科中使用外语进行教学，强调通过非语言类专业学科知识的学习来达到专业知识与外语语言学习的双重目的；第二，它特别指用外语（主要是英语）来进行课堂教学的交流与互动（倪哲，2015）。

广东白云学院，1989 年建校，位于广东省广州市，是经教育部批准成立的全日制普通本科院校。国际学院的国际经济与贸易专业（3+1.5 中澳双学位）、会计学专业（2+2 中澳双学位）、市场营销专业（3+1.5 中澳双学位）、朝鲜语专业（3+1 中韩双学位）、市场营销（专科）专业开设有双语课程，这些专业是中外合作项目，通过在广东白云学院 2～3 年的学习加上国外合作院校的 1～2 年的学习，顺利达到双方的毕业要求，取得中外双学位。

二、教师调查问卷结果分析

在广东白云学院管理学院教务员、财经学院教务员、国际学院教务员的帮忙下，我们分发了电子版的教师问卷，回收 12 份教师问卷，全部有效。教师问卷共有 38 道题，分为教师个人信息、教师自身水平及双语教学能力、双语教学的课程、教材、考核方式等其他方面，有 35 道客观题、3 道主观题。

（一）教师基本信息

根据表 1，可以看出：双语教师以女教师为主，是学科教师或英语教师，没有外籍教师。年龄在 40 岁以下，比较年轻，都是硕士学历，助教或讲师职称，有一半以上的教师有国外学习或工作经历。聘请的外籍教师主要用于外语的教学，由于平台低，工资和发展空间有限，教职工主要是刚毕业的研究生和已经退休的高级教师，教师的流动性比较大，师资队伍不太稳定，所以，教职工的职称主要是助教或讲师，一旦评为副教授或教授，教师跳槽到公办院校的可能性比较大。

表 1　教师基本信息

项目	性别		身份		年龄		职称		学历	是否有国外学习或工作经历	
	男	女	学科教师	英语教师	30 岁以下	30～40 岁	助教	讲师	硕士	有	无
人数(人)	2	10	7	5	5	7	5	7	12	7	5
比例(%)	16.67	83.33	58.33	41.67	58.33	41.67	58.33	41.67	100	41.67	58.33

（二）教师自身水平及双语教学能力

通过图 1，我们可以看出 12 位双语教师中，84%的教师通过了英语专业八级或雅思考试，双语教师整体英语水平相对较高，特别是口语水平，75%的教师认为自己能用英语就熟悉的题材进行口头交际，基本上没有困难，25%的教师虽然认为有些困难，但不影响交际。

根据图 2 可以看出，67%的双语教师认为自己的双语教学能力比较好，25%的双语教师认为一般，只有 8%的双语教师认为很好。可见，双语教师对自己的教学能力是比较满意和认可的。他们中有 75%是通过自己摸索与努力来提高自己的双语教学能力，还有 25%是通过与其他双语教学教师互

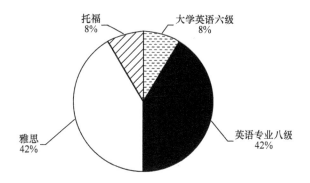

图 1　双语教师英语水平

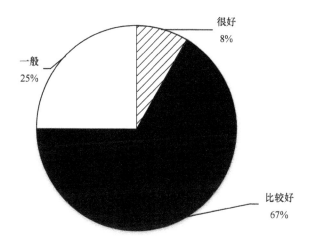

图 2　教师双语教学能力

相学习来提高的，没有教师通过参加校外进修或参加本校组织的教师培训活动来提高双语教学能力。因为是中外合作项目，学生在本校主要是学习通识课和学科基础课，特别是雅思英语考核为导向的英语课，在合作学校是全英的高级专业课程，学校比较重视学生的学习效果和能不能顺利去国外学习，但是对双语教师的重视程度还不够，基本没有开展专门的双语教师的校外进修或教师培训活动，因此，双语教师目前主要通过自己摸索与努力来提高自己的双语教学能力。

在教师开展双语教学的原因中，位于榜首的是服从学校的安排和自己外语基础较好可以学以致用，第二名的是引进新的教学理念、适应高等教育发展趋势、希望提高自己的教学能力和水平，最后一名是钻研专业学科知识、探索新的教学方法、喜欢有挑战性的工作（图 3）。75%的教师会通过钻研专业学科知识和改进教学方法手段来开展有关双语教学课程的教学研究，50%的教师会通过提高专业外语水平来开展，只有8.33%的教师会通过教改立项整体研究来开展。

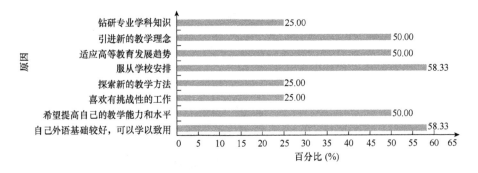

图3　开展双语教学的原因（多选题）

双语教学不是语言教学，而是通过用汉英两种语言进行授课达到学习学科专业知识的目的，但是根据调查发现，"服从学校安排"和"自己外语基础好，可以学以致用"是开展双语教学最主要的原因，"钻研专业学科知识"是最次要的原因，可见，双语教师对于开展双语教学的原因还不是很明确，有待于进一步提高认识。

（三）双语教学的授课语言、教材、考核方式及其他因素

1. 授课语言

根据图4，可以看出92%的双语教师认为上双语课，应该以英语为主，汉语为辅，只有8%的双语教师认为应该全英教学。但是在实际的双语教学中，58%的双语教师采取的是以英语为主，汉语为辅，42%的双语教师采取的是以汉语为主，英语为辅，没有教师采用全英教学（图 5）。因为学生的水平较低，水平参差不平，实际的授课语言与想象的有区别，采用全英教学不合适。只能根据学生的实际水平，英语水平好的班级，以英语为主，

汉语为辅，反之，则是以汉语为主，英语为辅。关于适当的英语授课比例，41.67%的教师认为是 30%～60%，41.67%的教师认为是 60%～80%，只有8.33%的教师认为是 80%～100%，还有 8.33%的教师认为无统一标准，这说明英语的授课比例在 30%～80%较合适，具体的比例还需要根据学生的水平和接受程度而定。

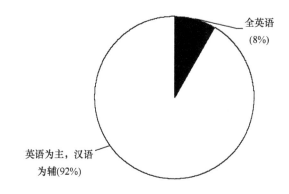

图 4　双语教师认为双语教学的授课语言

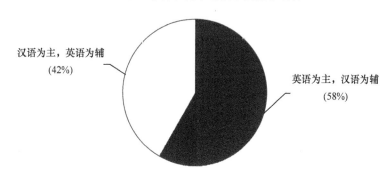

图 5　双语教师日前的授课

2. 双语教学效果的影响因素

教学是指教师的"教"和学生的"学"共同构成的实践活动，通过这一实践活动，学生掌握一定的知识和技能，身心获得一定的发展，形成一定的思想品德（倪哲，2015）。根据图 6，可以看出影响双语教学效果的因素从主要到次要依次是学生水平、教师水平、教学方法、学校环境、教学环境。双语教学效果主要是由教学活动的两大主体"教师"和"学生"来决定的，教师是主导，学生是主体，通过采取不同的教学方法和手段来使学生获得新知识，完成教学目标。

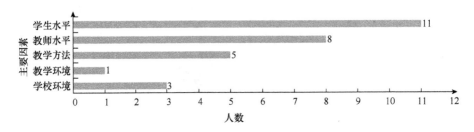

图 6　影响双语教学效果的主要因素（多选题）

3. 教学方法

教学方法是教学过程最重要的组成部分之一，如果没有运用适当的教学方法，也就不可能实现教学的目的和任务，进而也就影响整个教学系统功能的实现。同样的教学内容在不同的教师那里效果差异很大的原因，除了教师的知识水平和教学态度外，关键就是教学方法问题（徐俊玲，2014）。双语教师也都明白教学方法的重要性，采取两种以上的教学方法。因为学生的英语水平较低，喜欢听真实情景中的案例、喜欢看视频等，单纯地讲专业知识很枯燥，学生学习兴趣不高，所以双语课堂上主要以传统的教师讲授法、视听法和案例教学法为主，辅以情景法、交际法、自觉对比法（图 7）。双语教学不是语言学习课，所以没有教师会采用语法翻译法来对译。58.33%的双语教师认为自己采用的教学方法比较合适，33.33%的双语教师认为一般，只有 8.33%的双语教师认为很好。双语教师认为自己的教学方法不合适的原因主要有学生英语水平不高、教学资源有限、专业知识的讲解不够、教师不能因材施教、师生互动不高、不契合学生水平等，所以，双语教师要根据教学内容和学生特点，采取不同、丰富、合适的教学方法，提高双语教学效果。

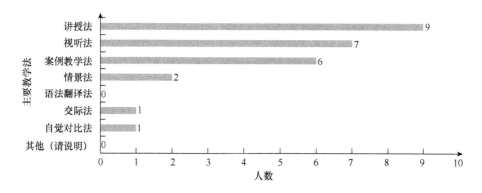

图 7　双语教师采用的主要教学法（多选题）

目前，双语教师认为双语教学最好的教学方式是小组讨论，其次是小组汇报，最后是通过师生互动活动营造语言环境、任务驱动、教师讲解（图8）。但是，在实际的双语教学中，由于学生的英语水平较低、教学资源有限、教学环境等条件的限制，教师讲解是最主要的教学方式，其次是小组讨论和任务驱动（图9）。

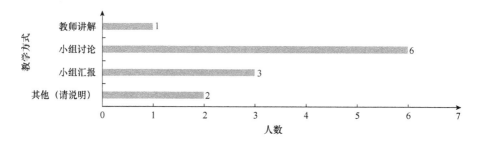

图 8　双语教师认为双语课最好的教学方式

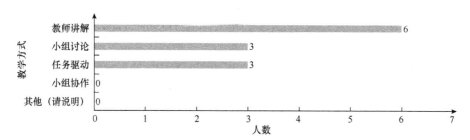

图 9　双语教师主要采取的教学方式

4. 教材和配套参考资料

教材是教师教学和学生学习所依据的材料，在教学活动中占有重要的地位，没有好的教材，就好比是无米之炊，高手也难以施展（刘珣，2000）。58.33%的双语教师认为双语课程使用的教材应该是对原版教材进行适当改编，33.33%的双语教师认为应该完全使用外文原版教材，只有8.33%的双语教师认为应该使用国内编写的外语教材。但是，在实际的双语教学中，66.67%的双语教材是英语原版教材，33.33%的双语教材是国内编写的外文教材或讲义。因此，目前双语教学使用的教材并不适合学生的学习水平，应该结合学科特点、学生特点，在英语原版教材的基础上适当做些改编。关于配套的参考资料，只有1位教师不需要配套资料，其他11位教师需要配以中英文为主的资料，其次是中文资料，最后是英文资料。配套的参考资料最好是以综合形式出现，印刷品其次，不需要单独课件和专门网站的配套资料。

5. 备课时间和资源

高超的教学技巧不能靠即兴式的临场发挥，而是要靠不断探索、长期积累和充分准备，充分准备要从备课开始，备课是课堂教学的基础，具体备课工作有三个方面的内容，即分析教材、分析教学对象、确定教学方法（刘珣，2000）。双语课程不同于其他的一般课程，对教师的专业学科知识和英语水平都有很高的要求，因此，备课难度大，时间长，58.33%的双语教师的备课时间在2小时以上（图10）。在双语课程备课时，双语教师最常借助的资源依次为中英文网站、中英文工具书、综合资源、中文教科书和中英文杂志。随着科学技术的发展，上网十分方便、快捷，而且网上的信息资源丰富、新颖，双语教师也不例外，喜欢借助中英文网站来备课（图11）。

6. 考核方式

测试是教育评估的主要手段，也是教学活动的主要环节之一（刘珣，2000）。

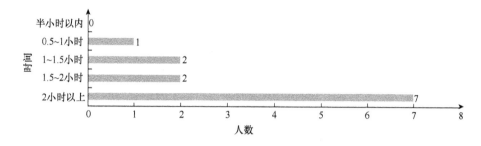

图 10　双语教师双语课程备课时间

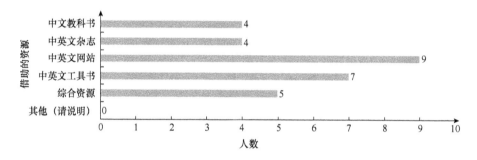

图 11　双语教师双语课程备课时最常借助的资源（多选题）

双语课程也一样，通过不同形式的考核来检验学生的学习效果。日前，双语教师主要采取的考核方式是闭卷考试和写论文，没有开卷考试。双语课程的考试对学生的英语水平和专业知识要求极高，所以，一般采用难度较小、题型丰富的闭卷考试，或者写论文，开卷考试对学生来说有点难。75%的双语教师认为最合适的考核方式是根据学生的水平要求，采用英语命题，英语答题。

7. 双语教师的报酬

12 位双语教师都认为在广东白云学院，双语教师与一般教师在报酬方面是有区别的，因为双语教师的工作量是普通教师的 1.5 倍。但是有一半的教师认为这种区别一般，16.67%的教师认为区别比较小，只有 33.33%的教师认为区别比较大（图 12）。学生的英语水平较低，学习习惯较差，出勤率比较低，而且上双语课备课时间长，难度大，情况复杂，所以，66.67%的双语教师认为双语教学工作量统一按 2 倍或多倍计算比较合适，33.33%的双语教师认为根据使用外语的比例不同进行计算比较合适，没有教师认为应该与非双语教学课程同样计算。

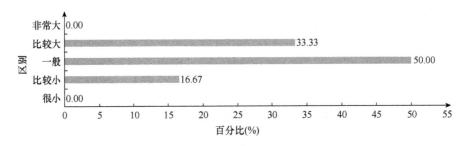

图 12　双语教师与一般教师的区别

8. 双语教师的培养方式

教师是教学活动的主体，指导学生如何学习，教师水平是影响教学效果的主要因素。教学过程不是一成不变的，特别是双语教学，教师的英语水平和专业知识都要与时俱进，紧跟国际教学发展的新动态，所以，对双语师资的培养极其重要。双语教师认为最有效的培养方式是选送专业教师出国培训，其次是招聘海外留学人员，最后是中外合作和选送外语教师进行专业培训（图 13）。41.67%的双语教师希望接受双语教学技能技巧方面的培训，33.33%的双语教师希望接受专业知识方面的培训，16.67%的双语教师希望接受英语知识及文化方面的培训，8.33%的双语教师希望接受专业英语方面的培训。双语课程的教学技巧不同于一般的课程，需要长时间的锻炼、摸索和积累，所以，这方面的培训对双语教师显得尤为重要。

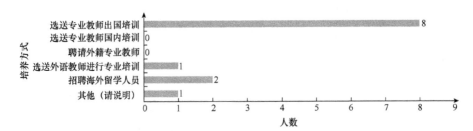

图 13　最有效的双语师资的培养方式

三、学生调查问卷结果分析

在广东白云学院教务处老师和国际学院教务员、辅导员的帮助下，我们分发了电子版的学生问卷，共回收 108 份问卷，1 份无效，有效问卷 107 份。学生问卷共有 38 道题，1 道主观题，分为学生基本信息、对双语教学的整体认识、对双语教师的认识、对双语教学其他方面的认识四个部分。

（一）学生基本信息

广东白云学院是民办本科院校，普通本科按第二批本科批次录取，普通专科（国际合作教育）按第三批专科 B 线录取，中外合作项目的四个本科专业的学费是 25 000 元/年，市场营销（专科）是 35 000 元/年。一般来说，在民办院校的学生是高考成绩不太理想的一部分学生，英语水平普遍不高。根据表 2，我们可以看出学生的英语水平较低，未通过大学英语等级考试的学生有 36.45%，雅思考试过级率只有 5.61%，四级通过率仅有 21.5%，六级通过率更低。

表 2　学生基本信息

项目	性别		专业					英语水平					
	男	女	国际经济与贸易	会计学	市场营销（本科）	朝鲜语	市场营销（专科）	CET-4	CET-6	A 级	B 级	雅思	都未通过
人数(人)	58	49	37	17	2	6	44	23	7	21	11	6	39
比例(%)	54.21	45.79	34.58	15.89	1.87	5.61	41.12	21.50	6.54	19.63	10.28	5.61	36.45

（二）对双语教学的整体认识

根据调查，82.24%的学生对双语教学感兴趣，而且 69.16%的学生在以前接受过双语教学，特别是在初高中学习阶段。67.29%的学生认为双语教学是用汉语和外语两种语言讲授学科内容，讲授过程中以外语为主，学生对双语教学的认识准确、到位。通过表 3 可以看出，双语教学对学生产生了比较大的影响，特别是积极影响，位居榜首的是扩大了英语词汇量，加强了英语阅读理解能力，消极影响也存在，但是不太明显。

表 3　双语教学对学生的影响

答案选项	选择人数（人）	排序
没有什么影响	12	10
促进了专业知识的学习	28	4
提高了对英语学习的兴趣，激发了求知欲	33	3
扩大了英语词汇量，加强了英语阅读理解能力	58	1
提高了英语交际能力，更喜欢与老师、同学用英语交流	35	2
增加了对外国文化的了解	27	5
提高了自学能力	19	7
增强了理解能力、问题的分析和解决能力	25	6
妨碍了专业知识的理解和掌握	15	8
增加了学业负担	14	9
课堂上变得更焦虑，更自卑，更紧张了	5	11
十分担心成绩不及格	15	8
其他	1	12

双语教学的顺利开展受到多方面的影响，既有一般教学的影响因素如教师、学生、学校、教材、课时等，又有其他特殊因素如双语教学环境、双语政策等的影响。学生认为最主要的因素是教师水平和教学方式、整体双语环境，其次是学生自身的英语水平。在双语教学活动中，教师和学生是两大主要因素，教师是主导，学生是主体，教师通过讲解知识、提供案例、播放视频、提问学生等方式给学生提供刺激性的材料，学生通过操练和回答给教师以反应，教师就学生的反应给予反馈，师生不断互动，达到教学相长的目的。双语教学并不是封闭的，而是受到周围双语环境的影响，如果双语环境比较好，学生有更多的机会和资源进行学习拓展（图 14）。

（三）对双语教师的认识

双语教师不同于一般课程教师，既要有扎实的专业知识，又要有过硬

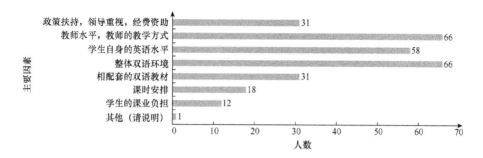

图 14   影响双语教学开展的主要因素（多选题）

的英语水平和文化知识，所以，对双语教师的要求很高。41.12%的学生认为双语教师应该由专业教师与英语教师配合，专业教师负责专业知识的讲解，英语教师负责用英语讲解专业知识和西方文化，但是这种方式不好控制和把握，是否可行有待于进一步调查与研究。学生认为一位双语教师的首要要求是英语基础好，特别是发音要标准。在双语课堂上，教师主要是用英语和汉语两种语言来讲授学科知识，但是，如果教师发音不标准，学生听不懂教师在讲什么，会引起学生的焦虑，打击学生的学习积极性，降低学生的学习效果。其他要求按重要性由强到弱依次为专业知识扎实、教学经验丰富、教学方式恰当、教学思路清晰、师生关系良好、有独特的教师人格魅力，所以，做一名合格的双语教师任重道远，需要多方面的积累与摸索（表 4）。

表 4   对双语教师的要求（排序题）

要求	排序
英语基础好，特别是发音要标准	1
专业知识扎实	2
教学经验丰富	3
教学方式恰当	4
师生关系良好	6
教学思路清晰	5
有独特的教师人格魅力	7

（四）对双语教学其他方面的认识

1. 授课语言

88.79%的学生认为双语教师的授课语言应该是中英结合，这与实际上58.88%的双语教师上课时以英语为主、汉语为辅相吻合。但是鉴于学生的英语水平较低，学生水平参差不齐，实际中 39.25%的双语教师上课时以汉语为主、英语为辅。关于授课语言中汉英具体的授课比例，应该结合学生的实际水平和特点而定。

2. 教学方法

43.93%的学生认为自己的双语教师的教学方法比较合适，只有 12.15%的学生认为很合适，双语教师主要以讲授法为主，但是根据图 15 发现，学生认为双语教师的主要教学方法依次为案例教学法、视听法、情景法、讲授法、交际法、语法翻译法、自觉对比法。可见，教师选择的教学方法和学生期待的教学方法有一定的出入，要根据学生的水平和需求，调整、优化教学方法。

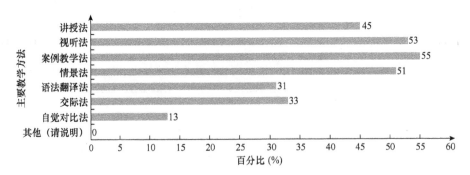

图 15　学生认为双语教师的主要教学方法

3. 教材和配套参考资料

63.55%的学生有 1～3 门双语课，只有 2.8%的学生有 6 门以上的双语课，他们主要使用的是英语原版教材，38.32%的学生认为双语课程的教材应该由教育部来选择，35.51%的学生认为应该由教师来选择，可见，教材的选择应该在教育部统一的安排下，根据学生的需求和实际水平由任课教师来选择。38.32%的学生认为合适的双语教材应该是对原版教材进行适当改编，他们现在主要使用的是英语原版教材，学生的英语水平相对较低，对他们来说，英语原版教材太难，不合适（图 16）。关于配套的参考资料，只有10 名学生认为不需要，其他 9 名学生需要以中英文为主的材料，其次是中文材料，最后是英文材料。配套的参考资料最好是印刷品，其次是综合形式，然后是课件形式，最后是网站形式。

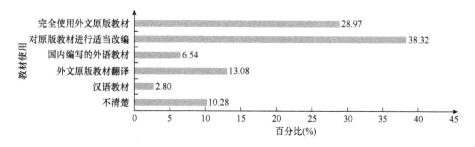

图 16　双语课程的教材

4. 考核方式

目前，双语课程主要的考核方式是闭卷考试和写论文，且主要用英语作答，他们认为最合适的考核方式是英语命题、自由作答和英语命题、英语答题。他们最喜欢的双语教学类型首先是英文教材，半数以上英文授课；其次是中英文教材，中英文授课；再次是英语教材，英文授课；复次是英语教材，全中文授课；最后是中文教材，全英文授课。这与目前他们的双语教学类型是相符的。

四、双语教学存在的问题

根据图 17 可以看出，59.82%的学生听懂双语课的比例在 60%以下，学生能听懂的比例比较低。根据图 18 和图 19，43.93% 的学生和 50% 的教师认为本校双语课程教学质量一般。可见，本校的双语教学效果并不是特别好，根据教师问卷和学生问卷，发现本校的双语教学存在以下六个问题。

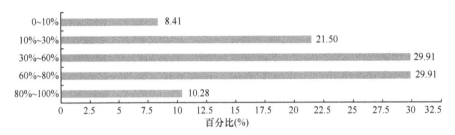

图 17　学生听懂本学期双语课的比例

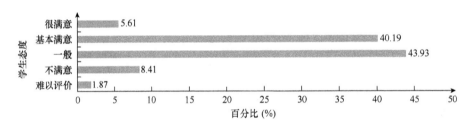

图 18　学生认为本校开设的双语课程的教学质量

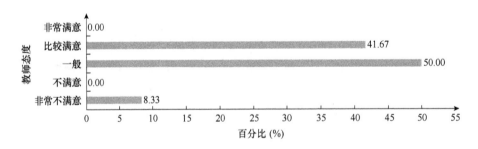

图 19　教师认为本校的双语教学质量

（一）学校对双语教学重视程度不够

双语教学开展得如何，学校起着重要的引导作用。根据教师问卷结果，发现学校对双语教学重视程度不够。一是学校基本没有开展专门的校内教师培训活动，而且校外进修的机会比较少；二是双语教师对其现在的待遇不是特别满意，大部分双语教师认为双语教师的工作量应该统一按 2 倍或多倍计算；三是学校没有营造一个良好的双语学习环境，课外的外语活动比较少；四是教学设备有待于进一步改进。在教师调查问卷的最后一题，对教师及学校管理部分有何建议时，有 5 位教师提到要多给双语教师一些培训机会，加大培训力度，有 2 位教师提到要提高双语教师的待遇，有 1 位教师提到学校要提高对双语教师的重视程度。

（二）师资较为匮乏

双语教学不同于普通课程教学，要求教师既要有扎实的专业知识，又要有过硬的英语水平和文化知识，所以，能完全胜任双语教学这项艰巨任务的教师属凤毛麟角。我国师范院校以前没有设立过双语师资专业，也没有开设过双语教学理论与技能的课程（王昕昕，2006），根据教师问卷调查结果，大多数教师从事双语教学是出于服从学校安排或外语好为了学以致用，没有直接接受专门的双语培训，多是靠自己摸索与努力来研究怎么进行双语教学。广东白云学院专职教师有 700 多位，双语教师只有 12 位，而且这 12 位教师都是硕士学历，职称为助教或讲师，都是 40 岁以下的年轻教师。所以，双语教师的资源较为匮乏，在年龄、学历、职称、性别分布不均衡，有待于进一步优化。

（三）教学能力有待于提高

双语教师的教学能力既是双语教师专业素养在双语教育课堂教学中的具体体现，也是双语教育资源的一个不可或缺的重要组成部分，接受双语教学教育的学生的学习成效在某种程度上取决于双语教师的课堂教学能力（周仁，2010）。根据教师调查问卷结果和学生调查问卷结果，我们发现双语教师虽然都采取了两种教学方法，但是实际上仍以讲授法为主，学生比较期待的是以案例教学法、视听法、情景法为主。根据图 20 发现，双语教师的教学方式、教学方法和授课方式是学生认为最需要改进的方面。在回答最后的主观题"学生对学校/教师有什么建议"时，7 名学生提出教师的口语有待于进一步提高，特别是发音。另外，有 6 名学生觉得上课气氛太死板，师生互动少，教师按着课本念，学生自主性较差。

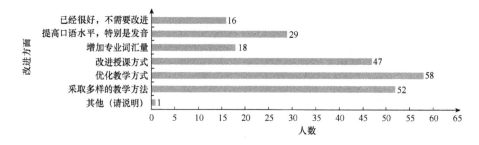

图 20　学生认为自己的双语教师应该改进的方面

（四）学生水平参差不齐

根据学生的调查问卷结果，可以看出学生的英语水平整体较低，最好的情况是通过雅思考试，最差的情况是未通过任何英语等级考试，学生的英语水平参差不齐。在 12 位双语教师中，8 位教师认为学生是在本校开展双语教学的最大困难。教师认为自己的教学方法不合适的原因中，6 位教师认为学生的水平较低，基础不同。在 107 名学生中，47 名学生认为自身的外语水平是开设双语课程最大的困难和问题，远远高于其他问题。

（五）学生学习习惯有待于改善

良好的学习习惯，会提高学生的学习效率，增强他们学习的自信心。独立学院的学生高考成绩低于公立院校的学生，大部分是因为独立学院的学生没有养成良好的学习习惯（翁玮和吴萍，2011）。教务处教师在进行教学检查时，发现他们的出勤率很低，学生上课玩手机、迟到的现象比较普遍，学生听课情况不是特别乐观。在 107 名学生中，64 名学生平均花在一节双语课的课外时间小于半小时；8 名学生不会为双语课程做任何准备，19 名学生会做心理准备。

（六）教材不合适

目前，师生使用的双语教材主要是英语原版教材或者印刷品，但是双语教师和学生认为对原版教材进行适当改编最合适，特别是根据学科特点、学生特点和需求进行适当的改编，使学生能够看懂教材。在学生的 107 份调查问卷中，23 名学生表示看不懂英文原版教材是学习双语课程最大的困难。在回答最后的主观题"学生对学校/教师有什么建议"时，3 名同学认为教材方面有待于进一步改善。大部分教师和学生都表示需要配套的参考资料，或是综合形式，或是中英文资料，但是目前只有教材，而且教材多是复印英语原版教材，基本没有配套参考资料。

五、双语教学的解决策略

（一）学校方面

1. 建立健全双语教师的相关制度，严格把关考核制度

双语教师是学校的一个特殊组成部分，要有专门的相关制度。特别是要严格考核双语教师的资质，是否能够胜任双语教学，对教师的双语教学能力要进行全面、细致的把关，在后续的教学中，要严格考核。

2. 重视双语教师的引进，提供培训和进修机会

双语教师的水平直接关系到双语教学质量，应该引进高水平、高素质、高层次的双语教师，学科知识和英语水平都要过关。学校应提供多种专门的培训机会，特别是双语教学技能技巧方面的培训，来加强教师之间的交流，提高师资水平。通过提供多种国外进修的机会，例如，作为访问学者，让双语教师进一步充实自己的知识和水平，了解学科最新动态，学习先进

理论和方法，从而提高双语教学效果。

3. 重视双语教师的工作，提高双语教师的待遇

双语教师的备课量大，教学材料难易程度比较难把握，要花的时间比普通教师长，教学难度大。因此，应该重视双语教师的工作，提高双语教师的待遇，让他们的付出得到认可，拥有成就感，愿意继续心甘情愿地从事双语教学工作。

4. 营造良好的双语学习环境

想要提高双语教学的教学水平，不仅需要师生在课堂上进行高效率的互动与交流，还需要营造和谐的语言氛围，创造地道的语言环境（张旭和李大鹏，2016）。因此，要通过举办双语类活动、比赛，在学校张贴双语标示牌，开创双语专栏，播放双语歌曲、视频、广播等，使学生在一种轻松的双语学习环境中不知不觉地学习双语。

5. 改善双语教学设施

双语教学是一种情景教学，现代信息技术可以为双语教学提供虚拟的环境（张维佳，2002）。目前只有投影、多媒体设备等在普遍使用，其他设施如语音实验室、各种音像材料、语音软件有待于进一步完善。

（二）教师方面

1. 扎实的专业知识

双语教学是学科教学，不同于语言教学，因此，对双语教师而言，扎实的专业知识是必不可少的。双语教师不仅要具备扎实、透彻的专业知识，而且还要深入浅出地进行讲解。

2. 过硬的双语表达能力和东西方文化知识

双语教师不仅要有扎实的专业知识，还要有过硬的双语表达能力和东西方文化知识，英语的听、说、读、写水平都要很高，特别是口语，

发音一定要标准，因为双语教师采用比较多的是讲授法，教师通过汉英两种语言来讲解学科专业知识，学生在获得学科知识的同时，英语水平也能有所提高。

3. 由易到难的语言安排

双语教学不仅对教师的要求高，对学生的英语水平要求同样很高。但是一个班级，学生的英语水平参差不齐，因此，就要遵循由易到难的语言安排，先采取以汉语为主、英语为辅的方法；学生的学科知识和英语水平有一定提高后，采取汉英各半的方法；在学生的学科知识和英语水平有了质的飞越后，采取以英语为主，汉语为辅的方法；最后，学生的学科知识和英语水平达到高水平后，可尝试全英的方法。

4. 因材施教的教学方法

教学有法，但无定法，贵在得法，因此，一种教学方法并不适合所有学生和学科。要根据学生的具体特点、水平、需求，采取适当的教学方法，并交叉使用多种教学方法，如案例教学法、讲授法、视听法、情景法。改进教学方法，优化授课模式，提高双语教学效果。

5. 与时俱进的教学手段

现在科学技术发达，教学手段也丰富多样。例如，双语教师为了提高双语教学效果，丰富双语课堂教学内容，可以采用多媒体设备辅助教学、开发双语教学软件、采用一些道具设计具体的情景、利用语音实验室进行训练等，不单纯依靠课本和粉笔，可以多借助现代化教学设备。

6. 良好的双语课堂组织的能力

双语教师要会用汉英双语创造轻松快乐的课堂学习环境，自始至终地引导学生跟着自己的课堂设计，调动学生学习的积极性和主动性，师生互动良好，课堂生动有趣，教学秩序有序。

（三）学生方面

1. 养成良好的双语学习习惯

双语教师引导学生养成良好的双语学习习惯，不迟到、不旷课，上课前为双语课程做好大量的语言准备和专业知识准备，充分利用教材、图书馆和各种网站，拓展知识面。上课时，不玩手机，好好听课，充分融入教师设计的双语教学环境中。

2. 通过各种方法和努力，提高自己的学习水平

学生的英语水平较低，且参差不齐，不仅影响到学生自己的学习，而且会影响到教师的整个教学安排。学生自己要通过尝试不同的方法，不断努力，尽力提高自己的学习水平。教师要给这些学生更多关注，给他们以鼓励和信任，引导他们喜欢学习，主动学习。

（四）教材方面

1. 选用合适的教材

要根据学生的学习特点、学习水平和需求，在国外原版英文教材的基础上，适当做些改编，特别是专业的学科知识词汇一定要符合学生的实际水平，使学生能看懂，增强他们的自信心，培养学生学习的主动性。

2. 配备多样的参考资料

参考资料可以辅助教材，为学生提供方便的预习、复习、测验和拓展，应该根据学生的水平和兴趣，配备多样的参考资料，如中英文工具书、中英文网站、电子课件、学习软件、印刷品等。

结　　语

双语教学任重而道远，在民办高校实施双语教学遇到的困难和问题会

更多。要想在民办高校开展高效的双语教学，不仅学校要足够重视，建设一支高水平、高素质、高层次的双语教师队伍，而且需要教师和学生共同努力与付出，在摸索中总结经验教训。

参 考 文 献

曹东云. 2005. 高校双语教学存在的问题与对策研究: ISD 视野. 江西师范大学硕士学位论文.

段立先. 2009. 吉林省地方高校双语教学存在的问题及解决对策的研究. 东北师范大学硕士学位论文.

胡美珠, 杨智华. 2007. 普通高校双语教学的现状与对策. 江淮论坛, 226(6): 117-121.

李如龙. 2007. 对双语教学的几点理解. 山西大学学报（哲学社会科学版）, 3: 105-109.

李霞. 2005. 我国西南地区高校双语教学发展对策研究. 西南师范大学硕士学位论文.

刘珣. 2000. 对外汉语教育学引论. 北京: 北京语言大学出版社.

孟国碧. 2007. 国外双语教育模式介评. 长沙铁道学院学报（社会科学版）, 8(3): 143-144.

莫海霞. 2009. 普通高校双语教学的现状、问题及对策. 湖南师范大学硕士学位论文.

倪哲. 2015. 江苏省地方高校双语教学问题及对策研究. 西南大学硕士学位论文.

王昕昕. 2006. 我国高校双语教学的现状分析和对策研究. 大连理工大学硕士学位论文.

翁坤, 吴萍. 2011. 独立院校双语教学适应性教学方法初探. 云南财经大学学报, 27(2): 148-152.

徐俊玲. 2014. 浅谈教学方法的重要性. 黑龙江科学, 5(5): 87.

张维佳. 2002. 双语教学的性质、条件及相关问题. 语言教学与研究, (4): 20-26.

张旭, 李大鹏. 2016. 民办高校双语教学实施的现实问题与解决方案. 佳木斯职业学院学报, (3): 234-235.

中华人民共和国教育部. 2001. 关于加强高等学校本科教学工作提高教学质量的若干意见.

周仁. 2010. 高校双语教师的教学能力及培养策略. 教育与职业, (18): 54-55.

周有光. 1998. 双语言时代. 上海: 学林出版社.

三十五年的坚守

——关于坝固民族小学苗汉双语教学的实践与思考①

樊　敏（黔南州民族研究所）

引　言

中国是一个多民族、多语言的国家，多数民族在它发展的过程中都创造、丰富、发展了自己的语言文字，而且每一种语言文字都承载着各民族深厚的历史文化和民族品质，是各民族千百年来丰富的传统文化、传统经验最直接、最集中的体现。母语对民族个体和群体的成长、发展都具有重要的作用。国家除了采取积极的保护措施之外，还必须通过教育来有效传承和发展。然而，一个民族语言和文化的发展从来不可能是封闭的，尤其是在当今世界经济全球化和多元文化发展的格局下，各个民族要想不断发展进步、更好地融入现代文明社会，每个民族群体就必须在传承各民族语言和传统文化的同时，学习好国家通用语言和主流民族文化，以及世界其他发达国家的语言和文化。因此，国家积极倡导在少数民族地区实施双语教育。学术界对双语教育概念的界定有很多种，每一种界定都有其自身的道理。但综合各种双语教育概念的界定，结合贵州少数民族的实际情况，通俗地讲，贵州少数民族双语教育是指在少数民族教育教学过程中，使用国家通用语言文字和本民族语言文字开展相关课程教学的一种教学形式。本文关注的坝固民族小学实行的就是苗汉双语教学。

---

① 此文是 2016 年第十二届国际双语学学术研讨会上的发言稿。

一、基 本 情 况

坝固现属都匀开发区匀东镇，主要为苗族聚居地。坝固苗语属于苗族中部方言（即黔东方言）中部土语（即都匀、三都、丹寨土语）。坝固民族小学为坝固中心校，创建于 1930 年。该校占地面积 19 534 平方米，建筑面积 5871 平方米，现有教职工 42 人，其中，大专 20 人、本科 22 人。专职苗文教师 1 人，兼职苗文教师 1 人。现有学生 630 名，苗族学生 574 人，来自坝固社区各自然村寨，约占总学生人数的 91%，共有教学班 17 个。2014 年该校被贵州省少数民族语言文字办公室和贵州省语言文字工作委员会办公室授予"苗汉双语和谐环境建设省级示范点"。

1981 年，坝固民族小学开始尝试开办苗语教学班。1983 年，正式开设苗文教学班，分别在一、四年级尝试苗文教学，通过实践，一年级的学生不具备写的基础，教师在教学时，只能根据需要，适时地用苗语辅助学生学习汉语，所以苗文课只在四年级开设，并坚持开班至今。在主要的教学方式上，首先是做好学生的思想工作：第一节苗文课就介绍学习苗文的好处，讲一些苗族英雄的故事，并以学校已成型的苗族活动项目吸引学生，增强苗族荣誉感，以提高学生学习苗文的兴趣。其次是认真做好教学工作：开学初，认真制订教学工作计划，并按计划指导教学工作，认真备课，教学中，上好每一节课，课中作好比较，让学生互相交流、探讨，使学生在快乐中进步，互相提高。最后，是让双语教学在学生学习生活中得到实际运用。苗文是拼音文字，易记、易懂、易书写，它和汉语拼音有许多相似的地方，教师在教学中，通过对比，帮助学生学习汉字，学生学习起来感到轻松。办班时所用教材为 1984 年黔南州民委组织编写的《苗文课本》、贵州省少数民族语言文字办公室编写的《中部方言苗语文》教材，标准音为都匀坝固样畦村把朵寨语音。2012 年，在黔南州民族宗教事务委员会、都匀市教育局、都匀市民族宗教事务局的组织下，该校负责编印了黔南都匀《苗汉双语教学课本》，用于苗文教学，解决了原教材中缺少声母、韵母等问题，同时简化了学习苗文的难度，使苗汉双语教学水平进一步提高。

二、取得的主要成绩

（一）促进了汉语的学习

苗语的语法结构，一般形式下为"主语+修饰语"，正好与汉语语法相反。例如，好人：苗文为 Neix viet（人在前，好在后），坝固：苗文为 Genl bat（固在前，坝在后），水深：苗文为 Daob eb（深在前，水在后）。掌握了汉苗的语法结构，教师进行"双语"教学，学生在学习中比较，在比较中学习，就会更好地掌握汉语，在教学实践中，开设苗文课程的班级，教学成绩明显上升。同时，苗语的魅力也促进了学生的学习兴趣和学习水平。在丰富的语言环境中，汉语在表情达意方面起主导作用，但是在特定的环境中，苗语也有优于汉语的表达效果。例如，"Diangd xod lol nier xod, box bol dus fex wib"，汉语意为"春天来了，花儿灿烂"。汉语的翻译没有苗语的意味更多彩、丰富、柔情。因此，实行苗汉双语教学后，在表情达意上，在写作方法中，学生拓展了更为广阔的思维空间，作文更具韵味，更有可读性和感染力。在 2006 年，坝固民族小学双语班学生共有 28 篇作文参加"第七届手拉手活动、全国少年记者杯作文大赛"，20 篇作文获奖，其中特等奖 1 名，一等奖 3 名，二等奖 5 名，三等奖 7 名，优秀奖 4 名，成绩斐然。

（二）传承了民族的文化

苗族文化中，苗族史诗、歌谣、故事、传说等都是民族文化珍品中的奇葩。然而几千年来，口传心记是苗族的传统传承方式，易流失、易变异、易消亡。通过苗汉双语教学，更多的师生掌握了苗文，用苗文记录、创作苗歌等苗族文化，传承、发展了民族文化。此外，学校编写了《都匀地区苗歌曲集》《都匀地区苗族起源传说》等苗文书籍。创建特色校刊——《苗乡草》，为师生提供苗语、汉语文学创作的平台，目前已出刊 17 期。《苗乡草》荣获了中央教育科学研究所全国第二届、第五届中小学校园报刊评比一等奖。同时，学校建立苗歌合唱队，将收集整理创作的苗语歌曲传唱大江南北，并且取得骄人的荣誉。例如，学生杨焰宇获全国青少年歌唱大赛民族组金奖；2011 年，该校苗歌合唱队荣获"多彩贵州"歌唱大赛都匀赛区第三名、该校教师参与创作的歌曲《苗键恋歌》荣获总决赛铜鼓奖、《苗乡美》荣获都匀赛区二等奖、《相聚苗乡》荣获都匀赛区三等奖；2012 年，该校教师创作的歌曲《三月春花漫苗岭》荣获黔南州苗族新歌创作优秀奖、"苗山哆彩"组合荣获中国苗族风情节青年才艺比赛一等奖；2013 年，"苗山雏鹰"组合参赛苗语歌曲《打祝更嘞》荣获"多彩贵州"歌唱大赛黔南赛区原生态类二等奖；等等。

三、存在的主要问题与困难

（一）认识偏差

受现代文化的冲击，重视民族语言的人越来越少，有的苗族家庭，小孩从小就只教普通话，而不教苗语。加之在主流媒体上，基本听不到苗语的声音、看不到苗族的文字，很多人认为学习苗族语言文字没有意义，从而使教师、家长、学生对苗族语言文字丧失信心，存在淡化民族语言及民族习俗的趋势，导致教师教授苗语文、学生学习苗语文的积极性不高。

（二）经费不足

经费问题一直是制约该校苗汉双语教学及双语教育发展的一个瓶颈。师资、教材、教学设备都需要经费支撑。目前，教师的培训、教学设备设施的添置等捉襟见肘，就连教材，也只能保证教师授课用，无法保障学生人手一册。2015 年，该校获省级民族工作专项经费仅 2 万元。

（三）教材欠缺

教材问题是长期以来困扰双语教学的关键因素。2012 年新编印的《苗汉双语教学课本》，确实解决了原教材中缺少声母、韵母的问题，还增加了都匀苗语中特有的声母，合并相似度非常高的声调、声母等，但目前还没有得到相关权威机构的认定和规范，苗文课外读物除了自办的校刊《苗乡草》外，几乎是空白。

（四）师资薄弱

虽然该校 90%以上的教师通晓苗语，但是苗文教师仅有专职、兼职各 1 名。许多年轻的苗族教师，都不愿参加培训成为苗文教师。年长的苗族教师又因为身体、业务等原因无法胜任苗文教学。

四、必要的对策与建议

关于坝固民族小学苗汉双语教学的基本情况、主要成绩及问题、困难，有自己的个性，更有贵州少数民族双语教育的共性，需要统一思想、提高认识，为少数民族双语教育的健康发展提供良好的氛围和条件；加强管理、制定规划，因地制宜地建立不同层次的少数民族双语教学体制，从而提高办学效益；培训师资、更新教材是提高教学质量和办学效益的关键环节；加强科研、建设学科，不断壮大少数民族双语教育科研队伍，逐渐形成和发展具有中国特色的少数民族双语教育理论体系和方法论基础；发展电化教学，全面推进少数民族双语教育的科学化、现代化等，但是，笔者认为还需要通过以下的探索和努力，为坝固民族小学苗汉双语教学 35 年的坚守提供更强劲的持续发展动力，更为促进少数民族双语教育的有效发展、均衡发展、和谐发展提供决策参考。

（一）遵循内在规律

语言是人类进化过程中的产物，是集文化、心理、生物、社会等因素为一体的复杂体系，有其自身的发展规律。在少数民族聚居地区的语言环境下，儿童出生以后接受的第一语言绝大多数是本民族的语言，通过学习所获得的语言属于第二语言范畴。对少数民族学生进行的汉语教学当属第二语言教学，如果简单地沿用以母语为汉语的学生的教学模式，就会造成少数民族学生实际运用汉语的能力比较差，因此，需要克服在生活、学习方面的语言障碍，遵循其学习规律和语言文字自身的发展规律。同时，语言文字作为一种交际媒介，它是一种工具。因此，少数民族学生在学习少数民族语言文字时，首先要解决工具性问题，也就是它的实际运用能力问题。

例如，水族的水文字（水书）近年来也进入了学校教学。但水文字不是水族的日常交际工具，而是一种古老文字，体系独特，文本不能独立表达意义，而要依靠有师承关系的水书先生，据水书所载相关条目，结合口传内容做出解释才能具有意义，传统的使用场合也是特定的。因此，水文字的本质和特殊性决定不论是任课教师还是学生只有遵循水文字自身的发展规律，理性地认识、科学地分析水文字环境现状和实际应用范畴，以及其可持续发展的前景，才能够进而学习水文字中所承载的博大精深的文化内涵和人文精神。苗族语言文字、布依族语言文字、侗族语言文字、彝族语言文字等其他的少数民族语言文字的教学亦如此，恰切的做法是在指导学生正确地理解和运用语言文字的过程中，在培养语感、发展思维、积累语言、积淀文化的过程中，吸收人文内涵，培植人文精神，达到工具性和人文性的统一。2006 年，坝固民族小学双语班学生在"第七届手拉手活动、全国少年记者杯作文大赛"中获得的好成绩，就是双语教学教育达到了工具性和人文性的统一，确保了学生学有所得、学有所获、学有所用。

（二）关注社会需求

　　少数民族双语教育要适应社会与经济发展的需求。少数民族双语教学也必须以社会需求为导向，凸显"应用"特色、"实用"特色。而贵州少数民族双语教育不能在民族聚居区的幼儿园、中小学全面铺开，恰恰说明我们的少数民族双语教育还不能完全适应社会发展的需求。其实，无论是国内的少数民族双语教育、外语双语教育，还是国外的双语教育，在双语教育理论上、原则上、技巧上都是相通的。少数民族双语教育的发展无论是较之外语双语教育，还是国外双语教育都存在起步晚、发展慢的状况，因此，国内少数民族双语教育完全可以借鉴外语双语教育及国外双语教育的成功经验。从双语教育的定义看，双语教育就是由英语"bilingual educa-tion"翻译而来的。我国实施外语双语教育最直接、最主要的出发点是提高英语水平，以满足国家提高综合国力和国际竞争力的需要，满足地区和学生未来发展的需要。我们实施少数民族双语教育，也需要满足国家、民族、民族地区和少数民族学生的需求。坝固民族小学实施苗汉双语教育，在传承、弘扬、唱响苗族文化方面取得了丰硕的成果，苗族师生民族自信心、自豪感明显增强的同时，也顺应了现今保护文化多样性的大趋势和必然性，凸显了"应用"特色和"实用"特色。

　　在双语教育方面，国外已经取得了很多成功的经验。双语教育的实施不仅在加拿大、美国、新西兰等双语国家或多语国家获得了成功，而且在澳大利亚、日本、俄罗斯等单语国家也获得了成功。国外实施双语教育的目的，不仅为了培养双语人才或追求共同语言，而且大多源于种族同化、文化认同、社会稳定等社会和政治需要，甚至是基于民族和谐共处、避免国家分裂的考虑。这更是我们发展少数民族双语教育的重要目的及社会、民族和国家的需求。因此，加强少数民族双语教育，既要着眼于少数民族双语教育的动态发展和长远需求，保证少数民族双语教育的全面性、前瞻性和科学性，又要立足于民族地区的实际需要，树立科学的双语观，坚持分类指导，从不同地区、民族、语言的使用实际出发，因地制宜地建立不同层次的双语教学体制，并采取不同模式、不同教学内容、形式和方法的双语教育，这是少数民族双语教育事业的一项重要内容，更是核心。

结　　语

坝固民族小学的苗汉双语教学虽然困难重重，但是毕竟坚守了 35 年，其中的意义和价值不言而喻！其中，学校、领导、教师、家长、学生的重视和坚持令人敬佩！我们相信，随着《国务院关于加快发展民族教育的决定》（国发〔2015〕46 号）文件关于"科学稳妥推行双语教育。依据法律，遵循规律，结合实际，坚定不移推行国家通用语言文字教育，确保少数民族学生基本掌握和使用国家通用语言文字，少数民族高校毕业生能够熟练掌握和使用国家通用语言文字。尊重和保障少数民族使用本民族语言文字接受教育的权利，不断提高少数民族语言文字教学水平。在国家通用语言文字教育基础薄弱地区，以民汉双语兼通为基本目标，建立健全从学前到中小学各阶段有效衔接，教学模式与学生学习能力相适应，师资队伍、教学资源满足需要的双语教学体系。国家对双语教师培养培训、教学研究、教材开发和出版给予支持，为接受双语教育的学生升学、考试提供政策支持。鼓励民族地区汉族师生学习少数民族语言文字和各少数民族师生之间相互学习语言文字。研究完善双语教师任职资格评价标准，建立双语教育督导评估和质量监测机制"的贯彻落实，坝固民族小学 35 年的坚守一定会结出更多、更大的硕果，贵州少数民族双语教育一定会最终实现和谐发展，为贵州民族语文事业的欣欣向荣作出新的更大的贡献。

语 言 使 用

多民族国家少数民族兼用通用语的趋势及国家策略

——以中、泰、缅、老四国为例

戴庆厦（云南师范大学、中央民族大学）

多民族国家都有人口较多的民族和人口较少的民族（又称少数民族）之分。少数民族为了自己发展的需要，其语言除了自己的母语外，还会不同程度地兼用国家的通用语（有的称"国语"，有的称"官方语言"。这几个词的概念虽有一定的差异，但相同点是对内是全国不同民族通用的语言，对外是代表这个国家的语言。为叙述方便，本文用"通用语"统称）。

一个多民族国家，少数民族兼用国家通用语的状况如何，有什么类型，有哪些规律，发展趋势如何，国家的语言规划应采取什么策略，是语文工作必须面对和解决的重要问题。本文以中国、泰国、缅甸、老挝四国（以下简称"四国"）的少数民族的语言生活为例，论述多民族国家中少数民族兼用通用语的趋势及国家应采取的策略。

一、少数民族兼用通用语是语言生活的总趋势

多民族国家的语言生活主要存在以下三对关系：一是少数民族母语和国语的关系，即少数民族既要坚持使用自己的母语，又要兼用国家的通用语，二者的关系怎么摆、怎么对待？二是国家标准语和方言的关系，即二者的关系怎么摆，标准语的推行和普及要达到什么程度才算合理？三是本

国语言和外国语的关系，即二者的要求、比例怎样定才算合理？这三对关系解决好了，多民族国家的语言生活就会朝着有利于社会进步的方向发展，就会有助于社会的和谐。可见，少数民族兼用本国的通用语，是多民族国家语言生活的内容之一，也是多民族国家的重要国情之一。

从"四国"的情况看，这些国家的少数民族除了坚持使用自己的母语外，都普遍兼用该国的通用语。大致看来，除了边远地区或交通不便地区的民族有一些人不会通用语外，大多数民族或一个民族中的大多数人都会兼用国家的通用语。

以老挝琅南塔省的克木族为例，该省的克木族都稳定使用母语。2009年，我们课题组对南塔省南塔县回单、查伦苏、会胡、纳杜 4 个村寨的 1291 名克木人（6 岁以上）的克木语使用情况进行调查，调查结果是能够熟练使用老挝通用语的有 1051 人，占 81.4%；另有 231 人能用老挝语进行一般交流，占 17.9%。两项加在一起是 1282 人。这个数字说明，这个地区的克木人兼用通用语属于全民兼用型。2015 年 12 月，我们课题组又到老挝对琅南塔省南通村傣泐族的语言生活做了个案调查，随机选取 19 户中的 99 人进行调查。这 99 人既包括读小学一年级的 5 岁儿童，也包括 70 多岁的老者。调查结果显示，南通村的傣泐族百分之百熟练兼用老挝语。

在泰国，我们看到少数民族都不同程度地兼用泰国的通用语 —— 泰语。2007 年，我们到泰国清莱府万尾乡阿卡人的居住地区，通过对雅普寨、老鲁寨、傣约寨、桑缅寨、森杰棱村、汇合麦寨、汇合高寨等 7 个村寨 1271 名阿卡人的语言能力的测试，获知能熟练使用泰语的有 777 人，占 61.1%；能一般使用的有 349 人，占 27.5%。两项加一起是 1126 人，占 88.6%。这就是说，这里的阿卡人除了全民稳定使用自己的母语阿卡语外，半数以上的人还熟练兼用泰语。2010 年 1 月，我们又到泰国清莱府办都镇普凯村调查拉祜族的语言使用情况。该村拉祜族除了普遍坚持使用自己的母语外，还不同程度地兼用泰语。在抽样调查的 192 人中，熟练掌握泰语的有 98 人，占 51%；一般掌握的有 58 人，占 30%。两项加起来有 156 人，占 81%，即超过半数的人会泰语。2012 年，我们课题组又到泰国清莱府调查优勉族的语言使用情况。这里的优勉族普遍使用自己的母语，还不同程度地兼用泰语。对帕莱龙村 972 人的语言兼用能力的测试结果是，有 932 人能熟练兼用泰语，占 96%；有 40 人一般，占 4%。两项加在一起是 972 人，即 100% 都能兼用泰语。

中国的少数民族，在新中国成立之前，兼用汉语的人数比例很小，会使用汉语的主要是与汉族杂居的地区的部分群众，以及上过学、有文化的人群，一般群众会汉语的很少。1953 年，我到云南省德宏傣族景颇族自治州学习，调查少数民族语言，亲眼目睹了那里的傣族、景颇族、阿昌族、德昂族、傈僳族等少数民族，除了上过学的以及与汉族交往的少数人外，大多数都不会汉语。但经过这半个多世纪，随着经济、文化的巨大变化，这个地区的少数民族大多已会兼用汉语。以芒市五岔路乡弯丹村为例，我们抽样调查的 211 位景颇人，除了都会使用自己的母语外，其中熟练兼用汉语的有 128 人，占 60.6%；略懂汉语的有 67 人，占 31.8%。两项加在一起是 195 人，占 92.4%。又据《甘洛民族语言使用现状及其演变》（木乃热哈主编）调查，在 418 名彝族中，能熟练使用汉语的有 285 人，占 66.2%；属于一般水平的有 105 人，占 25.1%。两项加在一起是 93.3%。不会汉语的只有 28 人，占 6.7%。这也说明，这个地区的彝族大多都会汉语。

二、少数民族兼用国家通用语的特点和成因

要认识多民族国家少数民族兼用本国通用语的总趋势，必须科学地弄清兼用通用语的特点和成因。因为趋势是由特点、成因决定的。

（一）少数民族兼用本国国语的特点

少数民族兼用本国通用语既有共性又有特性。共性主要体现在以下几个方面。

（1）这个趋势的出现是由多民族国家发展的需要、各民族自身发展的

需要决定的，是符合社会发展规律的。所以，兼用通用语是少数民族的自觉行为，是不可阻挡的。不管是哪个多民族国家，人口少的民族都会有一部分人兼用通用语。

（2）这个趋势将随着现代化进程的深入发展不断升温，表现在少数民族兼用通用语的人数将不断增多，水平将不断提高。比如，1956年笔者到云南红河哈尼彝族自治州绿春县做语言调查时，那里的哈尼族除了上过学的、出外谋生的少数人外，95%的哈尼人都不懂汉语，而在2010年笔者重返绿春县调查时，惊奇地发现约80%的居民都懂汉语。我们调查的大寨、坡头、广吗车里的4250位哈尼人中，熟练使用汉语的有3004人，占70.7%；略懂的有812人，占19.1%。两项加在一起有3816人，占89.8%。老挝目前正处于改革开放时期，各少数民族兼用国家通用语有强劲发展之势。

（3）这个趋势存在不平衡性。这主要表现在不同国家之间、同一国家内部不同民族、不同人群之间（不同职业、不同性别、不同年龄），其兼用国语的水平及质量存在不平衡。不平衡性是由社会发展的不平衡性、人口多少的不同、聚居情况的差异、族际婚姻的多少等因素决定的。在中国，南方的民族如壮族、仫佬族、白族、阿昌族等兼用通用语的比例比北方的民族如维吾尔族、哈萨克族等民族多得多，但北方的朝鲜族、锡伯族兼用通用语的比例很大。

不同的个性主要有以下几个方面。

（1）兼用国语的类型不同。由于不同国家在社会经济、文化教育、人口分布上各具特点，因此兼用国语必然会存在不同的类型。兼用语类型有发达型和不发达型之分。发达型又称普及型，是指几乎各少数民族的大多数成员都能兼用国语；不发达型是指只有少部分人能兼用国语。例如，在老挝，傣族、傣仂族、媛族等民族大多都能兼用通用语老挝语，属于兼语发达型；而拉祜族、阿卡族兼用的比例小些，属于不发达型。又如，中国的白族、纳西族、基诺族等，兼用汉语已进入全民性，而维吾尔族、哈萨克族等只有一部分人兼用汉语。

（2）通用语的历史状况不同。例如，中国的普通话成为各民族的通用语已有很长的历史。从唐宋起以北方话口语为基础的新书面语就已出现，明清以后，以北方方言为基础方言、以北京语音为标准音的"官话"逐渐发展为全国通用的普通话。2000 年 10 月 31 日第九届全国人民代表大会常务委员会第十八次会议通过了《中华人民共和国国家通用语言文字法》，在"总则"中明确指出其目的是"为推动国家通用语言文字的规范化、标准化及其健康发展，使国家通用语言文字在社会生活中更好地发挥作用，促进各民族、各地区经济文化交流，根据宪法，制定本法"。不丹国确定宗卡语为国语是在 1961 年。在这之前，"虽然宗卡语在不丹国官员及僧人中得到广泛的应用，但书面语或书写都用藏文"。"1961 年，不丹国第三代国王吉美多吉旺秋把宗卡语视为不丹国国语，下令属于发展计划内的各所学校必须使用宗卡语，在各所学校新设了从一年级到十二年级的学籍制度，宗卡语得到了很大的发展。"①

（3）母语与国语相近度不同。有的近些，有的远些。近的学习通用语比较容易，远的难度大些。例如，泰国的壮语，与泰语比较近，属于同一语族，所以当地的壮族学习泰语比较快，而拉祜族的语言与泰语差别大，属于不同语族，学习难度大些。难和易的差别，影响国语的普及度。再如，老挝的傣泐语、傣语等与老挝语很接近，所以傣泐人、傣族人就很容易掌握老挝语，而苗语、拉祜语等与老挝语相差较大，这些民族不易掌握老挝语。

（二）少数民族兼用本国通用语的成因

少数民族兼用本国通用语的成因是多方面的，既有政治、经济的原因，又有文化教育的原因；既有内部原因，又有外部原因；既有现时原因，又有历史原因。但主要是实际需要，就是说，少数民族的生存和发展需要兼用本国通用语，这是最根本的原因。有的国家，虽然在国家的宪法、法令上并没有规定少数民族必须学习通用语，如泰国、老挝等国，但少数民族

---

① 引自杨毛措，2016 年，不丹宗卡语使用现状研究，北京：中国社会科学出版社。

群众都自觉地去学习通用语。具体说，少数民族学习通用语的成因主要有以下一些方面。

1. 少数民族要发展自己，需要学习、使用通用语

通用语是代表该国的语言，其功能对内是不同地区、不同民族之间通用的语言，对外是代表这个国家的语言，所以所有的少数民族为了发展自己，都会有学习、使用通用语的愿望和要求，都会知道不掌握通用语，升学、就业乃至出国都会遇到不可逾越的困难。只要有了发展的意识，就会有学习通用语的要求。有的民族或民族中的一部分人，当他还处于偏僻地区与外界隔离时，不会有学习通用语的要求，而当他们走出家门与外界接触后就会萌生学习国语的念头。

2. 少数民族要与其他民族沟通，需要学习、使用通用语

一个多民族国家的语言交流主要有两大块：一块是不同地区人群之间的交流；另一块是不同民族之间的交流。此外，还有家庭内部、社区内部、不同行业之间的交流。一个少数民族，其生存和发展离不开与主体民族、其他少数民族的交往、交流，但要实现这种交流，必须掌握国家的通用语，否则出外时就无法生活。

随着经济一体化、信息一体化的进程，人们要维持社会的正常运转，在语言生活中就时刻离不开使用一个不同民族都能听懂的语言 —— 通用语。从这个意义上说，各民族共同使用一个全国都能沟通的通用语，是多民族国家能够生存和发展的必备条件。

3. 少数民族要及时地掌握世界先进的科学文化知识，就必须学习、使用国家的通用语

一个多民族国家获取世界最新信息，包括世界的变化和进步的信息，往往是由通用语接受后再在全国传播。少数民族要获取世界的最新信息，掌握通用语是最为便捷、最有效的途径，"四国"的情况都是这样。当然，有些有文字的民族可以通过本族文字的翻译来了解世界，掌握新的知识，但这终归是有限的、不及时的。

4. 少数民族优秀的历史文化和发明创造，要通过国家的通用语向外传播

世界上不管哪个民族都会有它独特的、不可替代的文明和传统文化，每个民族的文化都是该国、人类文化的一部分。少数民族如果能够使用通用语，就能够直接、更好地对外介绍、宣传、传播本族优秀的文化和发明创造。

三、少数民族母语和国家通用语的关系具有多重性

母语和通用语的关系是复杂的，具有多重性的特点。具体内容主要有以下几点。

（一）母语和通用语具有统一性

多民族国家的不同语言，不是零散互不相关的，而是长期形成的一个紧密相关的、不可分离的统一体。每日的语言生活都有各种语言在参与、在活动；国家的语言规划，必须考虑每种语言，大小语言一个也不能少。这种统一性随着社会的发展不断调整、不断完善，使其为统一的国家服务。

（二）母语和通用语具有互补性

多民族国家的不同语言各有自己的特点。在语言功能上，多民族国家各有自己的长处，也各有自己的短处，"四国"的共同点是，少数民族语言多在民族内、家庭内、村寨内使用，这些地方是少数民族母语使用最活跃的场所。但在不同民族之间、多民族杂居区、高等学校、电视广播、政府机构等领域则多用通用语。二者功能辩证地互补，扬长避短。

（三）母语和通用语具有矛盾性

母语和通用语存在差异，就必然会带来矛盾。母语和通用语的矛盾性表现在：通用语因其使用人口多、功能大，会对少数民族母语的使用产生"挤压"。特别是在经济一体化、信息一体化不断强化的历史时期，通用语的威信会使得一部分少数民族忽视本族语言的使用，而全盘接受通用语。在幼儿园、小学要不要传授母语、怎么传授，往往成为让语文工作者和教育工作者棘手的问题。

四、处理好母语和通用语关系的基本原则

怎样处理好少数民族母语和国家通用语的关系，是语言关系研究中的一个重要理论问题。科学地认识少数民族母语和国家通用语的关系，才能在对策上摆正二者的关系，也才能顺其规律、因势利导地做好语文工作。多年的经验和教训证明，民族语文工作中的失误，大多与不能科学地认识这种关系有关。

怎样处理好少数民族母语和国家通用语的关系？笔者认为基本原则是坚持语言平等、重视语言保护。

母语是构成民族的一个重要的特征，甚至是第一特征，因此，少数民族都关心自己母语的生存和发展，都把维护自己母语的使用当成维护自己民族的权利一样对待。这种特殊的民族感情，是不易用语言说清楚的，也是外族人所不能完全理解的。母语的重要性，既有应用价值的一面，又有感情价值的一面，但在一定条件下，如民族矛盾一时加剧或出现异常时，感情价值会升高，压倒应用价值。因此，多民族国家的少数民族都具有保护母语使用的天然感情。少数民族母语要加以保护，但少数民族生活在一个多民族的语言环境里，面对着语言功能强大的通用语，出于发展自己的客观需要或平衡语言交际的需要，都会自觉地学习使用通用语，这关系到少数民族能否在现代化进程中顺利发展，能否与其他

民族和谐共赢的大问题。

　　因此，在对策上要二者得兼，两全其美。在对待强势语言和弱势语言的关系上，要重视弱势语言的保护。

参 考 文 献

戴庆厦. 2007. 基诺族语言使用现状及其演变. 北京: 商务印书馆.

戴庆厦. 2008. 构建我国多民族语言和谐的几个理论问题. 中央民族大学学报, 2: 102-106.

戴庆厦. 2008. 阿昌族语言使用现状及其演变. 北京: 商务印书馆.

景颇族简史编写组. 1983. 景颇族简史. 昆明: 云南人民出版社.

景颇族简史编写组. 2008. 景颇族简史. 北京: 民族出版社.

下南乡毛南族稳定使用
毛南语的成因探析①

张景霓　李胜兰（广西民族大学）

　　我国是一个民族文化多元化的国家，其中 53 个少数民族约 6000 万人都有自己的语言，22 个少数民族约 3000 万人在使用着 28 种本民族的文字。少数民族语言是少数民族的重要交际工具，也是民族文化的载体、民族情感的纽带，更是国家宝贵的非物质文化资源。但随着全球化、工业化和城市化的深入发展，我国一些弱势少数民族语言的传承面临着巨大挑战，不少民族的语言已成为濒危语言。因此，从落实少数民族权利和保护文化多样性的角度出发，我们必须加强对濒危语言的研究，特别是要切实加强对濒危语言有效保护措施的探索。

　　半个多世纪以来，环江毛南族自治县下南乡的通用语毛南语在强势语言汉语、次强势语言壮语的冲击下已经出现衰退的迹象。但是，目前毛南语仍然是下南乡毛南族内部最主要的交际语言。通过实地调查研究，我们发现毛南语在下南乡得以传承和发扬的主观原因是毛南族群众的母语习得和母语意识，以及强烈的宗族意识及宗教仪式凝聚产生的高度民族自豪感，客观原因是大杂居、小聚居的族群高度聚居特点、经济模式和国家少数民族语言政策，这种大杂居、小聚居带来的相对封闭和保守的语言生态有利于毛南语在相对封闭的系统里传承和延续。

---

　　① 本文是国家社会科学基金西部项目"广西少数民族语言使用情况调查与研究"（批准号：11XYY007）的阶段性成果。同时，本文获广西民族文化遗产保护与传承研究中心资助。

一、族群高度聚居是毛南语稳定使用的客观条件

民族聚居型社区对少数民族语言的保护作用提醒我们,聚居对于一种文化的产生和保存是具有重要意义的,尤其是在面对优势文化的时候更是如此。(郝亚明,2011)下南乡毛南族大杂居、小聚居的族群高度聚居模式对毛南语的稳定使用起着非常重要的保护作用。

(一) 下南乡人口特点

下南乡位于环江毛南族自治县西部,全乡总面积 278 平方千米,下辖 11 个行政村,全乡共 243 个村民小组,4619 户人家,耕地面积 16 200 亩①,是全国唯一的毛南族聚集地,也是环江毛南族自治县的主体民族乡。

根据下南乡乡政府提供的最新人口统计数据(2010 年),全乡总人口为 19 307 人,其中,壮族 123 人,汉族 39 人,苗族 2 人,瑶族 4 人,布依族 2 人,水族 2 人,侗族 2 人,其余的人都是毛南族。从统计数据看,毛南族占全乡总人口的比例高达 99%以上。下南乡的绝大多数人都是毛南族,这种高度聚居的居住状态为毛南语的传承提供了重要保障。

(二) 下南乡的人口分布

从下南乡人口的分布来看,毛南族的分布毫无疑问地呈现出高度聚居的状态。下南乡有 11 个行政村,其中 8 个村毛南族家庭户数占全村户数是 100%,其他三个村的占比也都超过了 99%,最低为 99.3%,平均比率高达 99.6%。也就是说,毛南族在下南乡的人口分布具有高度聚居的特点。

(三) 新情况对下南乡人口分布的影响

随着社会经济的发展,族际婚姻有逐渐增多的趋势,但族际婚姻的存

---

① 1 亩≈666.67 平方米。

在没有改变下南乡毛南族人口分布的高度聚居性。在 11 个行政村的 5526
户家庭中，族际婚姻家庭数是 238 户，所占的比例为 4.3%，下南社区属于
商贸活动比较频繁、各方面交流比较多的村，因此，族际婚姻家庭是最多
的，占到了 5%，族际婚姻家庭占比最小的是玉环村，只有 1.5%。整个下南
乡，只有 4 个村有非毛南族家庭，而且全乡非毛南族家庭只有 5 户，对全
乡的影响几乎可以忽略不计。从这些数据我们可以看到，一方面是族际婚
姻家庭较少，对毛南族聚居的总体格局影响不大；另一方面是族际婚姻家
庭分布上呈分散状态，嫁入（入赘）的外族人在生活、劳动中每天所接触
的都是毛南族人，大部分经过三五年的毛南语语言环境的熏陶，都能说一
口流利的毛南语；少数不能说的也能听懂一些，并且很快就能融入毛南族
社会中，成为毛南族大家庭中的一员。

　　上面的数据和事实表明，下南乡的毛南族人口分布具有高度聚居的特
点，族际婚姻和非毛南族家庭没有对此产生根本影响。下南乡虽还有少量
壮族、汉族、苗族、瑶族等其他民族居住，但由于毛南族人口在全乡中占
绝对优势，在民族关系中处于主导地位或优势地位，这种民族关系决定了
毛南语成为该地区的通用语。"大多处于散居和杂居状态的民族，受其他
语言影响和侵蚀，明显呈衰变状态。"（范俊军，2005）族群高度聚居创造
了一个本族群文化、语言、传统的循环圈子和封闭环境，使得社区居民得
以在本族群文化氛围内成长，接受潜移默化的影响，这为毛南族人提供了
母语使用的广阔空间，是毛南语能够长期完整留存下来的客观条件。

二、母语习得和母语意识是毛南语稳定使用的先决条件

　　家庭是母语保存的重要堡垒，语言的连续依赖于家庭成员间的潜移默
化和精心教育，尤其是对下南乡的毛南语来说，它的传承在很大程度上是
依赖母语习得和家庭语言环境的影响。

（一）母语习得的先天环境

　　毛南族人重视本民族语言的传承。在下南乡，家庭一直是毛南语使用

最充分、最频繁的场所。毛南族的家长让孩子从小就说毛南语。笔者于 2011 年 11 月到下南乡做实地考察,看到那里的毛南族家庭全都使用毛南语进行交际,一家男女老少都会说毛南语,乡里的青少年也几乎全都会说毛南语。毛南语是下南乡的通用语。在村里,居民交谈用毛南语;集市贸易中使用的语言主要也是毛南语,间或杂以壮语或汉语;村里开会时也用毛南语,只是在传达文件时用汉语(桂柳话,下同),乡里的干部正式开会时说汉语,但在会下交谈时仍用毛南语。下南乡波川村村委副主任谭合教(53 岁)告诉笔者:"无论是在家里、集市还是参加民俗活动时,我们主要是讲毛南话,只有在会传达文件或遇到别人听不懂毛南话的情况下,才改用其他语言。"

毛南语是学生使用最普遍的交流语言。下南乡的中小学,学生在校上课时用普通话,课后,同学之间、师生之间交流都用毛南语。根据我们对下南乡毛南语中心区四个年龄段居民进行的毛南语 500 词水平测试,我们发现毛南语的传承是非常稳定的。28 岁以上的 10 名被调查者全都能够熟练使用毛南语,他们的毛南语词汇 A 级和 B 级合起来都达到了 90% 及以上。对乡中心小学一年级和下南中学初中三年级的毛南族学生进行母语能力测试,结论是他们也都能说较完整的毛南语。9～11 岁的学龄儿童的毛南语词汇掌握程度也比较乐观,在接受调查的 6 个 9～11 岁的学龄儿童中,有 4 个学龄儿童的毛南语词汇 A 级和 B 级合起来都达到了 60% 以上。总的来说,毛南语在不同年龄段中都在稳定使用。近 20 年以来,虽然家庭内部的汉语教育受到重视,出现了一些以汉语为第一语言的少年儿童,但是大多数家庭内部的用语依然是毛南语,或以毛南语为主。下南乡宿邦村谭蕲(12 岁),现在下南乡中心小学读六年级,他说:"虽然我妈妈是壮族,我也学会了壮语和普通话,但是我平常基本都是用毛南语和家人、邻居、同学交谈的,因为村里人都说毛南语,我妈妈也学会了。在学校,除上课用普通话之外,课间都是用毛南语和老师、同学交流的。"

良好的母语环境是毛南语能够顺利实现代际间语言传承的重要保证,通用语的交际地位又使得毛南语的稳定使用在日常沟通中得到强化和保持,这两者无疑都利于毛南语的稳定使用。

（二）母语意识的社会强化

　　毛南族人民认为不说毛南语是件羞耻的事，会被人看不起。毛南族使用自己的母语进行交际会有一种亲切感与认同感，因此，他们不管是大人还是小孩，不管是有知识的文化人还是没上过几年学的农民，都愿意说本民族的语言。下南乡波川村的谭琴培（15岁）现就读于下南中学，她说："我们学校80%以上的同学都是毛南族，和本民族同学说自己的母语毛南语使我觉得非常亲切。"

　　下南乡毛南族的母语意识还表现在，即使是走出下南乡，去外地打工或念书的下南乡毛南族，依然坚持说毛南语。下南乡下南社区的村民谭海棠（29岁），10岁以前在下南，后来一直在外读书，还曾在广东惠州当兵几年，退役后在环江县城工作，只是逢年过节才回老家，但是回家后还是会讲毛南话，因为老人家只会讲毛南话，交流起来比较方便。他认为外出工作的人回家不讲毛南话有点忘本，会显得有些另类和做作。

　　同时，外出念高中、大学的毛南族学生仍然有着强烈的母语意识，对自己的母语毛南语有着深厚的感情。据下南乡中心小学教师覃雪芬（28岁）介绍，她外出读书超过6年，由于自己的母语是毛南语，在家也是用毛南语交流，外去读书回来后，对本民族语言没有出现任何生疏感，这从我们对她进行毛南语的测试中可以看出来。

　　下南乡中南村下南中心小学教师谭耀作（40岁）说："我的第一习得语是毛南语，虽然后来读书时又学会了壮语、桂柳话和普通话，但平常在与家人和邻居交谈时我还是会说毛南话，甚至在教学过程中，学生听不懂普通话时也是用毛南话翻译，因为学生们从小就会很熟练地用毛南语交谈。我们毛南族人都认为，说壮话的毛南族不是正宗的毛南族。"

　　从上述事例中可以看出，母语习得和母语意识的强化作用是毛南语稳定使用的先决条件，潜移默化的语言习得和通用语的交际功能使得毛南语在下南乡得以稳定使用。

三、民族凝聚力是毛南语得以保存的主观条件

民族意识是对民族身份、民族文化等方面的一种自觉认同心理。毛南族对民族身份的唯一性以及传统文化的源远流长充满了自豪感，对母语的传承、使用与发展表现出极大的关注。毛南族稳固的民族意识对毛南语的稳定使用起到了重要作用。

（一）强烈的宗族意识

毛南族人强烈的宗族意识体现在修编宗谱的高涨热情上，他们普遍认为修缮宗谱是弘扬先德、沟通未来、精诚团结、惠今益后的大事。[①]凡是有些文化的家庭，都会有一个本子，专门记录自己的家谱和族谱。家中老人去世，子女要办的第一件事就是为死者树碑立传。

毛南族的姓氏主要有谭姓、覃姓、蒙姓、卢姓等，其中以谭姓人数最多，约占毛南族人数的 80%以上，近年来，毛南族覃姓、蒙姓、谭姓等部分姓氏先后编著成了他们姓氏谱牒。以谭姓为例，谭氏宗谱于 2003 年 6 月 24 日开始成立编写委员会，于 2004 年 10 月脱稿付梓，历时 16 个月，是至今毛南族姓氏编著最为完整的族谱之一。参与编著的人包括退休的政府机关领导干部、学校教师还有农民，他们通过广泛实地调查采访，获得了许多第一手资料和毛南族各村屯宗支珍藏的家谱手抄本、祖宗牌位、碑文的记载。在毛南族谭氏谱牒在编著的过程中，有众多单位、毛南族同胞参与了谱牒的编写和校对工作。

除了强烈的宗族意识外，毛南族还用祭祀仪式来联系族人。在各家厅堂里都会有祖宗的纪念牌，每逢节庆日或杀牲宰畜都要在牌前焚香烧纸，敬献祭品。（图 1）即使是在外地只要是清明节都会回家祭拜祖先。毛南族的这种稳固的宗族意识，必然会把标志民族身份的母语放在重要位置。

---

① 《毛南族简史》编写组.2008.毛南族简史.北京：民族出版社.

图1 毛南族家庭祭祀"天地君亲师"的牌位①

（二）强烈的文化认同感

毛南族的傩戏把毛南族人紧密联系在一起。毛南族傩戏肥套，起源于原始宗教祭祀活动。它主要体现在毛南族人民的还愿傩舞，毛南语叫"肥套"。②新中国成立以前，傩戏是毛南族民间规模最大、最普通的一种敬神祭祀活动。毛南族傩戏在其发展的过程中，曾历经多次灾难和洗劫，20世纪80年代开始，毛南族肥套又渐渐活跃起来。特别是在20世纪90年代以后有了很大的发展。现仍活跃在下南乡的傩戏班子就有5个。由此可见，毛南族人民对肥套有着坚定的信仰。（图2）

图2 毛南族"肥套"道具③

---

① 摄于环江县下南乡毛南族老乡家。

② 《毛南族简史》编写组.2008. 毛南族简史. 北京：民族出版社.

③ 摄于环江县下南乡文化馆。

凝聚毛南族人的还有共同的节日文化。分龙节是毛南族一年一度最隆重的传统节日。毛南族人民根据自己的宗教意识，认为每年夏至后的头一个时辰（龙）日，是水龙分开之日，水龙分开就难得风调雨顺，所以要在分龙这一天祭神保禾苗，相沿而成为传统的农业祭祀节，称为分龙节。20世纪初之前，每年过节人们都先聚众于庙堂内外活动，故又称为"庙节"。供奉祖先诸神之后，即请亲友赴宴，共度节日。青年男女则相邀于水边、山上山下阴凉处，对歌游戏，约会诉衷肠，尽情欢乐。时到今日，分龙节的庙祭已经逐步废除，家祭家宴亦逐渐简化。但群众性的文化娱乐活动仍然保留，多姿多彩的民族文艺表演等形式取代了过去那种神秘色彩，并丰富和充实了许多健康内容，目前仍然是毛南族最重要的欢庆节日。在这些节日中，归属感得到进一步强化，语言也得以传承和发扬。

四、毛南族经济模式是毛南语稳定使用的物质条件

下南乡总面积 278 平方千米，主要以农业为主，全乡耕地面积 16 200 亩，其中水田 10 545 亩，旱地 5655 亩，种植主要以大米为主，玉米、黄豆次之。2007年，下南乡农业产业结构调整取得显著成效，地方特色经济粗具规模。在仪凤村至波川、下南至玉环、中南至下塘 3 条公路旁建立通道经济农业综合开发示范带，全年农业生产总值达 7056 万元。坚持"以牛兴乡"的发展战略，在确保粮食增产丰收的同时，实施以种草养牛为主的产业结构调整，在仪凤、中南、下塘等村公路两旁建立了 500 多亩的林草混交退耕还林还草养牛示范带。牧草面积达 3800 亩，牛存栏 10 018 头，养牛业走上了产业化经营之路。另外，下南乡桑园面积 3200 亩，甘蔗种植面积 1100 亩，果园面积达 865 亩。①

传统农业的封闭性有利于语言的传承。从上面的介绍我们可以看到，下南乡的农业主要是集中在传统种植业和家庭式畜牧业两个方面。传统种植业主要是种植水稻，水稻是需要大量劳动力的。在下南乡毛南族地区，现在仍然一直保留着"换工"的习俗。"换工"就是指每年从春耕到秋收，

① 环江毛南族自治县地方志编纂委员会.2002. 环江毛南族自治县志. 南宁：广西人民出版社.

几家几户合作互助做农活，一般是男工换男工，女工换女工，不需要支付报酬只需要丰盛的菜肴招待即可。换工不仅提高了生产效率，更加促进了民族成员的交流和沟通，促进了语言的发展和传承。

随着经济社会的发展，下南乡的农业生产方式也有了很大的改进，但是传统种植业和家庭式养殖业的经济模式没有根本转变，这有利于保持毛南族人村落的格局和人口的稳定，也有利于毛南语的稳定使用。

五、国家少数民族语言政策是毛南语
稳定使用的外在政治条件

我国宪法规定，"各民族都有使用和发展本民族语言文字的自由"，这从根本上保障了各少数民族都可以根据自己的条件和意愿使用和发展本民族的语言和文字。毛南族虽然是一个人口较少的民族，但同全国其他少数民族一样享有国家民族语言政策所赋予的权利。自1954年成立毛南族自治县以来，国家积极支持毛南族保持传统文化、风俗、习惯及语言，环江毛南族自治县也大力扶持下南乡经济社会的发展，特别是在提干、招工、入学等方面给予了优惠政策，这大大增强了毛南族群众的民族自豪感和凝聚力。

早在新中国成立初期下南乡就设立了文化站和图书馆，下南乡文化站在最近几年得到了更多的重视和更大的发展，新建了民族民俗文物展览室、室内娱乐活动室、民族民俗文化传习馆等。这些扶持政策和设施建设不仅方便了毛南族群众的文化活动，增强了毛南族群众传承语言文化的意识，还大大增强了毛南族群众的民族自豪感。国家民族语言政策是毛南语稳定使用的有力保障，是半个多世纪以来毛南语能够较完整保留下来的外在政治条件。

结　　语

语言是人类进化的产物，本源上也是生物多样化的结果。（裴竞超，2010）少数民族语言的传承是一个复杂多元的过程，牵涉到其中的因素颇为繁杂。人们在研究少数民族语言传承的影响因素时通常从宏观或微观两个方面入手。本文是从主观、客观两方面来入手，分析了毛南语得以稳定使用的条件和因素，从中发现族群高度聚居是毛南语传承的关键，母语习得和母语意识，宗族意识和文化认同，经济模式和少数民族语言政策，都要依赖族群高度聚居才能得以真正地落实。张普（1999）指出一切正在使用的语言都是活着的语言，一切活着的语言都是有生命的语言，一切有生命的语言都是有生命力的，都有自己的生态和生态环境。从这个角度来说，族群高度聚居是维系语言传承的纽带，是保护濒危语言的重要基础。这对如何更好地保护濒危语言具有重要的启示意义。

参 考 文 献

戴庆厦. 2007. 基诺族语言使用现状及其演变. 北京: 商务印书馆.

戴庆厦. 2010. 中国少数民族语言使用现状及其演变研究. 北京: 民族出版社.

戴庆厦, 张景霓. 2006. 濒危语言与衰变语言——毛南语语言活力的类型分析. 中央民族大学学报, (1): 112-117.

范俊军. 2005. 我国语言生态危机的若干问题. 兰州大学学报（社会科学版）, 33(6): 42-47.

郝亚明. 2011. 论民族居住格局对少数民族语言传承的影响——以乡村蒙古族为例. 学术探索, (2): 36-41.

裴竞超. 2010. 生态环境下的语言生态面面观. 河北工业大学学报（社会科学版）, 06(3): 83-87.

王远新. 2000. 论中国民族杂居区的语言使用特点. 民族语文, (2): 36-41.

韦树关. 2006. 中国濒危语言研究新进展. 广西民族大学学报（哲学社会科学）, 28(5): 2-5.

张景霓. 2006. 毛南语动词研究. 中央民族大学博士学位论文.

张普. 1999. 关于语感与流通度的思考. 语言教学与研究, (2): 83-96.

董腊鱼苗壮民族的母语
活力与双语变迁

余金枝　赵　静　娄朦朦（云南师范大学）

引　言

董腊鱼是一个壮族和苗族杂居的村民小组，隶属于云南省文山壮族苗族自治州马关县都龙镇茅坪村委会，是茅坪村委会下辖的 9 个村民小组之一。2014 年 7 月，笔者赴该寨实地调查，发现这个村子的苗族和壮族除了互相兼用彼此的母语外，还兼用云南汉语或普通话。不同代际者的双语类型有差异，双语和谐、双语互补成为这个村语言生活的突出亮点①。这种现象与我们所看到的强势语言对弱势语言形成冲击致使弱势语言衰变形成鲜明的对比。

在现代化进程中，非主体民族为了融入主流社会、共享国家经济发展社会进步带来的成果，必须学习和使用主体民族的语言文化。而在学习掌握主体民族语言文化、融入主体民族经济生活的同时，往往会不自觉地丢失了自己的语言。正因为小语种以前所未有的速度濒危，联合国教育科学及文化组织倡导的对濒危语言的保护才得到广泛的认同，母语转用、母语濒危成为备受关注的语言保护问题。通过董腊鱼双语关系的变迁，我们看

---

① 本文中的数据是 2014 年 7～8 月，本文的三位作者与"云南少数民族语言研究"课题组的戴庆厦、田阡子、王育弘、陈娥、李春风、和智利、杨露、张洁、刘丽媛、杨伟芬、杨棋媛、李敬敬、杨熙然、杨超等十余位成员同赴都龙调查所得。董腊鱼这个个案点的负责人是赵静和娄朦朦。

到小语种在语言兼用、双语和谐、双语关系变迁中得以保留。操小语种的族群从母语单语到"母语-民族语"或"母语-民族语-云南汉语方言"，再到"母语-民族语-普通话"，通过双语或多语关系的变迁，为自己母语的保护提供一个很好的语言生态环境，从而使得小语种在变迁的双语关系中获得新的生长空间。

本文基于实地调查所得的第一手材料，通过董腊鱼的双语关系看小语种的语言活力，以期为非主体民族的语言保护提供借鉴。

一、董腊鱼苗族、壮族的双语类型

董腊鱼位于都龙镇南部，东与越南接壤，西与马关县金厂镇相连。董腊鱼内部分布情况是壮族位于村寨中部，苗族位于南北两端。因此，总体上形成了一个苗族大聚居、壮族小聚居的村寨格局。目前董腊鱼共有居民55户，221人。其中有1/3的人口为苗族，2/3的人口为壮族，只有1位从外地嫁过来的汉族媳妇。壮族最先来此定居。他们大部分迁自广西，来此生活已有第五代，有王、张、田三大姓氏。苗族是后来才到的，来自贵州，至今已繁衍到第四代，有杨、候、张三大姓氏。两大民族世代在这里居住，形成各自的双语类型。

（一）董腊鱼苗族的双语类型

董腊鱼共有居民55户中的19户是苗族族内婚姻家庭，5户是苗壮通婚的家庭，全村共有苗族76人。该村的苗族在语言生活中存在以下几种双语类型。

1. "苗语-汉语云南方言"双语型

母语作为民族的象征，是董腊鱼苗族的第一语言。汉语云南方言是苗族与外界或外族交流的重要工具，因此，母语-汉语云南方言是苗族最主要的双语类型。我们共统计到76名村民苗语和汉语云南方言的使用情况

（表1）。

表 1　董腊鱼村苗族母语使用情况表

年龄段 （岁）	人数 （人）	熟练		一般		不会	
		人数(人)	百分比（%）	人数(人)	百分比(%)	人数(人)	百分比(%)
6～9	16	16	100	0	0	0	0
20～39	31	31	100	0	0	0	0
40～59	22	22	100	0	0	0	0
60 以上	7	7	100	0	0	0	0
合计	76	76	100	0	0	0	0

　　表1的数据显示,董腊鱼的苗族不分年龄段全部100%熟练地掌握母语,这说明在这里母语没有受到强势语言的冲击,得到了很好的保留。董腊鱼的苗族大多兼用汉语。具体数据详见表2。

表 2　董腊鱼苗族村民兼用汉语云南方言情况表

年龄段 （岁）	人数 （人）	熟练		一般		不会	
		人数(人)	百分比(%)	人数(人)	百分比(%)	人数(人)	百分比(%)
6～19	16	15	93.8	0	0	1	6.2
20～39	31	31	100	0	0	0	0
40～59	22	20	90.1	0	0	2	9.0
60 以上	7	6	85.8	0	0	1	14.2
合计	76	72	94.8	0	0	4	5.2

　　表2反映出,94.8%的苗族能够熟练地兼用汉语。其中,随着年龄的降低,其兼用汉语的水平逐渐增高,20～39岁的村民已经达到100%熟练掌握程度,这与年轻人的外出打工或求学经历相关。6～19岁的村民由于脱离村寨的时间和范围有限,因此汉语水平还没有达到完全熟练的程度。同时,在汉语通行的今天还有4位村民不会,其中,87岁的王玉琼、55岁的王发琼、52岁的王有芬三人均是文盲,并且都是50岁以上的老年人,在我们问及不会说汉语的原因时,王发琼（女,苗族,55岁）告诉我们说:"以前没上过学,没有学过汉语。我们在家都是讲苗语,我也很少出远门,不会说汉语。"受教育程度和生活范围限制了他们对汉语的习得。还有一个7岁的杨开国,他不会汉语是因为在董腊鱼没上学的孩子都是苗语单语人,汉语

方言和普通话都是上学之后才学的，所以像他这种上学较晚或者学习较慢的孩子也不会说汉语，但是上到一二年级的时候孩子的汉语基本上就已经说得很熟练了。

　　通过表 1 和表 2，我们可以看到"母语-汉语云南方言"是该村苗族语言使用的基本类型，这种双语类型的普及面已达到 94.8%以上。苗语用于族群内部交流，云南汉语方言用于族际之间交流。这两种语言互补和谐，转换自如。在我们进入村寨的时候，村长用云南汉语方言跟我们打招呼，用苗语跟他的妻子和父亲说话。一些村民看到我们到来，就赶过来用苗语向村长询问我们的来由，村长用苗语解释过后，他们就会用方言或者不太熟练的普通话跟我们交流。

2."苗语-壮语-汉语云南方言"多语型

　　董腊鱼是一个苗族和壮族杂居的村子，一些苗族人除了母语和汉语方言之外还会说壮语，该村的语言形成了"苗语-壮语-汉语云南方言"的多语类型。通过入户统计，我们获得了董腊鱼苗语兼用壮语的情况，具体如表 3 所示。

表 3　董腊鱼苗族兼用壮语的情况表

年龄段（岁）	人数(人)	熟练		一般		不会	
		人数(人)	百分比(%)	人数(人)	百分比(%)	人数(人)	百分比(%)
6～19	16	0	0	5	31.2	11	68.8
20～39	31	6	19.4	2	6.4	23	74.2
40～59	22	6	27.3	3	13.6	13	59.1
60 以上	7	4	57.1	2	28.6	1	14.3
合计	76	16	21.1	12	15.8	48	63.1

　　表 3 的数据显示，董腊鱼苗族村民整体兼用壮语的水平不高，能够熟练掌握壮语的人数比例为 21.1%。不同年龄段村民的壮语水平有所不同，其中，60 岁以上的老人对壮语掌握得最好，熟练程度为 57.1%，其他年龄段的村民熟练兼用壮语的人数比例依次为 27.3%、19.4%、0，在逐步减少，而 19 岁以下的苗族人，全部不会说壮语。

　　这与我们在村寨中见到的情景一样。苗族人碰到壮族时都说苗语，仅有一些年龄较大的中老年人会用壮语。例如，我们在村长家中作调查时，70岁的苗族老人候照祥同89岁的壮族老人田正培交谈的时候，时而用壮语时而用苗语，很自然地交替使用。但是在我们对他们两位做400词测试时发现，候照祥的壮语词汇没有田正培的苗语词汇掌握得好，他会不时地问田正培一些壮语词汇。这说明苗族人掌握壮语没有壮族人掌握苗语好。对于19岁以下的学生来说，因为在学校里面苗族的学生较多，所以他们能听懂简单的壮语，但是都不会说。20～59岁的人在村寨当中经常会跟壮族人打交道，于是就习得了一些简单的壮语，但基本上都是能够听懂的程度，能够熟练使用的只有15.8%。即使会说一些壮语的人，也会用苗语同壮族交流。究其缘由，55岁的壮族村民王富学告诉我们："因为苗族人说我们壮话说不好，所以我们就都跟他们说苗语。"39岁的田永成说："我们这寨子周围几乎都是苗族的，经常跟他们一起干活，所以我们都会说苗语。"

3. "苗语-壮语" 双语型

由于董腊鱼地处大山深处，仅有一条出村的道路与外界联系，交通极为不便，这就造成董腊鱼与外界的沟通和交流较少，特别是年级较大的人。同时，董腊鱼所在的茅坪村委会基本以苗族为主体，相互之间交流也没有障碍，即便是附近的壮族人，也有很多会说苗语，这进一步缩小了董腊鱼村民的汉语方言使用范围，因此，形成了苗语-壮语的双语类型。但是使用这种双语类型的比较少，正如前面我们统计的结果，董腊鱼仅有4位苗族的村民不会讲汉语，也就代表了这种双语类型。

4. "苗语-普通话" 双语型

董腊鱼的苗族小孩，第一语言全部为母语，而且全部熟练地掌握。由于在家庭当中全部使用苗语，因此小孩子是不会说汉语方言的。跟同村的孩子在一起时，大家都是跟本族的孩子一起玩耍，遇到壮族的孩子，会由大人或者年龄较大的孩子进行翻译。所以，在6岁以下还没有上学的时候，他们就只会苗语一种语言。等到上了学，由于学校推行的全部是普通话教学，上课的时候学生直接使用普通话，下课之后都是跟本族的孩子一起玩，这促使这些孩子成了"苗语-普通话"双语人。就像我们在村子中碰到的玩妥的孩子，他们之间都是讲民族语。当看到我们的时候会直接用普通话来询问，回答我们的问题也全部使用普通话。他们既不会壮语也不会汉语方言，要是跟壮族的孩子在一起，要么说普通话，要么由其他人来翻译。这样的情况出现的年龄段大致是在 6～8 岁。例如，7 岁的杨开国就不会汉语方言，我们询问他的时候，他用普通话告诉我们："在家都说苗语，去学校说普通话。"一般来说，等到年龄再大一些，接触的人多一些的时候，他们都很快学会了汉语方言，转变成"苗语-普通话-云南汉语方言"多语种多方言的多语人。

（二）董腊鱼壮族的双语类型

董腊鱼共有居民 55 户，壮族族内婚姻家庭 31 户，其中，苗壮通婚的家庭有 5 户，壮族 119 人。通过入户调查，我们得出结论，认为董腊鱼壮族存在以下几种双语类型。

1."壮语-汉语云南方言"双语型

董腊鱼的壮族 100%熟练地掌握自己的母语，同时大部分人兼用汉语云南方言。我们户口统计和入户调查得到的数据如表 4 和表 5 所示。

表 4　董腊鱼壮族母语使用情况表

年龄段（岁）	人数(人)	熟练		一般		不会	
		人数(人)	百分比(%)	人数(人)	百分比(%)	人数(人)	百分比(%)
6～19	20	20	100	0	0	0	0
20～39	46	46	100	0	0	0	0
40～59	34	34	100	0	0	0	0
60 以上	19	19	100	0	0	0	0
合计	119	119	100	0	0	0	0

表 4 显示董腊鱼的壮族不分年龄段全部 100%熟练地掌握了自己的母语。这也说明，壮语在董腊鱼的活态较高，属于母语保留完整型。与苗族一样，该村的壮族也普遍兼用了当地的汉语方言，请看表 5 的数据。

表5　董腊鱼壮族兼用汉语方言统计表

年龄段（岁）	人数(人)	熟练		一般		不会	
		人数(人)	百分比(%)	人数(人)	百分比(%)	人数(人)	百分比(%)
6～19	20	19	95	1	5	0	0
20～39	46	46	100	0	0	0	0
40～59	34	33	97.1	1	2.9	0	0
60以上	19	16	84.2	1	5.3	2	10.5
合计	119	114	95.8	3	2.5	2	1.7

表5的信息显示：95%以上的人都熟练地掌握了汉语方言。特别是20～39岁这一阶段的青年人，汉语方言已经达到了100%的熟练程度，而60岁以上的老年人熟练掌握汉语的比例最低为84.2%，这说明有15%的老人还不会汉语方言。这主要与这两个年龄段的人所接触的社会范围不同有关，青年人在外求学和打工的多，汉语水平自然好过常年在村寨的老年人。

由此可见，董腊鱼壮族的双语类型基本是"母语-云南汉语方言"双语型。这跟云南省几乎所有少数民族最重要的双语类型基本一致。这也说明，汉语作为通用语在少数民族地区得到普遍兼用，就连地处偏远封闭山区的董腊鱼也不例外。

2."壮语-苗语-汉语云南方言"多语型

除了全面兼用汉语云南方言以外，董腊鱼的壮族还兼用苗语，形成"壮语-苗语-汉语云南方言"的多语类型。通过对董腊鱼119名壮族兼用苗语的情况统计，我们获得以下的数据（表6）。

表6　董腊鱼壮族兼用苗语情况统计表

年龄段（岁）	人数(人)	熟练		一般		不会	
		人数(人)	百分比(%)	人数(人)	百分比(%)	人数(人)	百分比(%)
6～19	20	20	100	0	0	0	0
20～39	46	41	89.1	4	8.7	1	2.2
40～59	34	25	73.5	8	23.5	1	3.0
60以上	19	18	94.7	1	5.3	0	0
合计	119	104	87.4	13	10.9	2	1.7

董腊鱼壮族使用苗语的总体水平是：119 人当中能够熟练使用苗语的有 104 人，占调查的 87.4%；能够听懂苗语的有 13 人，占统计人数的 10.9%；完全不会苗语的仅有 2 人，占了 1.7%。这个数据说明董腊鱼的壮族几乎全民熟练掌握苗语。这主要是因为董腊鱼寨中虽然只有 1/3 的人口是苗族，但周边的村寨几乎都是苗族聚居寨，苗族村寨的成片分布使得该村的壮族必须兼用苗语以满足邻村之间的交流。正如我们采访董腊鱼的村组长田富光（壮族）说的那样："与苗族人学说壮语相比，我们壮族人学说苗语更容易些。因为周围都是苗族人，我们需要说苗语，好跟苗族人交流。说多了，自然而然就学会了苗语。"

不同年龄段的壮族人掌握苗语的水平是：熟练苗语的人数比例从大到小依次是 6～19 岁，100%；60 岁以上，94.7%；20～39 岁，89.1%；40～59 岁，73.5%。其中，熟练使用苗语人数比例最大的竟然是 6～19 岁的青年人和 60 岁以上的老人，而 40～59 岁的中年人熟练使用的人数比例最少。

董腊鱼壮族兼用苗语的水平跟年龄密切相关。6～19 岁的青年人最高，40～59 岁的中老年人最低。为什么会产生这种情况呢？通过我们的调查，主要是因为董腊鱼所在的茅坪村委会主要是苗族人，6 岁以上的适龄儿童都去茅坪小学上学，那里苗族的学生最多，所以壮族的学生在与苗族学生的相处过程当中熟练地掌握了苗语，并且大部分学生认为苗语比壮语好学。相反，40～59 岁的中年人，早些年因为常年在外打工，渐渐地与村寨疏远，能够掌握苗语的人就不如成天跟苗族同学朝夕相伴的青年人。而近些年，随着农村经济的快速发展，很多青年人也开始选择在家乡创业发展，因此 20～39 岁这一年龄段的壮族人，苗语水平又开始重新好了起来。至于 60 岁以上的老人，由于壮族是最先迁来此地的民族，人数多；苗族是后来的，为了便于同新来的民族交流，加上后来的苗族总是不能很好地掌握壮语，壮族人主动学习苗语，以便更好地同新来的村民交流，因此 60 岁以上老人的苗语水平也较高。例如，我们测试苗语 400 词的过程当中，64 岁壮族的老人王富元的 400 个基本词汇当中有 398 个测试结果为 A 级，即能够随口脱出。

3."壮语–普通话"双语型

这一点和苗族的情况基本一致，这种语言类型主要是集中在 6 岁左右的儿童。他们在上学前习得母语，上学之后直接用普通话进行交流，在三年级以前都不会汉语方言，成了壮语–普通话的双语人，直到再长大一些才会逐渐习得汉语云南方言。

二、董腊鱼苗、壮民族双语类型的变迁

董腊鱼的苗族和壮族在不同的时代，其双语类型经历了不同的变迁。变迁路径大致可以分为以下几个类型。

（一）由"母语–民族语"到"母语–汉语方言"的变迁

从历时的角度来看，董腊鱼的双语关系发生了变化。无论苗族还是壮族，其双语类型都存在由"母语–民族语"到"母语–汉语方言"演变的大趋势，只是在演变的过程中苗族和壮族产生了差异。

首先看苗族双语类型的演变。在上文中我们统计了董腊鱼不同年龄段的苗族兼用汉语和壮语的百分比，我们纵向来分析这些数据可以发现：董腊鱼的苗族熟练掌握壮语的人数比例分别是 60 岁以上的 57.1%，40～59 岁的 27.3%，20～39 岁的 19.4%，6～19 岁的 0%。这组数据说明董腊鱼的苗族随着时间的变化其壮语的水平在不断下降。同时，我们统计到的能够熟练掌握汉语方言的人数比例与此正好相反，从 60 岁以上到 6～19 岁，四个年龄段能够熟练掌握汉语方言的比例依次是 85.8%、90.1%、100%、93.8%。由于我们统计的 6～19 岁这一年龄段当中有很多 10 岁以下的儿童，目前其汉语水平还不是很好，但这并不影响整体的趋势，那就是董腊鱼的苗族掌握汉语的水平越来越好，预计在不久的将来，6～19 岁这一阶段的汉语水平也将达到 100%的熟练。由此可见，董腊鱼的苗族符合了由"母语–民族语"到"母语–汉语方言"的双语类型演变大趋势。

其次看壮族双语类型的演变。壮族掌握汉语的情况跟苗族的一样，年龄从大到小能够熟练掌握的比例依次是 84.2%、97.1%、100%、95%，这说明汉语水平越来越好。但是其苗语的掌握情况就产生了差异。我们发现，董腊鱼的壮族熟练掌握苗语的人数比例跟苗族掌握壮语的情况正好相反，6～19 岁的壮族人能够 100%地熟练掌握苗语，年龄越大反而熟练掌握的人数比例越来越小，分别是 20～39 岁的为 89.1%，40～59 岁的为 73.5%，60 岁以上的为 94.7%。这其中的原因是什么呢？80 岁的壮族村民张安贵告诉我们，苗族人来此地要比壮族人晚一代人的时间，他们来到此地之后总是学不会壮话，或者学得不好，加上后来越来越多的苗族人搬来，壮族人就开始学习苗语，因为苗语比壮话好学。可见，为保证交流的顺畅，壮族人选择了更容易习得的苗语，并且在我们采访的过程当中，没有壮族人认为"迁就"苗族去学习苗族是不好的行为，两族人民的关系并没有因为语言的选择而产生隔阂，反而是非常和谐。

最后我们的结论是，两族的双语演变都符合从"母语-民族语"到"母语-汉语方言"的大趋势，因为他们青年一代的汉语水平在不断提高，而且 20～39 岁年龄段的人百分之百地熟练兼用汉语，这主要还是因为随着现代化进程的加剧，走出村寨的青年人和获得高等教育的人越来越多，所以他们汉语水平会逐渐提高，这也体现了从"母语-民族语"到"母语-汉语方言"演变的必然性。但同时，两个民族的演变产生了差异。苗族已经按照这种趋势，慢慢地丢失"母语-民族语"的类型，因为 6～19 岁的青年人已经完全不会壮语。而壮族不但没有丢失"母语-民族语"的类型，反而越来越好，6～19 岁的壮族能 100%熟练地掌握苗语。这种情况的出现主要是因为 6～19 岁的人还没有广泛地接触社会，其活动的大致范围还是在马关县甚至都龙镇和董腊鱼，而这些地区也是苗族人口较多的地方；并且在茅坪小学当中苗族学生占多数，因此苗语还有很大的交际功能，能够方便其更好地交流。但是无论怎样，这种民族语强势的情况只会局限在小范围之内，大趋势上还是会被汉语所替代，转向"母语-汉语方言"的双语类型。

（二）由"母语单语"到"母语-普通话"的变迁

这种情况主要是针对 10 岁以下的儿童来说的，而且比例很小。董腊鱼的儿童从出生开始都是只会母语的单语人。上学之后进入课堂直接学习普通话，并且随着年轻父母思想观念的转变，他们认为普通话的价值高于方言，所以鼓励自己的孩子学习普通话，而对汉语方言则抱着顺其自然的态度。这就使得这些年轻人的后代直接习得普通话，不学汉语方言。例如，董腊鱼的王廷丹就只会说壮语和普通话，不会说汉语方言。可见，汉语普通话作为国家推广的通用语在少数民族地区产生了一定的影响力。在我们随机的问卷调查中，针对"最希望孩子掌握的语言"一项中，14 位村民当中有 6 位希望自己的子女同时掌握母语和汉语普通话，而不是云南汉语方言。

三、从董腊鱼苗、壮民族双语关系变迁看其母语活力

董腊鱼小组苗族和壮族的双语关系大致经历了由"母语单语"到"母语-民族语""母语-云南汉语方言-民族语"，再到"母语-普通话"的变迁。双语变迁与母语活力相互关系的一般规律是：由母语单语人到"母语-兼用语"双语人或多语人的演变过程，会对母语的活力产生挤压，兼用语的习得和使用会挤占母语习得和使用的时间，从而导致母语的活力降低或濒危。但董腊鱼苗族和壮族双语关系的变迁并没有导致母语活力的下降或濒危。下面我们来进一步分析双语关系变迁与母语活力之间的互动关系。

（一）双语关系的变迁为母语活力的保护提供了良好的语言环境

上文的数据显示董腊鱼的苗族和壮族基本是全民"母语-汉语"的双语群体，他们已经完成了由母语单语人向"母语-汉语"双语人的变迁，掌握母语和汉语成为其语言能力的基本要求。但兼用汉语并没有对其母语的掌

握形成威胁。在母语和兼用语的语言能力自评测试中，他们普遍认为自己的母语水平比兼用语高。我们统计的数据也显示了相同的情况。我们统计的董腊鱼的壮族和苗族其母语的掌握情况，均是百分之百熟练，母语的代际传承没有出现断裂。他们不仅能够熟练掌握自己的母语，还普遍认为母语能够体现自己的民族身份、传承自己的民族文化、联络自己的民族感情。大家对自己的母语都有强烈的认同感，认为不会母语就是忘本的表现。村子当中举办苗族花山节和壮族祭龙的时候都是用母语。老人们会用母语唱自己民族的传统歌曲、讲述民间故事，中青年用母语唱现代的民族歌曲，表达民族的自豪感。可见，兼用云南汉语方言不仅没有危及母语的活力，相反还对维持母语的活力起到一定的促进作用。

（二）双语的和谐互补填补母语交际功能的不足

针对董腊鱼的多语使用情况，我们设计了不同场合语言使用情况表，随机抽取了董腊鱼的 14 名村民（苗族 7 位，壮族 7 位）进行问卷测试，结果如表 7 所示。

表 7　不同场合语言使用情况表

语言使用场合		苗语（人）	汉语（人）	壮语（人）
家庭		7	0	7
村寨	本族人	7	0	7
	非本族人	9	5	3
公共场所	医院	2	10	2
	集市	2	10	2
	村委会	2	10	2
	镇政府	2	10	2
	节日	9	2	3
学校	课堂上	0	14	0
	课堂下	7	8	2

表 7 显示的信息有：在家庭内部，母语是全家人的交际工具，苗族家庭使用苗语交流，壮族家庭使用壮语交流；在村寨里，同族之间讲母语，

壮族遇到苗族时会跟着苗族人一起说苗语，碰到不认识的外来人时，会使用汉语跟对方交流；在医院、集市和政府这些公共场所，村民会自然地转换语言，基本上首先选择汉语，如果交谈对象先开口说民族语，在确认会说该民族语言的情况下，他们会转用民族语；在学校里面，课堂上无论是师生之间还是同学之间，都使用汉语普通话；课间休息时，会跟同族的同学说母语，同外族的同学说汉语。由此可见，双语的语域和谐互补，促使了多种语言的保存和发展。

（三）双语关系的变迁是协调董腊鱼苗、壮民族语言生活的必然选择

世间的万事万物都在变化，语言关系也不例外。每个民族在自身的生存和发展过程当中都要不断地适应新的变化，如经济模式、文化程度、交际范围的变化。这些变化反映到语言上就是不断地兼用通用语来满足族际之间的交流，从而推动自身和民族的发展。当今，国家在少数民族地区推行了很多惠民政策，村民的经济状况不断好转，这些都使人们意识到兼用国家通用语的重要性。加上村寨当中的年轻人很多都外出打工或者求学，眼界和交际的范围更加开阔，这使得他们更加重视汉语学习。正如苗族村民候朝文所说："我希望孩子们都会说普通话，以后能考上大学，走出大山。"因此，兼用云南汉语方言和普通话已经成为董腊鱼融入主流社会、走出狭小村寨必不可少的一座语言桥梁。

在民族杂居区生活，人数较少的民族兼用人数较多民族的语言也是一种顺应交际需要的双语选择。因为语言是一种工具，其工具性的功能使得人们自然而然会对每一种语言的功能进行评估，而评估的重要参项就是该语言使用人数的多少。一般的规律是使用人数多的语言功用大，使用人数少的语言功用小。因此，在民族杂居区，我们往往会看到人数较少的民族兼用人数较多的民族的语言。在董腊鱼，周边都是苗族，董腊鱼的壮族自然要兼用苗语以满足与周边苗族人交际的需要。

（四）董腊鱼苗族、壮族双语关系的变迁与时代的变迁、社会的
变迁、经济文化的变迁有密切的关系

董腊鱼苗族和壮族双语关系的变迁是他们根据自己语言生活做出的合理选择，这种双语变迁对保护母语活力、适应现代生活起到积极的作用。

四、董腊鱼苗、壮民族双语与母语活力互动关系的思考

非主体民族在双语化的过程中如何保留母语活力，双语化的完成与母语活力的提高如何形成良性互动关系，这是我们在面对董腊鱼苗族和壮族双语化变迁中必须思考的问题。

（一）双语化是多民族杂居区保持母语活力的必然选择

不同的民族分布区有不同的语言关系。在多民族杂居区，双语化或多语化是少数民族语言生活的必然选择，也是保护自己母语的最佳途径。因为在多民族杂居区，不同的民族有不同的语言交际需求。人们需要用母语维持族内交际和民族认同，使得某一民族在民族杂居区获取作为一个独立民族存在的标志，以维系族群之间的情感，促进民族内部的团结；需要兼用一种或多种语言以完成与其他民族的经济文化交流。因此，只有实现双语化或多语化才能满足不同领域、不同层面的语言生活需求。

一直以来人们都有一种担忧：双语化的过程中，强势语言会对弱势语言形成挤压，从而导致弱势语言的濒危、衰变甚至消亡。这一担心有一定的道理，因为只要多语存在，必然会存在语言竞争关系，在竞争关系中必然有弱势方和强势方，弱势方必然会受到强势方的挤压。这是语言生态中必然面临的语言关系。但问题是一个小民族在求生存、谋发展的过程中必然有除了母语之外的语言需求，因此，双语化已经成为小民族适应社会发展的必然选择。在双语化的过程中，小语种有继续保持活力和走向衰变两

条路，并不仅仅是走向衰变的死路一条。董腊鱼苗族和壮族在双语生活中较好地保留自己的母语，其已经为小民族的双语化与母语活力保护的良性互动关系提供了一个很好的例证。

（二）双语化与母语活力的关系不同地区有自己的特点

双语化与母语活力的关系在不同地区、不同民族有自己的特点。对于有文字的语言，其双语化还可以包括双文化，即实现母语与国家通用语、少数民族文字与汉文的双语双文化。这种包括文字在内的双语化层次肯定比仅仅停留在口语层次上的双语化要高。

对于有传统文字的语言，如藏语、蒙古语、维吾尔语、朝鲜语等语言，以这些语言为母语的族群，他们的双语化层次肯定比没有传统文字的要高，他们的双语化对母语活力的保护作用肯定更大。因此，不同地区的双语化有自己的特点，这个特点与各地的客观条件和当地老百姓的主观需求有关。例如，双语教育政策虽然已经颁布多年，但在云南大部分少数民族地区并未得到真正推行。就拿董腊鱼来说，课堂教学并没有真正意义上的双语教学，教师只是在教学的初级阶段（如学前班或一年级的课堂上）利用民族语辅助教学，汉语讲不通的知识点就用民族语来解释。汉语教学包括"语"和"文"两方面，而母语的语文教学只有"语"没有"文"。云南省教育部门虽然印制了小学课程的双语双文教材，但各地尚未具备推行双语教学的条件，这些教材还是躺在办公室里，并没有真正用在课堂上。

（三）在双语类型向"母语-汉语/普通话"变迁的趋势下，应该唤醒少数民族母语保护的自觉

虽然董腊鱼的双语模式已经向"母语-汉语/普通话"变迁，苗族和壮族村民已经意识到汉语对个人成长和家族发展的重要性，并有意识地培养孩子学习汉语或普通话。但母语是人的天然情感，大家都有热爱母语的情结。从访问过的村民口中，我们听到最多的是"我喜欢说苗话""我喜欢说壮话"

"虽然汉语非常重要，可是在村子里还是说自己的母语感觉有亲切感"等，这反映了少数民族对自己母语有认同感的话语。因此，只要国家政策在保护少数民族语言上稍做引导，就能够得到少数民族的拥护，唤起他们保护自己母语的民族自觉。这种民族自觉心理能够帮助少数民族语言在双语化过程中保护其母语活力，从而形成双语关系与母语活力保护的良性互动。

参 考 文 献

戴庆厦. 2014. 云南玉龙县九河白族乡少数民族的语言生活. 北京: 商务印书馆.

乔翔, 余金枝. 2010. 论四川盐源县和谐的多语生活. 中央民族大学学报, (6): 89-94.

余金枝. 2003. 经济转型与双语变迁——德夯村双语变迁个案分析. 民族教育研究, 14(5): 61-64.

少数民族语言文字活态保护的理论思考

——以文山壮族苗族自治州都龙镇语文活态保护为例[①]

李春风（北京华文学院）

一、语言活态保护是当前民族语文工作的一项重要任务

（一）语言活态保护提出的历史背景

我国是一个多民族、多语种、多文种的国家，语言资源十分丰富。在如今现代化高速发展的今天，各民族语言，不管是大民族还是小民族，都会遇到新的挑战，都会出现新的矛盾和问题，需要我们去认识和提出对策。比如，有的民族语言使用人口少、通行范围不广，在强势语言的影响下，会出现不同程度的功能衰退。有的语言甚至会走向濒危。即便是使用人口比较多的语言，也会存在如何适应现代化的需要，如何处理好标准化和规范化的新问题。再如，各少数民族都面临着如何实现双语和谐，怎样发展双语教育的新问题。诸如此类的新问题，过去我们并未有过系统的调查研究。这些问题可以归纳为两项内容：一是如何对我国民族语言进行活态保

① 本文是国家语言文字工作委员会十二五规划项目"民族语文活态保护与双语和谐乡村建设研究"的成果之一。作者是该课题组成员之一，参加了实地调查。文中使用的材料是由该课题组成员共同收集的，特此致谢。文山壮族苗族自治州在文中简称为文山州。

护，二是如何搞好双语和谐。所以，对我国少数民族语言的调查及保护是当前我国民族语文研究的一个重要工作。

民族语文活态保护是针对"人类口传和非物质文化遗产"这个概念提出的。目的在于保护濒危的非物质文化，传承人类文明。所谓的"活态"就是语言文字生存的状态，也就是语言文字自然地使用于人类的生产和生活过程当中。"语文活态保护"就是要保护正在被使用的或者濒危的语言文字，保护这种语言文字的使用环境和生存链条，使其真实、自然地被人所用，并且能一代代传承下去。我国民族语文活态保护是指保护少数民族语言文字在社会中的活力，使之更有效地为少数民族的存在和发展服务。我国现有 55 个少数民族，120 多种民族语言。现有的这些语言当中，有 20 多种语言使用人口不足千人，基本上处于濒临消亡的边缘。少数民族母语活态是前人尚未认识的新课题。最近几十年，国内外关于语言的调查研究著作有一些，但以活态保护为概念的研究却未见成果。2000 年 10 月 16 日，中国民族语言学会和《民族语文》杂志社在北京联合召开了"我国濒危语言问题研讨会"，这是国内首次把濒危语言问题作为专题内容来进行讨论的会议。可见，民族语言活态保护日渐进入学者的关注视野，这不仅是语言学术研究不可或缺的组成部分，更关系到民族语言未来的发展。因此，我们亟须开展各民族语文的活态保护工作，做好少数民族语文个案的试验。这不仅是民族语言研究的一个重要课题，更是我国语言国情调查的重要内容。

（二）少数民族语言文字活态保护的特殊意义

我国民族语文活态保护是一个前人尚未认识的新课题，是民族语文研究中的一个具有重要应用价值和理论意义的课题。在国外很少有这方面的专门研究。在国内，该课题是近几年学术界普遍关注的一个热点议题，但目前也还没有什么专门研究语言活态保护的专著出版，相关的论文也几乎没有。其理论价值具体有以下几点。

1. 使我们认识现代化进程中的中国语言使用的现状、特点及演变趋势

人们虽然天天使用自己的语言，但不完全清楚其特点。我国少数民族语言的活力究竟如何，适用于哪些范围，不同人群的语言特点存在哪些差异，兼用语的情况如何；还有不同语言的走向如何，是功能加强还是功能衰退；青少年的语言使用状况如何，这都是语言研究的新问题。认识这些问题能够使我们从理论上认识语言的存在和演变，不仅对语言学研究是必要的，而且能为社会学、民族学、历史学的研究提供养料。

2. 母语活态的研究具有实际应用价值

民族语文活态保护研究对制定科学的、符合国情的民族语文政策，增强国家的语言实力，促进社会语言生活的和谐发展具有重要的实际价值。"语言文字科学保护"是《国家中长期语言文字事业改革和发展规划纲要（2012—2020 年)》中的一个重要任务。它与历史文化传承、国家统一和民族团结、国民素质的提高以及人的全面发展等方面密切相关，在国家发展战略中具有重要地位和作用。

此次调查以第一手材料显示语言保护的真实数据和客观现状，为国家掌握语言文字保护现状、预测语言使用的发展趋势、制定语言文字政策提供实证性的参考。

3. 母语活态研究具有方法论的创新价值

语言学的研究因不同的内容有不同的方法，语言活力调查有其自身系统的调查方法，要了解语言的保护，先要了解语言的使用现状，包括母语与兼用语的使用情况。此外，此次调查对我国语言文字保护实施数据库管理可以说是一个试验，以云南文山州马关县为试点，依据国家人口普查的数据建立语言资源数据库，并进而勾画出语言状况地图，该地图可以查到这个镇使用某种语言的人数，可以比较两个镇使用同一种语言的人数比例的不同；可以比较不同年龄段语言分布情况；还可以比较不同年份语言分布的情况。

总而言之，对民族语文活态保护的调查，对搞好我国的民族关系、加强民族团结、处理好民族和谐及语言和谐是非常有意义的。

（三）母语活态等级测定及评分标准

以往对语言活力调查多侧重于感性的认识。我们在此次调查中，借鉴国内外关于语言活力的评价标准，结合所调查语言的实际，建立了母语活力的评价体系和计算方法。母语活力度的数据化，有助于清晰明了地反映语言的发展状况，为定性研究提供事实依据。关于语言的活力鉴定，联合国教育、科学及文化组织有 9 条指标和 6 个等级。9 条指标是：①代际间的语言传承；②语言使用者的绝对数量；③语言使用者占总人口的比例；④语言使用范围的发展趋势；⑤语言对新领域和媒体的反应；⑥语言教育与读写材料；⑦政府和机构的语言态度和语言政策；⑧该语言族群成员对母语的态度；⑨语言记录材料的数量与质量。根据以上 9 条指标将语言活力从高到低排为 6 个等级，即 1 级，充满活力；2 级，有活力或仍然比较活跃；3 级，活力降低，显示出濒危特征；4 级，活力不足，走向濒危；5 级，活力很差，已经濒危；6 级，无活力，失去交际功能或已经死亡。据此，我们设计了母语（文）活力评分表（表 1）。

表 1 母语（文）活力评分表

序号	参项			所占分值（分）	调查结果	得分（分）
1	熟练掌握母语的人口比例（%）			55		
2	代际传承状况	语言	6~35 岁	6		
			36 岁以上	4		
		文字	40 岁以下	10		
		民间文学	40 岁以下	5		
3	通用范围	家庭		2		
		村寨		2		
		公共场合		2		
		媒体传播		2		
4	是否纳入考试科目			5		
5	对母语的认同态度			5		
6	与跨境同族能否通话			2		
	总分（分）			100		

评分具体操作方法如下：

母语（文）活力评分表共包含 6 个部分，总计 100 分。

（1）"熟练掌握母语的人口比例"是指母语水平达到"熟练"等级的人口数量占调查点总人口的百分比乘以 55 分，即为该项得分。

（2）"代际传承状况"分为语言、文字和民间文学的传承三部分。

其中，"语言传承"分为两个年龄段"6～35 岁"青少年段和"36 岁以上"中老年段，重点关注"6～35 岁"年龄段的传承情况。计算方法为：各年龄段母语水平达到"熟练"等级的人口数量占该年龄段总人口的比例乘以 6 或 4，即为该项得分。

"文字"和"民间文学"的代际传承，主要关注 40 岁以下年龄段的传承情况。计算分值时两种传承各分为两个级别："传承"得 10 分或 5 分，"不传承"得 0 分。比如，"唱苗歌、讲民间故事、说谚语"等会其中任何一项，即可得分。

（3）"通用范围"包括 4 种场合，每项 2 分。在任何一个场合，只要"母语"参与交流，即可得分。计算方法为"通行"得 2 分，"不通行"得 0 分。

其中的"媒体传播"包括收听母语广播、观看母语节目、看母语影视光碟等，符合任何一项，即可得分。

（4）"是否纳入考试科目"，分为 2 个级别："进入"得 5 分，"不进入"得 0 分。

（5）"对母语的认同态度"，依据 8 份"母语态度问卷表"来进行计算。该问卷表设有 10 个问题，每个问题 0.5 分，选项中只要选上"母语"或站在"母语"立场的，即可得分。每份问卷的问题个数乘以 0.5 分，再将 8 份问卷的得分相加除以 8 得平均分，即为该项得分。

（6）"与跨境同族能否通话"，分为 2 个级别："通话"得 2 分，"不通话"得 0 分。

母语活力度等级，分为 4 个级别：一级（稳定保存型），80～100 分；二级（局部衰退型），60～80 分；三级（严重衰退型），40～60 分；四级（基本转用型），40 分以下。

二、从文山州都龙镇各民族的语言使用现状看
语言保护的意义

马关县地处文山州南端，东临麻栗坡县的猛硐乡，南与越南河江省接壤，西与马关县夹寒箐镇相邻，北与南捞镇相接。经相关部门勘界，边境线长达 31.4 千米。都龙镇境内居住着汉、苗、壮、瑶、傣、彝等 11 个民族，9137 户 33 965 人。少数民族人口占 70.8%，苗族、壮族、瑶族是这里的主体民族，苗族人口最多，占全镇总人口的 41%，其次是壮族，占 16.8%。人口最少的是瑶族，分布在箐脚瑶族寨，只有 39 户 143 人，占总人口的 0.43%。集市逢周日举行，前来赶集的除了都龙境内各少数民族外，还有来自越南的壮、苗、瑶等跨境民族。

都龙镇是一个多民族杂居的乡镇。这里的少数民族村寨可以划分成三种类型，即聚居型村寨、杂居型村寨、跨境型村寨。聚居型村寨如辣子寨南松小组、金竹山村箐脚小组、大寨村上波龙小组，辣子寨的辣子寨、倮倮坪小组；杂居型村寨如茅坪村董腊鱼小组、金竹山村田坝心小组；跨境村寨如保梁街村南北小组、冬瓜林村韭菜坪小组。都龙镇隶属于文山州马关县，文山州是壮族、苗族自治州，壮族和苗族人口多，分布的地域广，是两个大民族；瑶族、彝族、傣族人口少，分布的地域窄，是这里的小民族。都龙镇各少数民族，除了大部使用本民族语言外，有的民族还兼用、转用其他民族的语言。该地的母语活态问题比较复杂，但语言生活呈现出的是一派和谐景象，其特点和成因值得研究。

（一）文山州都龙镇的语言使用现状

马关县都龙镇是与越南接壤的一个边疆重镇，跨境分布的民族语言互通，这一因素对少数民族的母语活态保护具有一定的促进作用。本课题主要对苗族、壮族、瑶族分布的 8 个村寨共 1521 人进行入户调查。根据访谈、母语 400 常用词测试、母语态度和双语和谐问卷表、语言生活参与观察等

途径所获取的数据和实证材料，以点带面，获得对都龙镇苗族、壮族、瑶族语言使用现状的认知。初步结论如下。

1. 都龙镇母语活力经等级测算属于一级（母语稳定保存型）

都龙镇这三个少数民族母语活态较强，基本能够稳定使用自己的母语。其母语使用特征是：熟练掌握母语的人口比例高；母语传承没有出现明显的代际断裂；母语词汇量掌握程度大致相同；母语是族内交际的重要工具；母语广泛应用于媒体和宗教上；都龙镇母语活力较强等。8 个调查点母语活力的总分及等级如表 2 所示。

表 2　都龙镇苗族、壮族、瑶族母语活力统计表

民族	调查点	活力得分（分）	活力等级
苗族	上波龙（聚居）	84.9	一级
	韭菜坪（聚居）	85.7	一级
	董腊鱼（杂居）	86.7	一级
	水洞厂中寨（杂居）	83.6	一级
壮族	南松（聚居）	85.4	一级
	南北（聚居）	81.3	一级
	田坝心（杂居）	85.4	一级
	董腊鱼（杂居）	87	一级
瑶族	箐脚（聚居）	80	一级

综合表 2 统计数据和前期调查访谈的内容，可得出以下几点信息。

（1）各调查点，母语活力得分均在 80 分以上，活力等级均为一级，即母语稳定保存型。内部却呈现不同的层次。其中，母语活力度最高的是董腊鱼苗壮杂居寨，最低的是箐脚瑶族聚居寨。

统观 8 个点的母语（文）活力表，能够看出导致分数差异的参项主要集中在"民间文学（40 岁以下）的代际传承情况"和"是否纳入考试科目"两项。箐脚瑶族寨瑶语活力度低的原因主要是因为在"是否纳入考试科目"这一项得分为 0。而其余的壮族寨和苗族寨在该项均获得 5 分。自 2012 年起，文山壮族苗族自治州的苗族和壮族被列为云南省普通高考民族语（苗、壮）专业的招生对象。而瑶语目前尚未列为任何考试的科目，故导致分差的形成。民族语纳入到国家考试体系中，能够刺激母语学习的热情，维护代际传承的稳定。

此外，"民间文学的传承"对于母语活力的保持具有重要意义。都龙镇苗族、壮族、瑶族等民族由于没有传统文字，因此其传承方式主要依靠口耳相传。其民间文学的形式主要有民歌和民间故事两种类型，代际传承较好的是民歌，男女老少都会吟唱一些。而民间故事几乎濒临失传，目前只有八九十岁的老人还会讲一点儿。在 8 个点中，上波龙、水洞厂、南北等寨的民间文学已经消失，该项得分为 0。

（2）母语活力度的高低与民族分布类型之间没有直接的联系。聚居寨的母语活力度不一定高于杂居寨民族的母语活力度。

都龙镇的民族杂居寨有一些共同特点，即杂居寨内各民族的居住地相对集中，形成寨内小聚居的分布格局，且各个聚居点之间相距较远。这使得大杂居各族的生存环境与单一民族的聚居寨具有本质上的相似性。因而，杂居的人口分布对母语活力的保留没有明显冲击。

2. 少数民族互相兼用民族语

在调查中，还发现一个值得关注的现象：都龙镇的董腊鱼是苗族和壮族的杂居寨，壮族占该寨总人口的 2/3，苗族只占 1/3。该寨苗族、壮族彼此会讲对方的语言。测试结果显示，除了都能熟练掌握自己的母语以外，苗族掌握的壮语词汇和壮族会讲的苗语词汇，在数量上均能够达到良好。苗族和壮族较强的民族语兼用能力，使得苗语和壮语的语言地位在该寨势均力敌，共同承担寨内的交际功能。89 岁的田正培老爷爷说："壮族搬到这里已经有 5 代人了，苗族也有 4 代了，我从小就跟村里的苗族在一起玩耍，慢慢就会说苗语了。平时见到苗族人我就讲苗语，见到壮族人就讲壮语。"这种主体民族积极主动学习区域弱势民族的语言的行为，体现了壮族开放包容的语言态度和民族平等的观念，反映出该地和谐的语言交际和融洽的民族关系。

此外，彝族、布依族等母语活态已经衰退，语言开始转用。

（二）文山州都龙镇语言保护的历史沿革

　　我国对各民族平等的语言方针政策是保持各民族语言活态的推动力。依据《国家通用语言文字法》的规定："各民族都有使用和发展自己的语言文字的自由。"它包括两个方面的内容：一是各民族不分大小，对自己的语言如何使用、如何发展都有自己的权利，其他人不能干涉，更不能歧视；二是政府对各民族使用和发展自己语言的权利，一律予以保障，根据各民族的意愿帮助他们使用和发展自己的语言。这对我国少数民族使用自己的语言和文字提供了政治保障，体现了我国的各民族语言平等的原则。新中国成立之后，政府还组织人员为没有自己文字的少数民族创立拼音方案，帮助他们创立自己的文字。政府的这些举措有助各民族语文活态的保护。

　　在都龙多民族地区，国家也出台了很多优惠政策帮助扶持和促进当地少数民族语言文化的发展。近年来，国家对少数民族的优惠政策不断增加，比如升学加分政策、少数民族骨干政策、部分高校开设民族语专业、在民族地区把能够熟练掌握自己的母语作为录取的公务员条件之一等。云南民族大学民族文化学院开设了壮语、苗语等民族语文专业，这些专业每年都会向文山地区的壮族、苗族定向招生。壮语、苗语被纳入高校学科，从政策上鼓励了当地一些壮族、苗族等少数民族学习民族语，对都龙多民族地区各民族语言活力的保持有一定的促进作用。为了更好地弘扬当地的民族文化和继承民族传统，马关县还成立了壮学会、苗学会、瑶学会等，这对各民族传统文化（包括语言）的传承保护起到积极的作用。文山州少数民族语言广播电台还设有专门的壮语、苗语和瑶语等少数民族语广播，这一系列政策和措施使当地的各族人民意识到，身为少数民族是一件光荣的事情，学好自己的民族语是非常有用的。

　　总之，国家出台了一系列惠民政策，鼓励少数民族接受高等教育，促进少数民族语言文化的传承，对都龙地区多民族母语活态的保护起到了推动作用。

（三）都龙镇语言活态保护研究的目的及特殊意义

通过对都龙镇多民族母语活态的调查研究，我们能够科学地掌握中国少数民族语文活态保护第一手材料，提出民族语文活态保护可行性方案，从中获取研究语言母语活态的理论与方法，并为建立能适用于全国范围的母语活态评定标准提供参考，还能为国家和地方制定语言文字政策提供咨询和依据。这将有利于维护民族语言文字的多样性、多元文化遗产的保护。该地民族语文活态保护研究具有可持续性的价值，我们可将都龙镇作为今后长期追踪调查的社区，并为建立"民族语文活态保护与双语和谐乡村（社区）建设基地"提供一个可用的个案。

在我国的语言活态保护研究中必须考虑跨境因素和非跨境因素的区别，研究跨境因素对少数民族母语的制约和影响。通过对都龙镇 12 自然寨苗族、壮族、瑶族、彝族等跨境民族母语活态的现状调查，我们观察到都龙镇语言活态保护的特殊意义。

1. 与非跨境语言相比，跨境分布扩大了都龙镇少数民族母语的使用域

在一般情况下，语言功能的大小与使用域的大小成正比。都龙镇的苗族、壮族、瑶族、彝族等少数民族在越南也有分布，二者同宗同源。例如，都龙镇的壮族自称"侬"，在越南叫做"侬族"，有 96.88 万人（2009 年），占越南总人口的 1.1285%。两国的"侬人"语言相通。又如，都龙镇的苗族自称"蒙"，在越南是一个独立的民族，叫做"赫蒙族"，共有 106.8189 万人，占有越南总人口 1.2443%（2009 年）。两国同支系所通行的苗语同属苗语川黔滇方言中的川黔滇次方言第一土语，通解度很高，通话完全没有问题。在都龙镇通行的苗语，还在越南的河江、莱州、山罗、安沛、高平、义安、宣光、清化等省通行。从地域看，都龙镇南与越南河江省黄树皮、箐门两县接壤。全镇有 151 个寨子，其中有 20 个与越南接壤，边境线长达 58.4 千米，全镇有 974 户 3870 人与越南直接接壤，有茅坪和南松 2 条对越通道，8 条便道。苗族所居住的大花山、小花山与越南的苗族寨子只有一山

之隔。苗族聚居的韭菜坪与越南的南箐县有路相连且只有 1 千米的路程。韭菜坪小组组长王友亮（苗族，47 岁）告诉我们，他每周都骑着摩托车去越南的南箐县收购草药，在南箐县的苗族寨子只要讲苗语就行了，两国的苗语是一样的，交流起来没有一点问题。

都龙镇的苗族、壮族、瑶族、彝族等跨境民族，不仅在语言上与越南的苗族、壮族、瑶族、彝族等同一民族相同，而且在民族文化、风俗习惯、心理特征等方面也有共同的特征。这些共同点使得都龙镇的苗族、壮族、瑶族、彝族等语言迈出了界限，扩大了交际范围，增强了语言功能。即便是在现代进程不断加快的未来，语言功能也会因跨境而持续扩大。

2. 跨境交往提高了都龙镇少数民族母语的活力

越南有 53 个少数民族，其母语活力比都龙镇少数民族的母语活力强。具体表现在：①与都龙镇交界的越南少数民族中仍有不少母语单语人，他们只会说自己民族的语言，不会说自己国家的通用语——越南语。②与都龙镇接壤的越南村庄，大多贫困落后。那里的少数民族受教育程度低，受到越南主体民族语言文化影响小，本族的语言文化得到较好保留。由于中越边境的民族交往较多，且交际用语为少数民族语言，这使得都龙镇少数民族语言的使用频率增加，因此越南少数民族母语的高活力度必然能够促进都龙镇少数民族母语活力的提升。都龙镇跨境民族语言活力的提高还受到一些社会文化因素的制约。例如，跨境族内婚、越南少数民族的劳务输入促进了都龙镇少数民族习得母语，有利于都龙镇少数民族的母语保留；中越边境贸易为都龙镇少数民族的母语活力创造了有利条件；中越边境的文化交流为少数民族的母语保留提供了很好的人文环境。

3. 跨境语言与非跨境语言相比有特殊性

跨境语言的特殊性表现在以下几个方面：语言功能和语言活力；语言结构的特点；传媒的作用；跨境国度的语言政策等。

在语言功能和语言活力上，同一语言分布在不同的国度对语言的功能和语言活力会产生升降的影响，一般是由于使用人口的增多而增强了语言的功能。

在语言结构上，由于两地居民的来往，所使用的语言会受到对方语言的影响。轻则影响到词汇，重则影响到语言的语法和结构。

在多种语言共存的国度内，一种语言必然会受到其他语言的影响。在边境地区，随着境内外人民交往的加深，语言也会相互影响，境内语言里也可能出现跨境国度其他语言的借词。在调查的时候，箐脚瑶族就告诉我们，他们说的瑶语和越南瑶族说的瑶语虽然可以交流，但还是有一点区别。这种区别可能就出现在境内瑶语的汉语借词和越南瑶语的越南语借词之间。

跨国的传媒因不同国家的社会背景会出现不同的特点。传媒所输入的语言内容必然会带着不同国家的文化意识和意识形态方面的内容。这当中，有良性的影响也有负面影响。

境外媒体也会影响我国跨境民族。比如他们用民族语演唱的歌曲，用民族语制作的电影等的光碟会流传到境内。越南制作的苗族歌曲和苗语电影在中国边境流传较广，影响较大。一方面，这有利于民族语的保留和发展；另一方面，光碟所体现的文化意识也会影响境内民族，很容易就会出现文化倒灌甚至思想同化。

三、文山州都龙镇各民族语言保护的对策

（一）文山州都龙镇语言保护中存在的问题

民族之间的竞争会造成语言之间的竞争，在杂居区尤其如此。文山州都龙镇语言保护中存在以下几个问题。

1. 都龙镇的语言关系有强势语言和弱势语言之分

人口众多的民族，语言的强势地位会随之而上升，弱势民族的实力弱，语言也会出现弱势特征。在强势语言的影响下，弱势语言的语音、词汇和语法会借用大量的强势语言成分。此次共调查了都龙镇 12 个村寨，其中母语稳固型共有 7 个村寨，严重衰退型共 1 个（田坝心傣语），转用型 3 个村

寨（辣子寨上下组和倮倮平的彝族）。云南方言是都龙镇的强势语言，苗语和壮语是亚强势语言，傣语、彝语、瑶语属于弱势语言。这些语言的使用人口数量少，语言功能有限，发展存在很大的困难。在处理强势语言和弱势语言的关系时，原则是扶持弱势语言。田坝心是个壮傣杂居的村寨，壮族人口远远超过傣族人口，壮族是那里的强势民族，全民都能熟练地使用壮语，傣族是混居在壮族村落里的弱势群体，已经有将近一半的人口母语转用壮语，傣语在傣族家庭中已经成为一种辅助性的交际工具，开始出现代际传承的断裂。

2. 不同语言存在互补关系和竞争关系

都龙少数民族占全镇人口的 70%，不同的民族在同一个乡镇，必然会产生语言互补和竞争的关系。所调查的 8 个村寨，民族聚居村寨的语言互补和竞争情况显而易见。互补关系，可以借董腊鱼的情况说明。董腊鱼是苗族和壮族聚居村寨，该村的壮族和苗族人口不是很悬殊，壮语和苗语在长期的竞争过程中形成了协调互补、和平共处、各司其职的和谐关系：壮族在家庭内使用壮语，遇到苗族同胞多使用汉语；苗族同胞在家庭内部使用苗语，遇到壮族同胞多使用汉语。董腊鱼的壮语和苗语活力都属于母语稳固型。田坝心的壮语、傣语、苗语、瑶语则在相互竞争中出现了以下情况：傣语严重衰退，苗族和瑶族放弃了本族语言而转用壮语。

（二）文山州都龙镇语言保护的顶层设计

针对都龙镇民族语文存在的问题，我们认为，进行语言活态保护要遵循几点原则。

一是必须清晰地区分和处理好强势语言和弱势语言。对弱势语言进行政策扶持，并且因其衰退或转用的具体情况不同，采取的具体措施也应有所区别。

二是要处理好不同语言的互补关系和竞争关系。一方面要增强民族语言文化的保护意识，另一方面还要有顺其自然、接受并遵循语言自然发展的理念。这里的"顺其自然"指的是努力和保护后的顺其自然。董腊鱼的语言和谐的生动事例说明语言竞争与语言共存互为补充，语言和谐共存能够削弱语言竞争的侵蚀作用，构成语言和谐的平衡格局。这种平衡的条件既有大民族的高度民族自信和民族认同心理，也有语言之间的差异度的影响。壮族和苗族都是都龙镇的大民族，苗语和壮语从系属来源分类看属于苗瑶语支和壮侗语支，壮族和苗族同为当地的强势民族，两种语言的差异性大，所以两种语言能够很好地平衡发展。而傣族是都龙镇的小民族，壮语和傣语语言的相似度高，傣族人学习壮语容易，因此田坝心的壮语能够极大地同化傣语，造成傣族人的母语转化成壮语。

　　三是考虑我国民族语文政策应该考虑跨境语言的特殊性。中越两国国情不同，民族分布情况不同，经济发展水平不同，意识形态不同，由此，民族政策会有不同的内容。民族政策的差异会影响到语言的演变和发展。我国在制定民族语文政策时应当充分考虑到跨境语言的特殊性，加强对民族语的保护，制定出切合边疆跨境民族语言特点的政策措施，以保障跨境语言的演变和发展有利于民族团结和民族繁荣。例如，对跨境语言的活态的级别要制定切合跨境语言的标准，不能按非跨境语言的标准来衡量跨境语言。在语言保护措施上，对跨境语言应采取特殊措施，如怎样解决跨境语言的文字使用，怎样规范跨境语言的新词术语，怎样扶持衰退语言的活力等；在语言传媒方面，既要考虑有利于跨境两地居民的沟通，又要考虑非良性内容的进入我国跨境居民的影响或毒害。

（三）文山州都龙镇语言保护的具体措施

　　都龙镇各级部门须把"科学保护各民族语言文字"落到实处。

1. 通过宣传增强都龙镇各少数民族语文保护的意识

　　都龙镇绝大多数少数民族每天都在使用本民族的语言，但对本民族语言的情感价值和文化价值并没有都认识到位。各个民族的语言，无论其人口数量的多少，使用功能的大小，都应予以保护。都龙政府和中小学应通过多种手段和渠道，向老百姓宣传保护各少数民族语言资源的意义和价值，增强老百姓民族语言资源保护的意识。

2. 设立专项资金

可设立用于民族语言保护和民族文化传承的专项资金。资金可通过地方财政拨款、民间捐款、各村寨自筹资金等形式募集。该项资金用于为语言出现严重衰退或转用的村寨聘请母语熟练人员的授课费用、民族节庆的活动费、民族文化传承人员的补贴等。

3. 综合利用教育、文化和传媒力量，激活语言活力

此次所调查的民族语言，其中四个民族有自己的传统文字—— 壮文、苗文、瑶文、傣文。这四个民族中个别的老年人懂一点儿本民族的文字，比如，南松的一个"魔工"懂一些方块壮文，他还特意在我们的本子上写了几个，而绝大多数年轻人已不懂本民族的文字。"母语活态评估表"显示，都龙的8个寨子40岁以下的民族文字传承情况都是0分。对于这一现象，我们可通过村寨（社区）教育在老百姓中推广本民族的文字。

4. 扩大文山电视台民族节目的接收范围

文山州电视台有苗语和壮语新闻，但其信号被各地电视监管部门管制，只有安装了闭路电视的村寨才能接收到信号。都龙的很多村寨都没有开通闭路信号。希望各地的电视台能够免费让都龙各寨的村民接收到这些电视信号。

5. 大力发挥各民族学会的作用

目前，马关已经成立了壮族、苗族、布依族、傣族等六个民族的学会。这些学会编写了本民族的民族志、山歌集、版画集等，另外，学会还会在民族节日时组织庆祝活动。各民族学会通过举办本民族的节庆活动、民族语文培训班、民族艺术培训班、民族民间故事和口头文学培训班等做好本民族语言文化的传承工作。

6. 加强民族语文人才的培养

语言保护是一个长期的系统工程，我们应培养能记录、保护语言的专业人才以及能从事双语教育的本族人才，把双语教学落到实处。针对都龙双语教育的实际情况，当务之急是要编写有针对性的双语教材；培养双语专职教师；教育职能部门把双语教学纳入中小学教学计划。

7. 了解越南的民族语言文字政策

都龙镇的很多村寨直接与越南接壤。越南是个由多民族组成的国家。1946 年、1960 年、1980 年和 1982 年颁布的宪法中都规定"少数民族有权使用本民族的语言文字"和有"在法庭上使用母语的权利"；1991 年和 1998 年的《小学教育普及法》都明确规定"各少数民族有权使用本民族的语言文字和越语一起进行小学教育"。（唐庆华，2009）越南对少数民族语言的包容态度很有利于国家语言的多样化，也对少数民族语言的保护起到了积极作用，特别是可以在法庭这种公共场合使用自己的母语，不仅有利于少数民族语言的发展，而且还可以增强少数民族的自豪感。越南宪法规定的"少数民族有权使用本民族的语言文字"和我国宪法规定的"各民族有使用自己语言文字的权利"是一致的，但在 2011 年我国政府又提出了语言保护政策，如在《国家中长期语言文字事业改革和发展规划纲要（2012—2020 年）》的第二章"目标和任务"中写入了"科学保护各民族语言文字"（戴庆厦，2014），这是越南所没有的。因此，我们需要了解越南的语言文字政策，从中得到一些启示，进而制定更加具有竞争力和科学的民族语文活态保护政策。

参 考 文 献

戴庆厦. 2006. 语言竞争与语言和谐. 语言教学与研究, (2): 1-6.

戴庆厦. 2008. 构建我国多民族语言和谐的几个理论问题. 中央民族大学学报, 2: 100-104.

戴庆厦. 2013. 开展我国跨境语言研究的构想. 百色学院学报, 26(4): 42-47.

戴庆厦. 2013. 开展我国语言和谐研究的构想. 黔南师范学院学报, 33(3): 1-5.

戴庆厦. 2014. "科学保护各民族语言文字"研究的理论方法思考. 民族翻译, (1): 12-18.

罗骥, 余金枝. 2015. 民族语文活态保护与双语和谐乡村建设研究——云南马关县都龙镇个案调查研究. 北京: 中国社会科学出版社.

马关县壮学学会. 2008. 马关县壮族志. 昆明: 昆明美雅奇印务有限公司.

唐庆华. 2009. 越南历代语言政策的嬗变. 东南亚纵横, (12): 33-36.

文山壮族苗族自治州民族宗教事务委员会. 2008. 文山壮族苗族自治州"民族志". 昆明: 云南民族出版社.

维吾尔族大学生网络交际用语特点
——以 QQ 和微信内容为文本①

徐 江 常 红（新疆工程学院 新疆财经大学）

引 言

网络交际用语顾名思义是指人们在网络上交流使用的语言。它不同于人们日常说的网络语言。

网络语言有广义和狭义之分。

张云辉（2007）认为："网络语言可以分为四种情况。第一种，和互联网有关的专业术语，如登陆、主页、病毒、域名；第二种，网络新闻使用的语言；第三种，网络文学使用的语言；第四种，网络聊天室以及论坛中使用的语言。"这一观点一般被认为是广义的网络语言。

百度百科给网络语言定义是：从网络中产生或应用于网络交流的一种语言，包括中英文字母、标点、符号、拼音、图标（图片）和文字等多种组合。这种组合往往在特定的网络媒介传播中表达特殊的意义。这一观点一般被认为是狭义的网络语言，狭义的网络语言是语言研究的重点。

本文所说的网络语言是指狭义的网络语言，它只是网络交际用语的一部分。

维吾尔族大学生的网络交际用语是指维吾尔族大学生通过网络进行交流、交际时所使用的语言。QQ 和微信是目前维吾尔族大学生主要使

① 本文得到 2013 年新疆维吾尔自治区社会科学基金项目"维吾尔语网络词语研究"（13BYY074）的资助。

用的两种网络交际平台，本文以维吾尔族大学生（民考汉学生除外）的 QQ 和微信内容为研究文本，尝试分析和归纳维吾尔族大学生网络交际用语的特点。

一、网络交际用语中使用的语言及特点分析

（一）使用维吾尔语

维吾尔语是维吾尔族大学生的母语，是他们在工作和生活及网络交际中主要使用的语言之一。

（1）بالىلار بارمۇ سىلەر؟

同学们你们在吗？

（2）گەپ قىلمايدىغان بولۇپ كەتتىڭلار غۇ！

你们怎么不说话呀！

（二）使用汉语

汉语是中国不同民族间进行沟通交流的通用语言，维吾尔族大学生一般已学过十年的汉语，具备了一定的汉语水平，因此在网络交际时使用汉语也很普遍。

（3）还没有，在路上，没时间跟你告别，保持联系，保重！

（4）还有十个人没给钱，相互转告快点把钱送过来。

但是还有相当大一部分维吾尔族大学生汉语水平有限，使用汉语交际时语法错误较多。

（5）他们出去教室。

（6）班干部集合在 199 教室。

（三）使用英语

维吾尔族大学生在初中及高中一般没学过英语，大学期间也不开设英语课，因此一般只会简单、常用的英语单词。

　　（7）OK（行，好的）

　　（8）happy（高兴）

　　（9）good（好）

（四）维吾尔语、汉语及汉语、英语之间的语码转换

语码是指人们用于交际的符号系统，可以是一种语言、方言、语体或语类。语码转换是两种语言的交替使用。语码转换可以以单词、短语、从句或整句的形式出现。

维吾尔语和汉语之间的语码转换：

　　（10）Adax bika bolsang　电影　kurop kilayli.

　　（11）Balla　红包　katti.

　　（12）祝父亲健康……ulug allaga tapxurdum

汉语和英语之间的语码转换：

　　（13）有想法，good　挺你

　　（14）拜拜　乌鲁木齐啊！

　　（15）OK 谢谢

在维吾尔语、汉语及汉语、英语之间的语码转换类型中，因为学生英语水平有限，所以以汉语、维吾尔语语码转换为主，汉语和英语之间的语码转换很少。

1. 语码转换的类型多样，维吾尔语、汉语语码转换中以维吾尔语为主

维吾尔语和汉语的转换中是以维吾尔语为主的，这主要是由学生的语言水平决定的，哪种语言水平高决定哪种语言为主。

（16）Bugun 晚会 nig 彩排 si bakan.

（17）Adax man 手机号 rimni almax toriwattim.

（18）Dada maga 200ni 转账 kilwetiga.

（19）今天好热啊！好不容易找到 surun 的地方休息

2. 维吾尔语、汉语之间的语码转换以句内转换为主

Poplack 将语码转换区分为三种类型，即句间语码转换（inter-sentential switching）、句内语码转换（intra-sentential switching）和附加语码转换（tag switching）。（张发勇，2010）

句间语码转是两种不同语言在句子和句子之间进行转换，例如：

（20）merban adax man mu xue hao ni dap biray，帮我评价一下老师。

句内语码转换主要指一种语言的词组或词出现在另一种语言中，例如：

（21）asigul adax man 新概念 1ni kaytidin oginwatiman

附加语转换主要是句末出现附加或强调的语气词，如：

（22）有道理 juma

维吾尔语、汉语之间的语码转换以句内转换为主。

3. 维吾尔语、汉语之间语码转换时基本保留维吾尔语的特殊语法成分

维吾尔语和汉语之间的语码转换保留了维吾尔语的一些特殊语法成分，举例如下。

（23）hehe rasla 好消息 kan

"kan"是传据范畴的标志，汉语中并不存在对等的标志词。

有时两种语言中表示同一语法范畴的附加成分或词语会同时出现，导

致冗余、重复,举例如下。

(24)常虹 mullmnig 导师组 diklar dikkat kilglar ata atigan das waktida imnjan xatnur parda amannsa katarlkla 关于体育健身 togrlk sozlayslar jumu

句中"关于"和"togrlk"在语义上一致,不能同时出现,导致冗余、重复错误。

4. 维吾尔语、汉语句内转换中名词的特点

句内语码转换以名词和名词性词组居多,名词按照维吾尔语的语法规则进行变化,维吾尔语的名词一般有格、数、人称的变化。

(25)Bugun　晚会 nig　彩排 si bakan.

("晚会 nig"中,"nig"是名词的领属格标记)

(26)guzalay 表格 ni awattim

("表格 ni"中,"ni"是宾格标记)

(27)ey,balla,duxanba kuni 实验楼 da kurgan kinong esmini kaysengla billisla

("实验楼 da"中,"da"是时位格标记)

(28)Bugunki 班会 ga kiqikip kalmangla

("班会 ga"中,"ga"是向格标记)

5. 维吾尔语、汉语句内语码转换中动词的特点

维吾尔语和汉语之间的句内语码转换一般会在汉语动词后再加上一个维吾尔语常用的多义动词"kil",构成一个动词词组,或加上体助动词表示一定的语法意义。

(29)Way 赞 kilmay 投票 kila

(30)balla 关注 kelweting la……

(31)Moxo hapta billa 逛街 kilayli.

(32)Dada maga 200ni 转账 kilwetiga.

（五）网络语言的使用

1. 语气词使用频繁

网络聊天虽然主要是字面交流，但其实质上使用的还是类口语化语言，故日常生活中的语气助词在网络中的应用也非常普遍，加上网络缺少面对面交流所具备的其他肢体和表情语言，语气词便能充分烘托和调动网络交流时的气氛。

（33）哦哦，呵呵，engiliz balla 好好学习啊

（34）asigul bolsa bihatar boldikanmiz da 呵呵 ha makul

（35）ha ha ha……今天我怎么了，突然就伤心了 uffffff😊 心情太差！

（36）什么也不如学习的烦恼 uffff! 好累。

2. 网络流行的新词语

（37）看到了 谢谢亲

（38）我怎么觉得我好像喜欢我闺蜜

（39）么么哒 😊😊

3. 字母重叠，加强语气

词语中某一字母重叠，一般为词语的最后一个字母，该词语在语调上会有所表现，体现在时长的增加，起到加强语气的作用，这一现象在语气词上表现得较为明显。

（40）oooo xunig ga karigan da siz mu heli dot kan siz

（41）haaa kaqan ata attiganda elip qekmizma

（42）hazer xuuu biznigmu uynigimiz batti

（43）yah adaxxx ata attiganda kilma alla halca

4. 网络流行的谐音词具有彰显个性，诙谐、幽默，调节气氛的作用

（44）亲，祝你森日快乐，祝愿所有的幸福，所有的快乐，所有的温暖在你身边，好爱你咯

（"森日"即"生日"之意）

（45）童鞋们听说成绩出来咯

（"童鞋"即"同学"之意）

（46）肿么啦？亲

（"肿么啦"即"怎么啦"之意）

5. 数字谐音可以代表多重意思

阿拉伯数字在聊天中的应用更为普遍，网民借助数字字符的谐音和寓意，将很多生活用语以数字组合的形式表达出来，写起来简单，看起来也一目了然。

（47）9494（汉语"就是就是"的谐音）

（48）3q（英语 thank you "谢谢"的谐音）

另外，因语言不同，数字在具体语言中代表的意义也就不同，某些数字具有多种意思。

（49）me2（英语谐音 me too "我也是"的意思，其中"2"是英语"too"的谐音，意思为"也"）

（50）520（汉语谐音"我爱你"的意思，其中"2"是汉语"爱"的谐音，意思为"你"）

（51）38（维吾尔语谐音 san bar "你在"的意思，其中"8"是维吾尔语"bar"的谐音，意思为"在"）

（52）88（英语谐音 bye-bye "再见"的意思，其中"8"是英语"bye"的谐音，意思为"再见"）

6. 文字、图片等符号单独或混合使用，网络中表情符号丰富

（53）你身边我在呢亲爱滴➡不要这样说😊😊😊

（54）kulup kitep sz amsa😊😊

（55）مۇجۇ بولدى گەپ توغرا قەتەنقەمەق !!!😊

二、网络交际用语中使用的文字及特点分析

（一）使用阿拉伯字母拼写维吾尔语

中国维吾尔族现在日常生活中使用阿拉伯字母的拼音文字，也常被人们称为维吾尔语老文字、维吾尔文现有 32 个字母、8 个元音字母、24 个辅音字母，自右至左横书。每个字母按出现在词首、词中、词末的位置有不同的形式。例如：

ق	ف	غ	ش	س	ژ	ز	ر	د	خ	چ	ج	ت	پ	ب	ئە	ئا
q	f	gh	sh	s	zh	z	r	d	x	ch	j	t	p	b	e	a
[q]	[f]	[ɣ]	[ʃ]	[s]	[ʒ]	[z]	[r]	[d]	[x]	[tʃ]	[dʒ]	[t]	[p]	[b]	[ɛ, æ]	[ɑ]

ك	گ	ڭ	ل	م	ن	ھ	ئۇ	ئو	ئۆ	ئۈ	ۋ	ئې	ئى	ي
y	i	é	w	ü	ö	u	o	h	n	m	l	ng	g	k
[j]	[i]	[e]	[w]	[y]	[ø]	[u]	[o]	[h]	[n]	[m]	[l]	[ŋ]	[g]	[k]

（56）بۇ مېنىڭ يېڭى نومۇرۇم، ساقلاپ قويۇڭلار.

这是我的新号请你们保存。

（57）ياخشى مەكتەپتە ئوقۇيدىكەنسىز ھە.

你在学校学得好呀！

网络交际中使用维吾尔文老文字的频率有所增长。随着维吾尔文老文字输入法技术的成熟和使用的普及，维吾尔文老文字和新文字在输入法上实现了自由转换，越来越多的维吾尔族学生在网络交际时使用他们更熟悉的维吾尔文老文字。

（二）使用拉丁字母拼写维吾尔语

　　1965—1982 年中国维吾尔族同时并用过拉丁化的新文字，其也被称为维吾尔文新文字，主要在学校中使用。因全面改用新文字的条件尚不成熟，两种文字并用又不利于文化的发展，经新疆维吾尔自治区第五届人民代表大会常务委员会决定，从 1982 年 9 月起恢复使用老文字，而将新文字作为一种拼音符号予以保留，并在必要的场合使用，现在即使没学过维吾尔新文字的人也知道拉丁字母化的汉语拼音。

A a	B b	Ch ch	D d	E e	É é	F f	G g	Gh gh	H h	I i
a	bé	ché	dé	e	é	fé	gé	ghé	hé	i
[ɑ]	[b]	[ʧ]	[d]	[ɛ, æ]	[e]	[f]	[g]	[ɣ]	[h]	[i]

J j	K k	L l	M m	N n	Ng ng	O o	Ö ö	P p	Q q
jé	ké	lé	mé	né	ngé	o	ö	pi	qu
[ʤ, ʒ]	[k]	[l]	[m]	[n]	[ŋ]	[o]	[ø]	[p]	[q]

R r	S s	Sh sh	T t	U u	Ü ü	W w	X x	Y y	Z z
ré	sé	shé	té	u	ü	wé	xé	yé	zé
[r]	[s]	[ʃ]	[t]	[u]	[y]	[w]	[x]	[j]	[z]

　　（58）hai balla ata baldur qekigla　man degan wakitta bulamdu

　　　　嗨，同学们明天早点来，我说的那个时间。

　　（59）yakxanba utkuzdekanmiz xuga ata kattik maxik kilmicak bulmaydu

　　　　好像星期天举行，所以明天要刻苦训练，不来不行。

　　虽然在网络交际中使用维吾尔文老文字的频率有所增长，但因为输入便利性原因，学生主要还是用拉丁字母拼写维吾尔语。

（三）使用汉字拼写音译的维吾尔语

　　（60）阿大西（朋友）

　　（61）撒让（傻子）

　　（62）亚克西（好）

（63）热合买提（谢谢）

有些音译使用的汉字并没有严格的规定，较自由随意。例如，阿达西、阿大西都表示"朋友"。

（四）使用汉语拼音拼写汉语

（64）shifu ni qakirg la

　　　叫一下师傅。

（65）balla saipai kanqetekan

　　　彩排几点？

（五）使用汉字或拼音拼写音译的英语

（66）拜拜（音译英语"再见"之意）乌鲁木齐啊

（67）嗨皮（音译英语"高兴"之意）

（68）bai bai（音译英语"再见"之意）亲爱的

（六）文字中的常见错误

1. 文字中字母缺失，常见的是元音丢失，元音"i"遗漏得最多

（69）kmu bu kaysarjanma tunyalmay kitptman jumu

　　　（"kmu"按照正字法应写作 "kimu"）

（70）tixlik szqu

　　　（"szqu"按照正字法应写作"sizqu"）

（71）haa　yahxi　yizg

　　　（"yizg"按照正字法应写作"yizig"）

2. 文字中增加了字母

（72）okux putttima

（"putttima"按照正字法应写作"puttima"）

（73）hai balla nada silla

（"silla"按照正字法应写作"silar"）

（74）uhilidingLamu

（"uhiliding"按照正字法应写作"uhliding"）

3. 文字错误或文字中的字母错误

（75）yakupnig qirayden silaga bir nim demakqidak la kip tirdu

"tirdu"按照正字法应写作"turdu"。

（76）he he kzzhkan

"kzzhkan"按照正字法应写作"kizhkan"。

4. 受到汉语方言的影响而出现的拼写错误

由于受到汉语方言的影响，声母 zh[tʂ]、ch[tʂ']、sh[ʂ]与韵母相拼时声母变为 z[s]、c[s']、s[s]。

（77）撒[sa35]时候

（正确写法应为"啥[ʂa35]时候"）

（78）就 si [si51]就 si[si51]

（正确写法应为"就是[ʂi51]就是[ʂi51]"）

（79）说撒[sa35]，我要

（正确写法应为"说啥[ʂa35]，我要"）

5. 错误使用汉语同音词

汉语同音词较多，在网络中在不影响理解的前提下，错用同音词或同音字现象较为普遍。

（80）蒽蒽，毕业了😊😊😊太快了这段时间。（"蒽蒽"应为"嗯嗯"）

（81）随你的边。（"边"应为"便"）

（82）我退出去就醒了，这个群都给你。（"醒"应为"行"）

三、维吾尔族大学生网络交际用语言特点产生的原因

（一）受到网络特点的影响

网络交际用语是指人们通过网络进行沟通和交流，网络是语言交际的平台，网络语言必然会受到网络特点的影响。网络空间的虚拟性、网络的自由性，网络传播在时间上的时效性、空间上的广阔性，传播方式的多样性，传播内容的丰富性等特点均在网络交际中有所表现。

与现实世界相比，网络是比较自由的，人们对网络生活一般持开放的态度，对网络的道德要求一般偏低，有关网络的法律、法规不健全，尤其是有关语言的法律、法规。因此，网络语言相对比较自由。在能够理解的前提下，对网络中出现不符合语音、词汇、语法的语言现象容忍度较高，对出现的错字、错词、错句一般不去纠正。

网络传播方式的多样性和传播丰富的内容性。例如，文字、图片、声音、影像视频数据等多种信息形式可以单独出现，也可以以组合的形式出现。

（二）语言的经济原则

语言的经济原则又常称作语言的经济性或语言的经济规律。法国语言学家马丁内认为，经济原则必须保证完成语言交际功能，在此前提下，人们有意无意地对言语活动中力量的消耗做出合乎经济要求的安排。

语言的经济原则要求在一定的条件和语境下，语言要尽可能省时、省力。这一原则在网络交际用语中体现得尤为明显。例如，网络交际语言和文字基本与口语保持一致，并且在能理解的前提下错句、错字偏多，不注意标点符号，省略句偏多，句子不完整。例如，"Gulnigar 手机号意义为 Gulnigar 告诉我你的手机号？"

从词汇本身的特点来看，汉语词汇的音节数较少而简单，维吾尔语中

有些名称较长而且复杂。根据经济、省力原则，人们就会选择音节数较少较短的词来进行交际。这也会产生语码转换。例如，"助学金 aldigizmu？"汉语中的"助学金"是三个音节而在维吾尔语中助学金（Okux yardam puli）是六个音节。

（三）受到社会因素的影响

语言具有很强的社会属性，社会的变化和发展会影响到语言的变异。民族的交往、文化的交流、语言的接触等都会影响语言的发展和变化，由此也产生了大量的网络语言和语码转换现象。另外，一些新事物和特有事物的汉语名称已被广大维吾尔族群众广泛接受使用之后，才有了本民族标准的、规范化了的名称。但是人们已习惯了原来的、最早使用的那些汉语名称，也就不愿意再更改了。例如，红包（kizil bolak），火锅（yal kazan），羽绒服（mamuk kiyim），彩排（rapitis kilmak）。

（83）Adax maga 红包 awatig, maga 零钱 kirak bop kaldi.

（84）Man bugun 羽绒服 aldim.

（85）San nimandak 伤感 nahxa anglaysan.

（86）Boldi 自恋 laxmigena.

（87）bugun 彩排 ba balla maxek kilmamduk

（四）受到使用群体的影响，容易接受网络语言，接受流行文化

青年人往往喜欢追求时尚，彰显个性，标新立异，喜欢与众不同，容易接受流行文化、受到流行文化的影响，接触新事物的能力比较强，所以年轻人交流时会经常使用谐音词、网络流行语、数字词和缩略词等。

（88）挺你，呵呵。

（89）每天开开心心……幸福 ing.

（90）亲，祝你森日快乐，祝愿所有的幸福，所有的快乐，所有的温暖在你身。

（91）童鞋们听说成绩出来咯。

（五）受到使用群体文化水平和语言水平的影响

网络交际用语能够反映维吾尔族的文化水平尤其是汉语水平及母语水平两方面，通过对比预科初级班与双语班维吾尔族的汉语和母语水平，我们发现网络上的语码转换现象、网络语言的使用与学生的汉语水平成正比关系，学生的汉语水平越高，语码转换、网络语言的使用也越频繁，反之则越少。个别学生由于维吾尔语水平有限，他们在用母语表达时往往出现失误或一时找不到贴切的词汇，因此用汉语词汇来弥补这个空白。还有个别人为了显示自己的文化程度，在交际中有意添加汉语词汇。

小　　结

网络交际用语是语言学尤其是社会语言学十分关注的一个领域，同时与传播学、社会学等其他学科也有密切的联系，是当前研究的一个热点，本文较为全面地描写了维吾尔族大学生网络交际用语的语言和文字形式，对其特点进行了初步的分析，尝试解释了产生的原因，但分析和解释还有待深入，在定量研究上做得还不够，总之维吾尔族大学生网络交际用语的形式和特点还需进一步挖掘和研究。

参 考 文 献

阿孜古丽·夏力甫.2007.维吾尔语口语中语码转换现象探析.语言与翻译,(2):20-22.

古丽夏·阿克巴尔.2014.大学生口语语码转换句法形态研究——以维汉语码转换为例.语言与翻译,(2):42-46.

张发勇.2010.浅析语码转换的类型和原因.重庆科技学院学报（社会科学版）,(11):132-134.

张云辉.2007.网络语言的词汇语法特征.中国语文,(6):531-535.

从兼用语使用现状看澜沧县新芒良佤族的双语生活

韩　蔚　许　林（云南民族大学　云南师范大学）

引　言

语言兼用是社会语言学比较关注的范畴，作为一种普遍存在于现实生活中的语言现象，它主要是指某一语言社团或个人在某一区域同时使用两种或两种以上语言的现象，表现为双语或多语现象。（南英和朱琳，2014）兼用语则是指语言使用者除母语外根据交际需要所使用的其他语言。由于不同地区、不同民族使用兼用语的类型、特点、成因都各不相同，又由于语言兼用是语言接触的产物，因此观察一个地区某个民族的兼用语使用情况，包括兼用语使用的人口、数量、频率、范围等，不仅可以看出兼用语对母语的影响、该民族的语言态度和语言情感，还能看出这个地区各民族的语言关系和民族关系，甚至可以由此了解该地区的语言生态和社会生态。

本文从语言兼用现象出发，选取澜沧县西北部上允镇竜浪多民族杂居村新芒良佤族寨为个案调查点，通过对新芒良佤族兼用语使用情况的调查，推断当地语言关系的类型为多语和谐型，并思考其多语和谐的成因，以期为语言多样性保护和国家修订语言政策提供一些参考。

新芒良，又叫芒良新寨，"芒良"是傣语，"芒"是"村寨"的意思，"良"是"干旱"的意思，"芒良"意为"干旱的村寨"。由于此地原住民为傣族，佤族是后来搬迁过来的，因此沿用了傣语的寨名，为了与老芒良傣寨相区别，就称为"芒良新寨"，佤文写作"man liang yaong saox"，佤语读音为 man liaŋ zauŋ sau^ʔ。（王敬骝，2014）新芒良佤寨位于坝区，处在 214 国道旁边，距离竜浪村委会 0.5 千米，距离上允镇 4.8 千米，进村道路为柏油、水泥路面，距离最近的上允车站 4.3 千米，距离最近的集贸市场 4.3 千米。芒良新寨下辖 1 组、2 组两个村民小组，人口 99.5% 以上为佤族，是个佤族聚居寨，有农户 136 户，6 岁以上常住人口 436 人，其中佤族 434 人，汉族 2 人。从事第一产业的有 310 人，农民收入主要依靠种植业、养殖业，外出务工人员主要是年轻人，占全寨人口比例并不太大。新芒良基础设施较为完善。截至 2014 年底，全寨所有农户都通水通电，拥有电视机和移动电话。新芒良没有学校，它所属的竜浪村只有村级完小学校 1 所，教职员工 23 人，正式教师 19 名，适龄儿童 342 人，共有在校小学生 342 人，入学率达 100%。

一、新芒良佤族兼用语使用现状

　　新芒良佤族不仅全民稳定使用本族语——佤语（巴饶克方言），而且绝大多数还能熟练掌握汉语，成为"佤-汉"双语人，部分佤族还能兼用其他民族语而成为"多语人"。无论是在村镇上还是在寨子里，新芒良佤族都能用汉语与非本族人进行交流。为什么一个聚居寨的佤族除了母语以外，还能普遍掌握一种兼用语，有些还能掌握多种兼用语呢？他们掌握的兼用语又呈现出了哪些特点呢？为了搞清这些问题，并对新芒良佤族的兼用语使用情况形成量化认识，我们采取了定量法，对新芒良 1 组、2 组的 136 户 434 名佤族（6 岁以上）进行了穷尽式的入户调查；还采用了多人次抽样调查法，进行便利取样，抽取不同年龄段的 19 名佤族村民进行语言态度问卷和多语言选用调查；同时，我们结合访谈法、语言生活场景实地观察法等多种途径获取了大量的第一手材料。①基于此，我们可以新芒良佤族的兼用语使用现状形成了比较直观和全面的认识。

---

① 调查表格、问卷等均由戴庆厦创制，下同。

（一）新芒良佤族兼用语使用类型

新芒良佤族兼用语的使用类型主要有两种，即兼用汉语和兼用其他民族语。

1. 兼用汉语

汉语是我国各民族的通用语，为了全面了解新芒良佤族的汉语使用情况，我们逐一记录了村寨中每户家庭、每位成员的姓名、性别、成员关系、民族成分、文化程度和汉语的语言能力，对全寨 434 位佤族（6 岁以上）的汉语使用水平进行了测试和统计，发现不同年龄段的佤族不分性别和文化程度，都能兼用汉语，该寨属于全民兼用汉语的村寨。具体情况见表 1。

表 1 新芒良佤族兼用汉语情况表

年龄段（岁）	人数（人）	熟练		略懂		不懂	
		人数（人）	百分比（%）	人数（人）	百分比（%）	人数（人）	百分比（%）
6～19	73	73	100	0	0	0	0
20～39	186	182	97.8	4	2.2	0	0
40～59	132	127	96.2	5	3.8	0	0
60 以上	43	41	95.3	2	4.7	0	0
合计	434	423	97.5	11	2.5	0	0

调查结果显示，新芒良佤族全民兼用汉语，兼用率达到 100%，其中可以熟练使用汉语的有 423 人，占总人口的 97.5%，水平为略懂的村民只有 11 人，仅占总人口的 2.5%，没有不懂汉语的村民。熟练使用汉语的情况在不同年龄段存在一些细微的代际差异：6～19 岁的所有受访者都能熟练使用汉语，比例达到 100%；20～39 岁能够熟练使用汉语的有 182 人，占该年龄段总人口的 97.8%；40～59 岁能够熟练使用汉语的有 127 人，占该年龄段总人口的 96.2%；60 岁以上能够熟练使用汉语的有 41 人，占该年龄段人口总数的 95.3%。由此可见，熟练掌握汉语的人口比例随着年龄的增长而递减。

另外，值得一提的是，我国少数民族兼用的汉语实际上包括普通话和各地的汉语方言两个部分。经过走访调查，我们发现新芒良佤族兼用汉语也分为兼用普通话和兼用云南方言两种情况，二者的兼用情况还存在一些差异。①兼用场合不同。在一般的日常交际中，他们使用的是云南方言，只有在一些正式场合，比如学校课堂，才会使用普通话。②兼用水平存在代际差异。青少年基本都会说普通话，而且也比较愿意说；中年组有部分会说普通话，但不太愿意说；老年组基本不会说普通话。③兼用态度不同。兼用云南方言时，他们会感觉比较亲切自在，而兼用普通话时，会觉得比较拘束，与外来人交谈时对方用普通话他们会觉得是一种礼貌，如果交谈对象是当地人却也用普通话，他们会觉得对方在装腔作势，或是看不起他们。

2. 兼用其他民族语

我们在调查中发现，新芒良的 434 名佤族村民中，还有 41 名可以兼用其他民族语。其中，39 人能够兼用傣语，2 人能够兼用拉祜语，还有 1 人可以兼用英语。据了解，新芒良所处的坝区原来没有佤族，这里的原生民族是傣族，此处的佤族主要是从文东、雪林和西盟三个地方搬迁过来的，政府把这里的土地分给他们，让他们在这里建寨耕作，繁衍生息。在 39 名会说傣语的村民中，有一个是嫁给了傣族人做媳妇，有两个是娶了傣族的媳妇，有三个是在泰国务工，还有一个年轻时是文艺宣传队的歌手，其余大部分人没有特殊经历，都是在与周围傣族交往的过程中自然习得傣语的。两位会说拉祜语的村民分别是魏荣明（52 岁，男，佤族）和鲍小珍（58 岁，女，佤族），他们都是小学文化程度，但前者因为性格豪爽，经常外出游历，结交不同民族的朋友，所以不仅会说拉祜语，还能熟练使用傣语；后者是因为以前住在翁板村，那里与拉祜族住得近，所以能够熟练使用拉祜语。能够熟练使用英语的是鲍文华（52 岁，男，佤族，高中文化程度），据了解，他曾代过课，还会写佤文（撒拉文）。另外，还有两位嫁入该寨的汉族，李石妹（女，54 岁，小学文化程度）和李金海（女，30 岁，初中文化程度），前者由于嫁入时间较长，可以熟练使用佤语，后者由于嫁入时间较短，佤语水平仅为"略懂"，但她们在生活中都能根据交际需要选用不同的交际语言，能够在汉语和佤语两种语码中自由转换。

（二）新芒良佤族兼用语使用特点

新芒良佤族兼用语使用具有以下三个特点，即地域性、自然习得与学校教育并存性、与母语之间存在功能互补性。

1. 地域性

新芒良佤族兼用语的使用具有明显的区域性特征，其兼用语的使用类型受到当地居住的民族、民族村落的分布情况和新芒良所处的地理位置等因素的影响。

新芒良所在的竜浪村下辖 21 个自然寨，23 个村民小组，总人口 5753 人，全村由坝区、半山区、山区三种区域的四种主体民族组成，其中佤族 2995 人、傣族 1304 人、汉族 958 人、拉祜族 495 人，佤族人口占全村人口总数的 52.06%，不同民族分寨而居，间或夹杂几个其他民族。

新芒良北部分布着两个较近的傣族村寨老芒良和千岗寨，东北、东南和西北部分布着三个较近的佤族村寨老芒样、梁子寨和龙塘一组，西部分布着一个汉族村寨龙塘二组，而分布有拉祜族的布里等村寨离新芒良都比较远，因此，在新芒良佤族的语言生活中，能兼用傣语的村民远多于能兼用拉祜语的村民。

另外，新芒良所处的地理位置正好在 214 国道旁边，交通极为便利，大大方便了各民族之间的来往交流，增加和扩大了新芒良佤族与其他民族交流的频率与范围，使得语言接触成为常态，也因此丰富了他们的语言生活。

2. 自然习得与学校教育并存性

在新芒良，兼用语的习得途径有两种——自然习得和学校教育。

所谓自然习得是指"以交际为主要目的，但没有成系统的学习方法和学习手段"的一种语言习得过程，它与"具有系统的学习手段和方法过程的人为习得"不同，是在自然环境和日常交际中逐渐掌握一种语言的过程。（李春风，2014）而学校教育中的语言课程则不同，它往往由专业教师教授，……了技术和方法过程。

新芒良佤族自然习得的兼用语主要有云南方言和其他民族语，都是在与其他民族的交流中自然习得的，比如在集市上寒暄、参加其他民族的节日庆典、课后与其他民族的同学一起玩耍等。还有一个值得注意的现象：在寨子中长大的学龄前儿童一般都是佤语单语人，但由于电视机的普及，开始有不少佤族学龄前儿童在观看汉语电视节目的过程中自然习得了普通话。比如，我们在走访过程中，曾偶遇两个 6 岁左右还未上学的佤族小姑娘，发现她俩可以非常流利地使用普通话与我们交流，同时还能流利地使用佤语与她们的父母交流。

当然，汉语普通话的学习主要是在学校中进行的。新芒良 434 名佤族村民（6 岁以上）中有 401 名是小学及以上文化程度，有 9 名上过脱盲班，他们都在 50 岁以上，有 24 名是文盲，除了 1 名身有残疾的是 30 岁，其余都在 55 岁以上，他们都可以不同程度地使用普通话进行交流。可见，学校教育是当地佤族学习汉语普通话的主要途径，也是兼用汉语普通话的主要场所。

3. 与母语之间存在功能互补性

新芒良佤族兼用汉语和其他民族语主要是为了生存和交际的需要，其兼用语与母语之间形成了功能互补，即母语用于族内交际，而兼用语主要用于族际交际。

我们随机抽取了 19 位村民进行语言使用场合的调查统计，这 19 位村民的年龄分布分别是：6～19 岁 5 人、20～39 岁 5 人、40～59 岁 4 人、60 岁以上 5 人，他们在不同场合选用不同语言的情况详见表 2（存在多选和不选的情况）。

从表 2 中我们可以看出，佤语是新芒良佤族家庭内部的主要交际工具。每个家庭中，无论是长辈和晚辈之间，还是同辈之间，佤语都是最重要和最亲切的交际用语。他们偶尔也会使用云南方言，年轻一代的同辈和子辈之间还存在间或使用普通话进行交际的情况。村寨里，村民在面对同族人

表 2　新芒良佤族母语和兼用语使用场合情况表

语言使用场合		佤语（人）	汉语		傣语（人）	拉祜语（人）
			云南方言（人）	普通话（人）		
家庭	祖辈之间	19	3	0	1	1
	父辈之间	19	3	0	1	1
	同辈之间	19	2	2	0	0
	子辈之间	19	2	2	0	0
	祖辈与父辈	19	1	0	0	0
	父辈与子辈	19	1	0	0	0
村寨	本族人	19	1	0	0	0
	非本族人	4	17	6	2	1
公共场合	医院	8	15	7	0	0
	集市	12	18	4	1	1
	村委会	13	17	3	0	0
	镇政府	11	16	7	0	0
	节日	17	7	4	1	1
学校	课堂用语	1	2	13	0	0
	课后用语	10	11	4	0	0

时都会使用佤语进行交流，而与外族人交流时会自动转用汉语且多为云南方言，如果说话人是傣族或拉祜族，他们也会友好地转用对方的语言与其交流。在医院或集市，村民大多会选择云南方言与对方交流，如果看出或发现医院的医护人员或集市上的商贩是佤族，他们也会直接用佤语或立刻转用佤语与其交流，选用普通话交流的大多是青少年。在村委会或镇政府，如果遇到会讲佤语的工作人员，村民会使用佤语同他们对话，否则还是会用云南方言。在佤族的传统节日里，如新米节等，村民会以说佤语的方式来显示自己的民族身份，而且同胞之间说佤语会自然而然地加深民族凝聚力。隆重的节日氛围也会吸引周边的其他民族到寨子里来过节，在碰到外族人时，村民便会采用汉语这一共同语进行交流。如果附近的傣族过泼水节或是拉祜族过葫芦节，他们偶尔也会与其一起过节，这时，他们彼此交

方的民族语交流，以示友好。在学校，课堂上老师用汉语普通话授课，学生也用普通话与老师展开对话；课后，老师仍然鼓励学生多使用普通话，这样可以提高汉语水平，但佤族学生之间仍然会使用佤语交流玩耍，与外族学生一起时才会说云南方言，很少使用普通话。

可见，新芒良佤族的母语与兼用语分别有各自的使用范围，各司其职，而他们都能根据不同的交际需要自如地选用不同的语言来实现语言的交际职能，其兼用语与母语在功能上具有互补性。（李春风，2014）

二、从兼用语使用现状看新芒良佤族的双（多）语和谐生活

兼用语的使用有可能削弱母语的使用，对母语产生冲击，形成语言竞争，出现兼用语排挤母语、压缩母语使用空间的现象，最终可能会导致语言濒危和语言转用；但兼用语与母语也有可能形成良性互动，在交际功能和情感功能上和谐互补，长期并存，形成语言和谐共生的局面。（戴庆厦，2006）

上文已经对新芒良佤族的兼用语使用情况进行了详尽的描述，但为了能够更客观地反映出新芒良佤族兼用语与母语的关系，我们还特别对新芒良佤族的语言使用情况进行了量化分析。

（一）语言和谐性

一般来说，"语言的和谐性是指同一个民族或同一群体的多语，在一个社会里能够和谐共处，互补互利，既不相互排斥，也不发生冲突。不同语言在使用中各就各位、协调有序，在和谐中各尽其责，在和谐中发展"（戴庆厦等，2009）。

因为新芒良佤族全民兼用汉语，所以我们选取汉语作为兼用语的代表，进行和谐度测量。结合实际调查情况，得出了以下结果（表3）。

表 3　双语和谐评分表

序号	参项		所占分值（分）	调查结果（%）	得分（分）
1	熟练掌握双语的人口比例		60	97.47	58.48
2	对双语的认同程度		10	83.8	8.38
3	双语通用范围	家庭	3	0	0
		村寨	3	100	3
		公共场合	3	100	3
		媒体传播	3	100	3
4	双语教学是否进入学校教育		8	50	4
5	是否存在不和谐现象（语言纠纷、语言歧视等）		10	100	10
	总得分		100	—	89.86

　　根据表 3 中的数据可知：新芒良佤族双语和谐评分表的总得分为 89.86 分，处在 80～100 分，所以等级为一级，属于和谐型。绝大多数村民能够熟练使用双语，且从未发生过因语言问题而引起的纠纷或歧视现象。除家庭内部外，村民使用双语的范围也非常广泛。同时，他们普遍有较强的双语意识，认为佤语是他们本民族的语言，应该代代相传；汉语也要学好，这样走到哪里都能与人沟通交流。

　　此外，我们还采访了多位能够使用多种兼用语的村民，他们一致表示，与其他民族交往时从未发生过语言纠纷或语言歧视，各民族都相互尊重，友好相处。

（二）新芒良佤族多语和谐的成因

　　新芒良佤寨能够形成多语和谐的局面，并非偶然，而是与其特殊的历史背景、各民族的地理分布、融洽的民族关系、对异族文化的情感态度和国家的语言政策等历史与现实因素紧密相连的。

1. 民族关系史和村寨史是语言是否和谐的历史条件

　　各民族语言是否和谐、各民族关系是否融洽都有其特殊的历史背景。历史上，佤族与傣族关系较为紧密，两个民族从未发生过大规模冲突，更没有因为语言的缘故发生过纠纷和歧视。纵观整个佤族历史，佤族一般居住在山区、半山区，而傣族则居住在坝区，由于傣族长期在经济、政治、文化等方面领先于佤族，并且在历史上，傣族土司曾经统治过佤族很长一段时间，因此，佤族受傣族文化的影响比较大，相较于其他民族，与傣族的关系也更为密切，在语言上就表现为为数不少的傣语借词，在饮食上也与傣族有许多相似之处，如喜酸辣，多香料。（魏德明，1999、2001；陈本亮，1999；赵岩社，2000）

上文提到，新芒良位于坝区，原是傣族聚居地，而新芒良的佤族主要是从文东、雪林和西盟三个地方迁徙过来的，建寨历史也只有百十来年，对于原住民来说，他们算是"新来的人"（newcomer）。因此，若以"闯入者"的身份在当地立足，就必须与周围的民族和睦相处，以友好和善的姿态融入当地的自然和人文环境，这样才能在当地更好地生存和发展。在新芒良村寨史上，他们与周围的寨子——无论是傣寨还是汉寨——一直保持着良好的寨际关系，和谐共生是当地生活的主流。由此可见，良好密切的民族关系史和传统优良的村寨史是语言和谐的历史条件。

2. "大杂居，小聚居"的民族地理分布格局是语言和谐的有利环境

从上文的描述可知，竜浪村总体的民族地理分布格局是大杂居，这就使得新芒良佤族与其他少数民族、汉族之间必须使用至少一种兼用语进行沟通，而佤族内部则可以使用母语进行交流，这样，佤语和兼用语（主要是汉语）都能够得到很好的传承，因此两者可以和谐共生，共同发展。同时，他们既没有因为推广汉语普通话而逐渐淡忘自己的母语，也没有因为经常在本族人之间使用母语而忽视汉语普通话的学习。因此，这种"大杂居，小聚居"的民族地理分布格局为多语和谐提供了有利的语言环境。

3. 融洽和谐的民族关系是语言和谐的现实保障

语言是一个民族的重要特征，甚至是民族的第一特征。民族关系如何对语言是否和谐起着至关重要的作用。新芒良佤族的多语和谐生活，就是

以团结和谐的民族关系为基础的。

上文提到，新芒良所在的竜浪村委会有佤、傣、汉、拉祜等民族，其中，佤族人口占竜浪村总人口的一半以上（52.06%），傣族人口占22.67%，汉族和拉祜族人口较少，分别只占到16.65%和8.6%。竜浪村所在的上允镇是澜沧县除县城外最大的城镇，镇内居住着汉、佤、傣、拉祜、哈尼等13个民族，其中汉族占全镇总人口的30.6%，佤族占29.1%，傣族占19%，拉祜族占18%。由于新芒良没有自己的集市，村民一般在5天一次的"街子天"去镇上"赶街"（即赶集），这一天，很多村寨的村民都会带着自家养殖的牲畜家禽如黄牛、鸡鸭等，或自制的凉粉等拿去集市上交易，同时采购自己需要的物品，集市热闹繁华，上允镇的各个民族都能在"街子天"遇到。杂居区各民族之间长期友好相处，共同发展，共同繁荣，民族关系融洽和谐。民族语在其特定的语域中发挥着自己的作用，而汉语作为国家通用语，又可以弥补民族语在表达功能和交际功能上的不足，二者协同发展，和谐共生，一同丰富着新芒良佤族的语言生活。

此外，我们还观察到，不会说佤语的汉族小朋友和不会说汉语的佤族小朋友一起玩耍时，双方交流的语言不同，却都能明白对方的意思，并不影响正常交流。这些生动的生活场景在新芒良随处可见，他们彼此融洽的民族关系和深厚的民族情谊深深地打动了我们。

可见，融洽和谐的民族关系决定了不同语言的和谐发展，没有民族的和谐，也就没有语言的和谐，这成为新芒良佤族多语和谐生活的现实保障。

4. 对异族文化和语言持有尊重、包容的情感态度是语言和谐的心理基础

当地居民尊重、包容其他民族，从不歧视和排斥其他民族的民族文化和风俗习惯，在这里时时处处都能感受到和谐多元的文化氛围。比如，我们在有些村民家里看见门上贴着对联，新婚夫妇的房门上贴着红双喜，饮食上多用傣族调料等。甚至有一些习俗也在发生着变化，比如佤族的酒文

化，过去佤族饮酒一定要一杯倒满，一口干掉，否则就是礼数不周，现在，由于受到汉文化影响，他们也改成倒酒倒半杯，敬酒随意慢慢喝。这些文化习俗的改变反映出了他们对汉文化的接纳和喜爱之情。但同时，接纳、学习和喜爱汉文化，并不意味着一定会被汉化，新芒良佤族对自己的民族文化保留得也很好。这一点从他们全民熟练掌握母语上就能看出。另外，寨子里几乎所有妇女都会制作佤族传统服饰，她们仍然保留着传统的分线织布技术，还有极富特色的民族图案，虽然平时只有老人会穿民族服装，但只要一到节日庆典，村里的男女老少都会穿上民族服装到寨子的公共广场上去唱歌、跳舞，会有一两名歌手唱着佤歌，大家就围成一个圆圈，跟着节拍翩翩起舞，跳佤族的传统舞蹈，舞蹈动作多来源于生产劳动，形象生动，质朴纯美，优雅动人。有些村民家里还保留着过去象征佤族男人力量的三尺长刀和弓弩，他们偶尔也会去田间山里打打猎，怀念一下祖先的狩猎生活。寨子里还有一个庙房，逢年过节或有重大事件发生的时候，村里的魔巴（祭司）都会去庙房里念咒祈福，念词都是用佤语。由此可见，一方面新芒良佤族对汉文化和其他异己文化都保持着积极开放的态度；另一方面，还完好地保留着自己的民族文化，这种对多元文化尊重包容的情感态度投射到语言上，就表现为对对方语言的尊重和语言选择的自由，绝没有人强迫或禁止别人使用哪种语言，大家都是根据交际需要自由选择交际用语的。

语言态度（language attitude）在人们的语言生活中起着至关重要的作用，它通常"是指人们对语言的使用价值的看法，其中包括对语言的地位、功能以及发展前途等的看法"（戴庆厦，1993），具体又可以表现为人们在语言选用、语言关系和语言规范等方面所持的态度（冯广艺，2007）。对此，我们也做了相关的语言态度调查问卷。结果显示，当被问及"您认为哪种语言或方言最有用"时，78.95%的人选择了"普通话"；当被问及"您觉得哪种语言最亲切、最好听"时，有半数以上的受访者选择了"母语"；当被问及"您希望自己和子女掌握哪几种语言"时，超过半数的受访者认为母语、普通话和云南方言都要掌握，其中 57.89%的人认为除此之外还应掌握其他民族语，84.21%的人希望自己的孩子首先学会母语；当被问及"是否喜欢听汉语歌曲、看汉语节目"时，80%以上的人选择了"很喜欢"，只有极少数选择了"一般"；当被问及"如果有民汉双语学校，您是否愿意送您的孩子就读"时，所有的受访者都选择了"愿意"。可见，对母语和兼用语的情感态度奠定了新芒良佤族母语和兼用语能够长期并存、和谐共生的心理基础。

5. 国家平等的语言政策是语言和谐的政策保证

我国政府十分重视民族语文工作，新中国成立以来颁布了一系列有关民族语言文字的方针政策。从我国宪法到各个历史时期的民族语文政策，核心思想都是强调语言平等和语言的自由使用。我国实行的这种各民族平等的语言政策，为各少数民族地区的语言和谐提供了政策保证。无论是在新芒良，还是在竜浪村委会，还是在上允镇，甚至是在澜沧县，说哪种语言都不会有被歧视的感觉。在这种平等的语言政策下，各族人民都可以自由地使用本民族的语言而不受任何限制。我们在新芒良调查时，恰逢一户人家新居灌顶，这对当地人来说是一件大事，是要杀猪请客的，于是我们也去帮忙，其间，这家的亲戚朋友和主人家共同准备饭菜时，互相用佤语谈笑风生，在我们面前一点也不害羞。如果需要跟我们交流时，他们又很快转用汉语。调查问卷显示，当被问及"别人用自己的母语讲话，你听不懂是否会反感"时，78.95%的人选择了"不反感"。由此可见，国家平等的语言政策是当地多语和谐生活的基本保障，正因为有这样的政策保障，各民族才能自由使用自己的语言而不受任何人干涉。

多语和谐在新芒良佤族的语言生活中将长期保持稳定状态，母语和兼用语在各自的语域里发挥着重要作用，共同丰富着当地佤族人的语言生活。

结　语

根据上述内容，我们可以看出，新芒良佤族依托便利的交通条件和多民族杂居的环境，能够经常广泛地与其他民族进行交往，在一个多民族杂居区，不仅完好地保留了母语，而且保持了高度的多语和谐，并未出现语言竞争甚至语言转用的问题。这为其他少数民族地区母语和兼用语的和谐发展提供了参考。

参 考 文 献

《佤族简史》编写组. 2008. 佤族简史（修订本）. 北京: 民族出版社.

陈本亮. 1999. 佤族文化大观. 昆明: 云南民族出版社.

戴庆厦. 1993. 社会语言学教程. 北京: 中央民族大学出版社.

戴庆厦. 2006. 语言竞争与语言和谐. 语言教学与研究, (2): 1-6.

戴庆厦, 余金枝, 余成林, 等. 2009. 片马茶山人和谐的多语生活——语言和谐调查研究的理论方法个案剖析. 云南师范大学学报, 41(6): 5-15.

冯广艺. 2007. 语言和谐论. 北京: 人民出版社.

澜沧拉祜族自治县上允镇政府. 2014. 上允镇自然情况（内部资料）.

李春风. 2014. 各就各位, 相互兼用——云南九河乡语言和谐的两个核心元素//戴庆厦, 罗骥, 余金枝主编. 语言和谐论集. 成都: 四川大学出版社: 95-101.

南英, 朱琳. 2014. 语言兼用者的语言选择与语码转换. 昭通学院学报, (4): 62-65.

王敬骝. 2014. 佤汉大词典. 昆明: 云南民族出版社.

魏德明. 1999. 佤族历史与文化研究. 潞西: 德宏民族出版社.

魏德明. 2001. 佤族文化史. 昆明: 云南民族出版社.

赵岩社. 2000. 佤族生活方式. 昆明: 云南民族出版社.

语言本体

现代荔波汉语尖团音现象略议

——以水、汉双语者的读音为例

曾晓渝（南开大学）

引　言

荔波地处贵州省的南部边陲，与广西北部的南丹、河池相邻。

荔波汉语，又称荔波话，属贵州西南官话的黔南方言。根据《贵州省志·汉语方言志》（贵州省地方志编纂委员会，1998：79-110），黔南方言分为都平片、凯麻片、荔波片；整个黔南方言的共同点之一是尖团音不分。①

我们曾于 2003 年对荔波县汉语和荔波永康乡水语做过专门调查②，结果是：汉族人所说的荔波汉语，无论老幼均不分尖团（曾晓渝，2005）；水

---

① 汉语方言的尖音指源自中古精组的细音字，如"酒津"，团音指源自中古见组的细音字，如"九巾"。现代汉语官话方言里大多尖团音不分了，即"酒九"同音，"津巾"同音。

② 2003 年笔者曾与远藤光晓教授等日本学者及南开大学博士生等十几位同行赴荔波县调查。荔波县汉语的汉族人发音合作者：杨锦鹏，男，65 岁；董凡，男，56 岁；李银荣；女，47 岁；蒙若勇，男，40 岁；韦敏权，男，34 岁；安荣举，男，22 岁；董明川，男，16 岁；此外，我们还请了三位汉族老人蒙建华（男，71 岁）、李世儒（男，80 岁）、曹树彬（男，84 岁）和两位儿童庄婷（女，8 岁）、全修豪（男，8 岁），调查了他们荔波音系代表字的读音，除了两位 8 岁儿童是布依族（他们不会布依语，只会说汉语荔波话和普通话），其余都是土生土长在荔波县城的汉族人。荔波县永康乡水语和荔波汉语的水族人发音合作者：蒙熙儒，男，67 岁，永康乡水族人，贵州荔波县人大委员会退休干部；蒙绍秋，男，70 岁，永康乡水族人，贵州荔波县职业高中退休教师；姚炳烈，40 岁，永康乡水族人，贵州荔波县档案局干部。

族人所说的荔波汉语却尖团分明。

至今难忘当时一个有趣的现象：我们调查汉语尖团音读音时，两位荔波汉族中年发音人将"九-酒""丘-秋""休-修"等团音-尖音组字均读为同音字，在一旁陪同我们调查的水族中年干部使劲儿摇头，着急地一再纠正："九"与"酒"读音不一样啊！（之后问这位水族干部，他是水语、汉语双母语者，从荔波乡下到县城当干部已经二十多年了。他很肯定自己说的荔波汉语很标准，他的汉族同事也都认为他说的就是地道的荔波话，和汉族同事的一样，没有区别。）

为什么会出现这种现象呢？本文将尝试对此进行解释。

一、现代荔波汉语音系

根据调查，现代荔波汉语音系存在着一定的年龄差异（曾晓渝，2005）。

（一）声调

现代荔波汉语的声调如表 1 和图 1 所示。

表 1　现代荔波汉语声调表

调类	例字	80 岁	71 岁	65 岁	56 岁	45 岁	40 岁	34 岁	22 岁	16 岁
阴平	诗衣妈开	33	33	33	33	33	33	33	33	33
阳平	时移麻才石一麦七	52	52	52	52	52	52	52	52	52
上声	使椅马口	55	55	55，45	45	45	55，45	45	35	35
去声	是意骂怕	113	113	113，213	113，213	213，21	21	213，21	213，21	21

图 1　现代荔波汉语声调图

（二）声母

现代荔波话的声母系统比较简单，共有 21 个（包括零声母），即：

p 布步　　pʰ 怕盘　　m 门妹　　f（x）符胡飞
t 到道　　tʰ 太同　　n 难　　　l 兰吕
tɕ 精经　　tɕʰ 秋丘　　ɲ 女　　　ɕ 修休
ts 祖主　　tsʰ 醋处　　s 苏书　　z 认日
k 贵跪　　kʰ 开葵　　ŋ 硬袄　　x 红灰
Ø（v）元远而约

各年龄段的声母基本一致，差别变化仅限于青年 f>x、中年 Ø>v，具体表现如下所示（表 2）。

表 2　现代荔波话声母表

例字	80 岁	71 岁	65 岁	56 岁	45 岁	40 岁	34 岁	22 岁	16 岁
胡	f	f	f	f	f	f	f	f	f, x
元远	Ø	Ø	Ø	Ø	Ø	v	v	Ø	Ø

（三）韵母

与其他地方的西南官话比较，荔波话的韵母系统突出的特点是中古咸山摄鼻音韵尾脱落，同时，一些阴声韵滋生出弱鼻化音。我们按开、齐、合、撮的分类标准排列出荔波话的韵母系统格局，下面韵母系统方框里的是发生年龄差异的部分（其中音变层次用"＞"来连接表示，即老年人>中年人、青年人；老年人>中年人>青年人）。

ɿ 资知　i 第以　　u 故午　yi 雨虚
A 爬辣　iA 架丫　　uA 花刷

aɔ>ɔ<ɔɒ 保草	ɔɑi<ɔɑi 条腰
o>ou 河说	io>iou 脚约

ou>ɐu 斗收	iəu>iɐu 油牛		
iu 育流			
ɤ>ɤɯ>əɯ色		uəɯ̃>uəɯ官缓	
ɐɪ>ɤɯ>əɯ耳		uəɯ国	
ei>ɐi 倍妹	ie>eɪ>ei 列铁别	uei>uɐi 桂尾 ie>yei 雪	
	ie>ieɪ姐切爷		ye>yeɪ>ʏei 月
	iẽ>eɪ>ei 连田边		yẽ>yeɪ>ʏei 元圆玄
	iẽ>ieɪ简钱淹		
ɐe>æ̃才卖		uɐe>uæ̃乖歪	
ã>æ̃残慢 uã>uæ̃关弯			
ən>ɐn 根更	ien 心今	uən>uɐn 魂温	

ɪn 兵丁 yn 云群

ᴀŋ 桑党 iᴀŋ 良羊 uᴀŋ 光王

oŋ 红翁 ioŋ 兄勇

二、荔波汉族、水族人的尖团音读音差异

（一）荔波汉语里的尖团音

荔波汉语里尖音、团音的对立已基本消失。下面列举几组同音字来说明（下面加横线的是尖音，声调按青年组读音）：

tɕi[˧]鸡稽基机饥 [˥˩]积迹脊籍绩寂急级及吉极击激 [˧˥]挤己纪几 [˨˩˧]祭际济剂计继技寄记忌冀器弃既季

tɕhi[˧]妻欺 [˥˩]齐脐七漆疾奇骑其棋旗祁祈集乞戚 [˧˥]启企起岂 [˨˩˧]气泣

tɕyi[⊣]居车～马炮 [Ⅵ]矢 [⊣]举矩 [Ⅵ]聚巨拒距据锯句具惧

tɕhyi[⊣]蛆趋区 [Ⅵ]渠 [⊣]取娶 [Ⅵ]趣去

tɕieɪ[⊣]尖煎肩坚皆阶监兼间艰奸 [Ⅴ]接截捷劫杰揭节结洁 [⊣]姐剪解减俭检茧 [Ⅵ]借箭贱渐践介界届戒舰剑件键建见

tɕhieɪ [⊣]签笺千迁谦牵铅 [Ⅵ]潜钱前钳乾切 [⊣]且浅遣 [Ⅵ]欠歉

tɕien[⊣]精晶晴津京惊荆鲸经今金禁襟巾斤筋茎 [⊣]锦紧谨景警井颈仅 [Ⅵ]尽进晋静劲径禁近劲境敬镜竞

tɕhien[⊣]侵亲清青钦轻 [Ⅵ]秦情琴禽勤芹 [⊣]寝请 [Ⅵ]亲～家庆

不过，调查中仅有一位 84 岁老年人所说的极少词还保持着尖团对立，如表 3 所示。

表 3 荔波汉语尖团音的年龄差异

例词	老年人	中年人	青年人	备注
尖	tsiẽ33	tɕie33	tɕiei33	古精母字
剪	tsiẽ55	tɕie45	tɕiei35	古精母字
姐	tsie55	tɕie45	tɕiei35	古精母字
间	tɕiẽ33	tɕie33	tɕiei33	古见母字

（二）荔波水语里汉借词的尖团音

我们调查的荔波永康乡水语属于水语中的三洞土语。三洞水族乡历史上行政区划一直归荔波县，直到 20 世纪 50 年代末因成立三都水族自治县，水族聚居的三洞乡划归三都县。然而，由于地域上三洞乡离荔波县城更近，人们至今保持着到荔波县赶大集的习惯。

在荔波永康水语里存在着大量的古汉语和近现代汉语借词，古借词的尖团音存在 tsj- sj-与 kj-ʈ-ɕ-的区别，但由于本族音系制约及历史音变造成了复杂交错的情况（曾晓渝，2004：127-138），而近现代汉借词的尖音 tsj- sj-和团音ʈ- ɕ-则清晰对立，为便于说明问题，这里选取永康水语近现代汉借词的尖团音的例子，具体如表 4 所示。

表 4　永康水语现代借词尖团音示例

汉语	水语借词读音（团音）	汉语	水语借词读音（尖音）
斤	ten², ʈin³	贱	tsjen⁶
幸福	ɕin¹fu²	先进	sjen³tsin¹
机器	ʈi³ʑhi¹	相信	sja:ŋ³sin³
学校	ɕo²ɕa:u¹	信书～	sin¹
教育	ʈa:u¹ju²	思想	sɿ³sia:ŋ⁶
积极	tsi²ʈi²	积极	Tsi²ʈi²
季节	ʈi¹tsje²	季节	ʈi¹tsje²
经济	ʈin³ʈi¹	经济	ʈin³ʈi¹例外，"济"是精母字

以上水语里近现代汉借词尖团对立的读音，听感上声韵调与荔波汉语很近似，因此，使用水、汉双语的水族人会不自觉地"母语负迁移"，把水语中的这些近现代汉借词直接用于他们说的荔波汉语中（注：荔波水语没有鼻化音，水族人所说的荔波汉语"天钱"等字是带鼻音尾的。）

三、荔波汉语尖团音现象溯源

黔南方言的三个小片，即都平片（包括都匀、丹寨、独山、平塘、三都），凯麻片（包括凯里、麻江、雷山），荔波片（荔波）。其中，荔波片仅分布于荔波县区域，由此显出荔波汉语的特殊性。

《荔波县志》（贵州省荔波县地方志编纂委员会，1997：69）记载，自宋代开宝三年（970 年）始建羁縻荔波州，荔波就隶属广西庆远府，直到清代顺治元年（1644 年）荔波县归属贵州省，十六年（1659 年）又改属广西庆远府，雍正十年（1732 年）再划归贵州省至今。荔波历史上长期隶属广西而不归贵州的特殊性是荔波汉语有别于黔南方言其他方言小片的重要原因。

据《广西通志·汉语方言志》，当代广西官话"除桂林官话外，一般都分尖团"。（广西壮族自治区地方志编纂委员会，1998：382）今柳州城区的官话，中年人、青年人基本不能区分尖团音了，而老年人还大致保持着尖团音的区别（覃和萍，2008）。可见，虽然同属西南官话，广西官话与贵州官话的重要差异在于：广西官话存在分尖团音的现象，而贵州官话则尖团音合流了（贵州省地方志编纂委员会，1998）。

由此推测：由于荔波长期隶属广西庆远府，荔波汉语方言实际上直接源自广西的桂柳官话，荔波话尖团音合流的时间可能并不太长。2003 年在荔波调查时有位汉族 84 岁老人所说的个别词分尖团音，当地水族人说的荔波话基本上都区分尖团音，这在一定程度上可予以证明。①

结　语

（1）水、汉双语者所说的荔波汉语仍然分尖团音，主要是水语里近现代汉语借词分尖团音的"母语负迁移"影响，因为"母语干扰"首先表现于语音（其次是语法，再次是词汇）。

（2）语言接触过程中，借词读音要受制于本土语言音系的制约；水语里的汉借词之所以分尖团音，是因为水语音系条件（音节结构）适于与被借汉语的尖音、团音相匹配；荔波水语里近现代汉借词的尖团音分明，反映了近现代历史上荔波汉语分尖团音的客观事实。

余语：少数民族语言里的汉语借词读音，可以在一定程度上弥补汉语方言（尤其是语音方面）文献资料缺乏的不足，其学术价值值得重视。除了本文讨论的荔波水语和汉语，根据我们的田野调查，还有广西阳朔、三江当地的西南官话已经不分尖团音了，但阳朔高田壮语、三江林溪侗语里的近现代汉借词均分尖团音，由此可以帮助了解当地西南官话原本是分尖团音的（曾晓渝，2010）。

参 考 文 献

广西壮族自治区地方志编纂委员会. 1998. 广西通志·汉语方言志·桂林官话. 南宁：广

---

① 水族是荔波县世居的主要民族之一。据 1990 年底统计，全县水族人口 29 254 人，占全县总人口的 20.65%（贵州省荔波县地方志编纂委员会，1997：177）。

西人民出版社.

贵州省地方志编纂委员会. 1998. 贵州省志·汉语方言志. 北京：方志出版社.

贵州省荔波县地方志编纂委员会. 1997. 荔波县志. 北京：方志出版社.

覃和萍. 2008. 柳州话声母的年龄差异. 南开大学学士学位论文.

曾晓渝. 2004. 汉语水语关系论. 北京：商务印书馆.

曾晓渝. 2005. 从年龄差异看现代荔波话音变的成因. 语言科学, (4): 11-21.

曾晓渝. 2010. 侗台苗瑶语言里的汉借词研究. 北京：商务印书馆.

"于"字结构和"在"字结构在上古汉语中的演变

和　伟　张泰源（韩国庆北大学）①

引　言

上古汉语中的"于"字和"在"字都可以带处所宾语和时间宾语；"于"和"在"同所带的宾语可以置于另一动词之前，也可以置于另一动词之后。两字常可以互训，杨树达在《词诠》中以"鱼在在藻，依于其蒲"（《诗·小雅·鱼藻》）为例，指出"鱼在在藻"犹言"鱼在丁藻"（杨树达，1979：283），认为"在"为介词时，"在"字意同"于"。崔永东以"……命武公：'遣乃元士，羞追于京师'。……甲申之辰，搏于龏……或搏于韐，追搏于世"（《多友鼎》）为例，认为"诸'于'字并当训为'在'"（崔永东，1994：17-18）。

学界对"于""在"的研究，一是如《词诠》将"于""在"分为若干个词类，释意并分别举例说明。一是讨论"于""在"介词词性产生的年代。郭锡良在《介词"于"的起源和发展》一文中，对"于"由动词发展为介词，并在汉代以后逐渐被"在"代替这一过程有过详细的论述。喻遂生在此文基础上论证了"在"字在商代已经出现了介词的用法，而非郭锡良认为的汉代以后。（喻遂生，2002）还有一类是在介绍介词或介词结构时，将"于""在"具有介词词性的部分提取出来进行说明：陈梦家《殷墟卜辞综述》文法篇中认为"于""在"是联系动作时间、

---

① 和伟，第一作者，庆北大学博士；张泰源，交信作者，庆北大学中文系教授。

空间的介词（陈梦家，1988：123）；张玉金的《西周汉语语法研究》虚词篇中把"于""在"看作引进时间、处所方位等的介词（张玉金，2004：130-157）；等等。

本文在前人的研究基础上，以《尚书》为中心，考察"于"和"在"从殷商到西周的发展演变，并考察殷商、西周各时期共时平面上两字的共性和差异。《尚书》在后世传抄过程中或有被窜改的地方，我们将利用西周金文（以下称为金文）资料，与《尚书》做一对比。殷商的语例来自殷墟卜辞（以下称为卜辞）①。

学界对"于"字有一些共同的看法：介词"于"由动词发展而来，殷墟卜辞中多用为介词，但也有少数可以看作动词的用法。②对于"在"字，学界有两种看法：一是认为西周及之前的"在"是动词，二是认为"在"在殷商已分化出介词的功能，西周时仍有动词用法。③汉语中的介词由动词发展而来，在演变过程中，总会残留一些原来动词的特点，也

---

① 《尚书》的语料来源出自其中的《大诰》《康诰》《酒诰》《梓材》《召诰》《洛诰》《多士》《多方》《吕刑》等篇目。下文对《尚书》中"于"字和"在"字各种用法的统计也都出自这几篇。西周金文及殷墟卜辞语料主要来自台湾"中央研究院"历史语言研究所金文工作室制作的《先秦甲骨金文简牍词汇资料库》（http://inscription.sinica.edu.tw）。《资料库》中的《殷周金文集成》，本文简称《集成》，《甲骨文合集》简称《合集》。

② 郭锡良先生认为，"于"在甲骨文中有动词和介词两种词性，介词"于"是由"去到"义动词"于"虚化而来的（郭锡良，1997：132）。梅祖麟先生认为，共同汉藏语有个"往、行"义的动词，这个动词在上古汉语里演变为及物动词"于"。动词"于"在甲骨文里虚化为引介动作的处所或时间的介词（梅祖麟，2004：323）。张玉金先生同意郭锡良、梅祖麟提出的介词"于"由连动式 V_1V_2O 中 V_2 变来的观点，并认为"于"在甲骨文时代已经是一个相当成熟的介词了（张玉金，2004：20，22）。裘锡圭先生认为，殷墟卜辞中确有用为动词的"于"，但数量不多。殷墟卜辞的时代，"于"的动词用法大概已处在濒临消亡的阶段了（裘锡圭，2012：538）。各学者对"于"起源与发展阐述的角度不同，但都认为"于"在殷商时期介词功能已经广泛使用。

③ 郭锡良先生认为"在"字汉代之前是动词（郭锡良，1997：137），持相同看法的还有王力先生（王力，1996：333）。黄伟嘉（1987）、喻遂生（2002）等学者则认为殷商卜辞中"在"有介词的用法，并承认这时期的"在"也存在动词用法。另外，陈梦家、张玉金、沈培等学者在介绍殷墟卜辞的介词时都提及"在"，是否认为"在"字在卜辞中也有动词用法则很难从文中确定。

会保留一些动词的用法，因而多有动介难分的现象。这样就很难将"于""在"后带处所或时间等宾语的形式都称为介词结构。为了便于说明，我们把"于"及其后的宾语合称为"于"字结构，把"在"及其后的宾语合称为"在"字结构。"于"字或"在"字结构位于其他动词之前，我们称为前置；位于其他动词之后，我们称为后置。"于""在"所带宾语，除处所和时间宾语外，还有一些是动作涉及的对象，包括祭祀对象或人物、事物等，我们把这类宾语称为非处所宾语。非处所宾语和时间宾语都是处所宾语的引申。非处所宾语同处所宾语的句法位置大体相同，我们在文中把这两类宾语放在一起解释，时间宾语的句法位置有所不同，我们需要另外说明。

一、《尚书》、金文和卜辞中的"于"字
结构和"在"字结构

（一）《尚书》、金文和卜辞中的"于"字结构

"于"字在《尚书》中没有独立作谓语的语例，大多数语例中"于"字结构或后置或前置。我们根据"于"字结构在句中的位置，以及"于"后带什么宾语，把《尚书》中的"于"字结构归纳为四类，分别是①V+于+处所/非处所；②V+于+时间；③V+N+于+处所/非处所；④于+处所/非处所+V+N。下面将结合金文和卜辞做一对比分析。

①　V+于+处所/非处所

《尚书》中的例文如下：

1. 惟大艰人诞邻胥伐于厥室，尔亦不知天命不易？（《大诰》）
2. 尽执拘以归于周，予其杀。（《酒诰》）
3. 王肇称殷礼，祀于新邑，咸秩无文。（《洛诰》）
4. 罔敢湎于酒。不惟不敢，亦不暇。（《酒诰》）
5. 其丕能诚于小民，今休。（《召诰》）

6. 民兴胥渐，泯泯棼棼，罔中于信，以覆诅盟。(《吕刑》)

例 1~3 中的"厥室""周""新邑"是"于"的处所宾语；例 4~6 中的"小民""酒""信"是动作行为涉及的对象，包括"人物"和"事物"两类，我们都视为"于"的非处所宾语。金文中也有类似的语例，例如：

7. 王蘥于成周，王赐圉贝，用作宝障彝。(《集成》 00935)

8. 唯王九月丁亥，王客于般宫。(《集成》 02802)

9. 穆穆秉元明德，御于厥辟。(《集成》 00242)

10. 初庚和于政，上帝降懿德大甹。(《集成》 00251)

11. 率肄于酒，故丧师巳。(《集成》 02837)

例 7~9 中的"成周""般宫""厥辟"是"于"的处所宾语，例 10 和例 11 中的"政""酒"是"于"的非处所宾语。以下是卜辞中的例文：

12. 贞王勿入于东。(《合集》 00643 丙正.3)

13. 乙巳贞其往于嬰，无田，兹用。(《小屯南地甲骨》 2123.2)

14. 辛酉卜翌日壬王其田于潄，屯日无灾。(《小屯南地甲骨》 2851.2)

15. 贞侑于妣己。(《合集》00249 正.8)

16. 贞咸宾于帝。(《合集》01402 正.3)

例 12~14 中的"东""嬰""潄"是"于"的处所宾语，例 15 和例 16 中的"侑""宾"是祭祀动词，所对应的"妣己""帝"都是"祭祀对象"，我们把这些"祭祀对象"看作"于"的非处所宾语。

祭祀对象包括先人名、庙号或神名。卜辞中有时一个名词既可以指"处所"也可以指"祭祀对象"，如"壬辰其涉河口睗日"(《合集》，05225)中"河"是"黄河"，表示处所；"贞燎于河"(《合集》03458 正.11)中"河"指"河神"，是祭祀对象。郭锡良认为"祭祀对象"也是一种广义的行为处所(郭锡良，1997：133)。西周以后，"于"的"人物"和"事物"类非处所宾语显然是由"祭祀对象"类宾语引申而来的，因而文中我们把"祭祀对象"看作非处所宾语。

　　随着"于"前动词和"于"后所带宾语更多样化，西周时"V+于+非处所"的语例大量增加。

　　②V+于+时间。这种用法在《尚书》和金文中都不常见。据张玉金的考察，"V+于+时间"在卜辞中也很少见（张玉金，1994：293）。下文的例 17 是《尚书》中的例文，例 18 是金文的例文，例 19 是卜辞的例文：

　　　　17. 故我至于今克受殷之命。(《酒诰》)

　　　　18. 其至于子孙其万年永宝用。(《新收殷周青铜器铭文暨器影汇编》 NA1602)

　　　　19. 辛巳卜其燎于七月。(《合集》33348.2)

　　《尚书》和金文的用法相似，同卜辞有一些差别。首先，卜辞中"于"所带的时间宾语多是时间词（例 19 中的"七月"）；《尚书》和金文中"于"所带的时间宾语只是泛指的某个时间（例 17 中的"今"和例 18 中的"子孙"）。其次，卜辞中祭祀动词都可以和"于+时间"搭配，全句表示动作发生在某个时间；《尚书》和金文中"于"带时间宾语时，只有"至于+时间"一种用法，全句表示的是某一行为所涉及的大致的时间范围。

　　③V+N+于+处所/非处所。N 是 V 带的宾语。《尚书》中的例文如下：

　　　　20. 天降割于我家，不少延。(《大诰》)

　　　　21. 周公初基，作新大邑于东国洛，四方民大和会。(《康诰》)

　　　　22. 皇天既付中国民越厥疆土于先王。(《梓材》)

　　　　23. 有夏诞厥逸，不肯戚言于民。(《多方》)

　　　　24. 罔非在中，察辞于差。(《吕刑》)

例 20 和例 21 中的"我家""东国洛"是"于"的处所宾语，例 22～24 中"先王""民""差"是"于"的非处所宾语，包括"人物"和"事物"两类。金文也有类似的例文：

25. 王归自成周，应侯见工遗王于周。（《集成》 00107）

26. 穆公作尹姞宗室于繇林。（《集成》 00755）

27. 燕侯令堇饴大保于宗周。（《集成》 02703）

28. 王降征令于大保。（《集成》 04140）

29. 作册麦赐金于辟侯。（《集成》 06015）

例 25～27 中的"周""繇林""宗周"是"于"的处所宾语，例 28 和例 29 中的"大保""辟侯"属于"于"的"人物"类非处所宾语。但金文中没有与"差"类似的"事物"类非处所宾语。以下是卜辞的例文：

30. 丙戌伐人方于笋，吉。（《英国所藏甲骨》 2526）

31. 其作龙于凡田，有雨。（《合集》 29990）

32. 祷妇好于父乙。（《合集》 2634）

例 30 和例 31 中的"笋"和"凡田"是"于"的处所宾语，例 32 中的"父乙"是"祭祀对象"，作"于"的非处所宾语。

④于+处所/非处所+V+N。N 是 V 的宾语。以下是《尚书》的例文：

33. 予曷其不于前宁人图功攸终？（《大诰》）

34. 惟三月，周公初于新邑洛用告商王士。（《多士》）

35. 予亦念天即于殷大戾，肆不正。（《多士》）

36. 于父不能字厥子，乃疾厥子。（《康诰》）

37. 惟吊兹，不于我政人得罪，天惟与我民彝大泯乱。（《康诰》）

例 34 和例 35 中的"新邑洛""殷"是"于"的处所宾语，例 33、例 36、例 37 中的"前宁人""父""我政人"是"于"的"人物"类非处所宾语。以下是金文中的例子：

38. 唯十月使于曾，密伯于成周休赐小臣金。（《集成》02678）

39. 用绥作公上父障，于朕考庸季易父秩宗。（《集成》02830）

例 38 中的"成周"是"于"的处所宾语，例 39 中的"朕考庸季易父"是祖先名，属于非处所宾语。以下是卜辞中的例文：

> 40. 于宫田，无灾。(《合集》 29012.4)
>
> 41. 贞于祖辛侑。(《合集》 00776 正.22)

例 40 中的"宫"是"于"的处所宾语，例 41 中的"祖辛"是"祭祀对象"类的非处所宾语。

以上是《尚书》中出现的四组"于"字结构的句式。另外还有两类句式我们也捎带作一说明。一类是"于+V+N"句式。"于"字直接用于动宾结构之前，这种用法不是"于"字结构。以下例 42 是《尚书》的例文，例 43 和例 44 是金文的例文：

> 42. 予得吉卜，予惟以尔庶邦于伐殷逋播臣。(《大诰》)
>
> 43. 唯周公于征伐东夷。(《集成》 02739)
>
> 44. (唯)王于伐楚，伯在炎。(《集成》 04300)

卜辞中没有这种用法，在《尚书》和金文中也不多见。学界多认为这里的"于"是相当于"往"的动词。笔者以为这里的"于"或是前置的"于"字结构省略其后处所宾语的一种用法。由于"于"字结构前置或后置用法更为常见，"于+V+N"句式很快就被淘汰了，句式中的"于"后世被其他趋向动词所代替。这里的"于"跟其他"于"字结构中"于"字的用法不同，我们在其他篇章中另作讨论。还有一类是"于+时间+V+N"句式。《尚书》中没有这一用法，只见于金文和卜辞中，例 45 是金文的例文，例 46 是卜辞的例文：

> 45. 余用乍纯鲁，于万年其永宝用之。(《集成》 02820)
>
> 46. 贞于生七月勿有酌伐。(《合集》 00811 反.3)

金文和卜辞中"于"后所带的时间宾语有所不同：卜辞中是一个具体的时间词，而金文中泛指某个时间。这同前文的"V+于+时间"句式有些类似，总体来看"于"后带时间宾语的用法呈现消失的趋势。

表 1 是各句式在卜辞、金文和《尚书》中的出现情况。

表1　各句式在卜辞、金文和《尚书》中的出现情况

出处＼句式	①V+于+处所/非处所	②V+于+时间	③V+N+于+处所/非处所	④于+处所/非处所+V+N	于+V+N	于+时间+V+N
卜辞	O	O	O	O	X	O
金文	O	O	O	O	O	O
《尚书》	O	O	O	O	O	X

注：表中"O"表示相应文献中使用过这样的句式，"X"表示没有使用过这样的句式。

《尚书》中"于"字结构和第五组"于+V+N"句式的例文用量情况如表2所示。

表2　《尚书》中"于"字结构和"于+V+N"句式的例文用量情况

①V+于+处所/非处所	②V+于+时间	③V+N+于+处所/非处所	④于+处所/非处所+V+N	于+V+N
15 / 64	4	19 / 16	2 / 5	3

这里我们对出现在《尚书》中的前四组"于"字结构做一个总结。

第一，《尚书》和金文的用法大体一致。《尚书》和金文有一处用法不同：第三组"V+N+于+处所/非处所"句式，《尚书》中有人物、事物两类非处所宾语，而金文中只有人物类非处所宾语。《尚书》中的事物类非处所宾语只见于《吕刑》一篇，《吕刑》中多有不见于其他各篇的用法，这一事物类非处所宾语或是后世的用法。其他各组句式的用法《尚书》和金文一样。

第二，《尚书》中的这四组句式在卜辞中都已经出现了，是由卜辞的相同句式引申发展而来的。卜辞中"于"后的非处所宾语只有祭祀对象一类。《尚书》和金文第一组句式"V+于+处所/非处所"中非处所宾语包括人物和事物两类，第三组"V+N+于+处所/非处所"和第四组"于+处所/非处所+V+N"句式中非处所宾语多是人物类。从我们对《尚书》"于"字结构例文统计来看，"V+于+处所/非处所"的例文最多，这可能是这一句式先于其他句式出现"事物类"非处所宾语的原因。

第三，与"V+于+非处所"语例大量增加相反，《尚书》和金文的"V+

于+时间"用法呈现减少的趋势。

第四，无论是卜辞还是《尚书》和金文，"于"字结构后置的语例远多于前置的语例。介词结构后置是卜辞中一个普遍的句法现象，研究卜辞的学者多有提及。陈梦家指出："空间介词和时间介词组常置于命辞之末"（陈梦家，1988：124）。沈培对此曾专门作过论证，所得结论是："凡是既可以前置又可以后置的非时间介词结构，当它前置时，一般都是命辞的焦点，例外极少。可以说，非时间介词结构是以后置为常的"① （沈培，1992：147）。《尚书》和金文中，"于"字结构后置语例多于前置的现象，也进一步证明了西周的各组"于"字结构句式是由卜辞引申而来的。

（二）《尚书》、金文和卜辞中的"在"字结构

我们根据"在"字结构在句中的位置，以及"在"后带什么宾语，将"在"字句归纳为五类，分别是：①V+在+处所/非处所；②V+N+在+处所/非处所；③在+处所/非处所；④在+时间；⑤在+处所+V+N。我们结合金文和卜辞作一对比分析。

①V+在+处所/非处所。《尚书》的例文如下：

47. 兹亦惟天若元德，永不忘在王家。（《酒诰》）

48. 庶群自酒，腥闻在上。（《酒诰》）

49. 夏迪简在王庭，有服在百僚。（《多士》）

50. 惟克天德，自作元命，配享在下。（《吕刑》）

51. 今天相民，作配在下。（《吕刑》）

52. 其惟王位在德元，小民乃惟刑用于天下，越王显。（《召诰》）

53. 裕乃身不废在王命！（《康诰》）

---

① 沈培文中将介词所带宾语分为三类——时间、处所和人物，把介词带处所宾语和人物宾语的结构统称为"非时间介词结构"，这里的"非时间介词结构"同本文的"于/在+处所/非处所"结构。

例 47 和例 49 中的"王家""王庭"是"在"的处所宾语；例 48、例 49、例 51 中的"上""百僚""下"也表示处所，但意思比较抽象，我们仍看作"在"的处所宾语；例 52 和例 53 中的"德元""王命"都是抽象事物，是"在"的非处所宾语。以下是金文的例文：

54. 述东陜，伐海眉，𩫏厥复归在牧师。(《集成》04238)

55. 唯六月既死霸丙寅，师雍父戍在古次，遇从。(《集成》00948)

56. 唯成王大𩵦在宗周，赏献侯𩰋贝，用作丁侯障彝。(《集成》02626)

57. 汝毋敢弛在乃服。(《集成》 02841)

例 54～56 中的"牧师""古次""宗周"是"在"的处所宾语；例 57 中的"乃服"同例 49 中的"百僚"相似，在句中表示抽象处所，我们也仍将其看作是"在"的处所宾语。金文中没有同《尚书》类似的抽象事物作宾语的语例。以下是卜辞中的例文：

58. 壬午卜，王其获在万鹿。(《合集》 10951.2)

59. 其𩵦在父甲，王受祐。(《合集》 27370.4)

60. 其祝在妣辛，有正。(《合集》 27553.2)

例 58 中的"万鹿"是"在"的处所宾语，例 59 和例 60 中的"父甲""妣辛"是"在"的非处所宾语。卜辞中"在"的非处所宾语只有"祭祀对象"一类。

② V+N+在+处所/非处所。N 是 V 所带的宾语。以下是《尚书》的例文：

61. 乃穆考文王肇国在西土。(《酒诰》)

62. 尔尚不忌于凶德，亦则以穆穆在乃位。(《多方》)

63. 敬忌，罔有择言在身。(《吕刑》)

例 61 中的"西土"是"在"的处所宾语，例 62 中的"乃位"和例 63 中的"身"表示抽象处所，仍看作"在"的处所宾语。金文的例文如下：

64. 王令中先省南国贯行，执匜在曾。(《集成》00949)

65. 己亥，王赐贝在阑，用作父己障彝。(《集成》03861)

66. 尸毋动余一人在位。(《集成》02841)

例64中的"曾"和例65中的"阑"是"在"的处所宾语，例66中的"位"是"在"的抽象处所宾语。金文中这一用法不多见，且多是出现在西周早期。《尚书》和金文中，"在"后都没有诸如"人物"或"事物"类的非处所宾语。以下是卜辞中的例文：

67. 癸未卜王曰贞有卩在行，其左射□。(《合集》24391.2)

68. 其辇年在毓，王受年。(《合集》28274.2)

例67中的"行"是"在"的处所宾语，例68中的"毓"属于"祭祀对象"一类的"在"的非处所宾语。

③在+处所/非处所。《尚书》中的例文如下：

69. 艰大，民不静，亦惟在王宫邦君室。(《大诰》)

70. 肆汝小子封在兹东土。(《康诰》)

71. 辜在商邑，越殷国灭无罹。(《酒诰》)

72. 罔非在中，察辞于差。(《吕刑》)

73. 穆穆在上，明明在下，灼于四方，罔不惟德之勤。(《吕刑》)

74. 怨不在大，亦不在小。(《康诰》)

75. 非终惟终，在人。(《吕刑》)

这类用法在《尚书》中例文最多。句中没有其他动词，"在"独立作谓语。例69~71中的"王宫邦君室""兹东土""商邑"是实际处所，例72和例73中的"中""上""下"是抽象处所，我们都将其看作是"在"的处所宾语；例74和例75中的"大""小""人"是"在"的非处所宾语，这些非处所宾语包括"事物"和"人物"两类。"在+非处所"是"在+处所"用法的引申，"在"的词意及语法功能是一样的。金文也有类似用法：

76. 正月，王在成周，王迓于楚麓。(《集成》 02775)

77. 唯王元年三月既生霸庚申，叔氏在大庙，叔氏令史𤼈。(《集成》 00060)

78. 文王德在上，丕显王作省。(《集成》 04261)

79. 皇考严在上、异在下。(《集成》 00239)

80. 昔在尔考公氏，克弼文王。(《集成》 06014)

例 76～79 中的"成周""大庙""上""下"是"在"的处所宾语，例 80 的"尔考公氏"是"在"的非处所宾语。卜辞中"在"字结构多置于某一动词或动宾结构之后，少量置于动词或动宾结构之前，例 58～60、例 67、例 68 以及例 96～99 都是这样的句式，但没有独立成句的用法。

④在+时间。《尚书》的例文如下，

81. 在昔殷先哲王，迪畏天显、小民。(《酒诰》)

82. 若生子，罔不在厥初生，自贻哲命。(《召诰》)

83. 在今后嗣王，诞罔显于天，矧曰其有听念于先王勤家？(《多士》)

84. 在今尔安百姓，何择非人？何敬非刑？何度非及？(《吕刑》)

《尚书》中"在"之前没有主语。金文中有同《尚书》类似的用法，也有"辰在+时间"的形式，例如：

85. 在戊辰，燕侯赐伯矩贝，用作父戊障彝。(《集成》 00689)

86. 在昔先王小学，汝敏可使，既令汝更乃祖考司小辅。(《集成》 04325)

87. 唯王既燎，厥伐东夷，在十又一月，公反自周。
(《新收殷周青铜器铭文暨器影汇编》 NA1442)

88. 唯王八祀正月，辰在丁卯，王曰……(《集成》 02830)

《尚书》中，"在"后没有具体的时间词，多是"今""昔"这样泛指时间的词汇。金文中有表示具体时间的时间词，两类文献稍有差别。同样，这种将"在+时间"置于句前的用法也是西周才有的。①

另外，殷商晚期的卜辞中，有很多"在+时间"置于句末的用法，这样的书写方式西周早期仍有使用，例如：

89. 唯王饗醴大室，在九月。　（《集成》 02708）

90. 王命周公後，作册逸诰，在十有二月。（《洛诰》 211）

91. 作厥祖宝障彝，在十月。（《集成》 03749）

⑤在+处所+V+N。N是V的宾语。这一句式中"在"后没有非处所宾语的例文，《尚书》中只有一例，如下：

92. 戊辰，王在新邑烝祭岁。（《洛诰》）

金文中有相似的用法，但对全句断句不同，例文如下：

93. 康侯在朾师，赐作册瞏贝，用作宝彝。（《集成》 02504）

94. 唯正月初吉，君在維既宫，命遹事于述土。（《集成》10321）

95. 唯王三祀四月既生霸辛酉，王在周，各新宫。（《集成》 04214）

这一用法在金文中较常见，但多在"在"字结构和动词之间有点断，释文作者或认为此处的"在+处所"可以独立成句。我们暂将金文中的这些语例归入"在+处所+V+N"，后文再作分析。卜辞有相同的句式例文，如下：

---

① 卜辞中有"在+时间+V+N"句式，这一句式同西周的"在+时间"句式看上去都是放在另一动词之前，但两者是不一样的：西周的"在+时间"与其后的动词之间常有主语隔开，"在"之前有时有表示时间的"辰"字，"在+时间"更像一个独立的句子，同"在+处所/非处所"句式类似。卜辞中的"在+时间+V+N"同前文提到的"于"字结构前置类似，是为了把"在+时间"看作全句的焦点，本身不能看作独立的句子。

96. 癸未，在兹酓葬。（《合集》 33316.2）

97. 己亥卜，争贞，在姷田，有正雨。（《合集》 10136 正.3）

98. 戊辰贞，其葬生于妣庚妣丙，在祖乙宗卜。（《合集》 34082.2）

99. 丙午卜，在商贞，今日步于乐，无灾。（《合集》 36501.2）

《尚书》、金文同卜辞都有"在+处所+V+N"句式，但句式来源不同。卜辞中，"在"字结构前置不常见。同"于"字结构前置的目的一样，"在"字结构前置是为了将其看作全句的焦点。金文中"在"字结构后常断开，结构可以看成一个独立的句子，与后面的动词 V 构成的是连动式。我们在3.1 中再具体分析《尚书》、金文中的这个"在"字。

表 3 和表 4 是各句式在卜辞、金文和《尚书》中出现的情况。

表3　各句式在卜辞、金文和《尚书》中的出现情况

句式\出处	①V+在+处所/非处所	②V+N+于+处所/非处所	③在+处所/非处所	④在+时间	⑤在+处所+V+N
卜辞	O	O	X	前置：X / 后置：O	O
金文	处所：O / 非处所：X	处所：O / 非处所：X	O	前置：O / 后置：O	O
《尚书》	O	处所：O / 非处所：X	O	前置：O / 后置：O	O

注：表中"O"表示相应文献中使用过这样的句式，"X"表示没有使用过这样的句式。

表4　"在"在《尚书》中的例文用量统计

句式	①V+在+处所/非处所	②V+N+在+处所/非处所	③在+处所/非处所	④在+时间	⑤在+处所+V+N
用量	5 / 1	4 / 0	9 / 5	前置：5 / 后置：1	3

我们对比金文和卜辞，可以对《尚书》的这五组"在"字结构句式做一个总结。

第一，《尚书》和金文的用法大致相同。一些不同的地方或有后人修改的痕迹，或是书写体裁不同所致，但大体上是一致的。

第二，第一组"V+在+处所/非处所"和第二组"V+N+在+处所/非处所"句式中的非处所宾语并不常见。大部分只能看作抽象处所，仍是处所宾语

范畴。《尚书》有少量抽象事物作宾语的例文,金文中我们没有看到相似的用法。这说明即使金文中有一些"事物"作宾语的用法,也是很少见的,"在"字结构后置时,仍是以处所宾语为主。这两组句式卜辞中已经出现了,但从"在"后所带的宾语来看,西周多沿用的是卜辞中"V+在+处所"和"V+N+在+处所"的用法,并没有向着"祭祀人物"一类非处所宾语的方向发展下去。

第三,第三组"在+处所/非处所"和第四组"在+时间"句式在《尚书》和金文中通常位于句前,且可以独立成句,这是西周才出现的句法现象。

第四,《尚书》、金文中的"在+处所+V+N"虽然跟卜辞的"在+处所+V+N"的句式结构相同,但两句式来源不同,《尚书》、金文中的"在+处所+V+N"不是从与卜辞相同的句式中引申而来的。

二、"于"字结构和"在"字结构的比较

从我们对"于"字结构和"在"字结构各组句式的分析来看,卜辞中的"于"字结构和"在"字结构无论句法形式还是所带宾语都有很多相似的地方。学界多将卜辞中的"在"看作介词,理由至少有两个:一是认为"在"主要起引介时地的作用;二是"在"的句法位置跟"于"相同,"于"在句中被看作介词,"在"也应是介词①。

"于"字结构和"在"字结构的差别出现在西周以后,"在"字结构可以独立成句,"在"是全句的谓语,而"于"字结构则没有这种用法。这一节我们分两个部分,首先分析"在+处所/非处所"和"在+时间"的出现和演变过程;第二部分比较其他"于"字结构和"在"字结构之间

---

① 喻遂生曾对举若干组"在"字结构和"于"字结构例文,以证明文中的"在"只能看作是介词,以下三例取自喻文中:

其求在父甲,王受佑? （《合集》 27370）
贞,求于上甲,受我佑? （《合集》 1171 正）
其侑于父庚羌? 弜侑羌? 其侑在父庚? （《怀特氏等所藏甲骨》 1374）

的异同。

（一）《尚书》、金文中的"在+处所/非处所"和"在+时间"

《尚书》、金文中的"在+处所/非处所"可以联系一个主语和一个宾语，形成完整的句子，"在"字在句中作谓语，这种用法在卜辞中是没有的。"在+时间"也见于卜辞，卜辞中的"在+时间"都是放在句末，是为了标明全篇内容的书写时间，而《尚书》、金文中的"在+时间"多用于句前，是为了交代某件事发生的时间，两者是不同的。由此可以看出，《尚书》、金文中的"在+处所/非处所"和"在+时间"是西周才出现的语言现象。这里我们需要对这两组句式的出现做一分析。

除了上文提到的跟"于"相似的用法以外，"在"字在卜辞中还有一种句法形式："在"字结构和另一动词连用时，有时动词和"在"字结构之间有其他词汇隔开，例如：

100. 贞弗其擒九月在鯀。（《合集》 10994）

101. 乙巳卜争贞燎于河五牛沈十牛十月在斗。（《合集》14553.2）

例 100 "在"用在动词"擒"之后，"在鯀"和"擒"之间有时间词"九月"。例 101 中动词"燎"之后即带有补语"于河"，又带有宾语"五牛沈十牛"，之后是说明动作发生时间的"十月"和说明动作发生处所的"在斗"。即使"在"在句中仍可以看作引出动作发生地点的介词，也能看出它对其前的动词的黏附不是那么强。另外，上文已经提到，殷商晚期的卜辞中，有很多"在+时间"置于句末的用法，这样的"在+时间"是为了说明全篇的写作时间，同"在"前面的动词没有什么语义上的联系。这里的"在"是相对独立的（我们之所以说是相对独立，是因为"在"之后只能是处所宾语或时间宾语）。这说明卜辞中的"在"字结构没有"于"字结构那么稳定，可以独立带宾语，"在"的动词词性还很强。这就为"在+处所/时间"前移提供了条件。①

西周以后，书写格式发生了变化，在叙述某件事的起因、经过、结果之前，总是先交代事件发生的时间和地点，这同现代汉语的书写方式非常相似，下文例 103～108 及例 110～114 都是这样的格式。《尚书》各篇用"在"的例文不多，我们通过金文作一说明。

金文中"在+处所"前置有四种句式。

第一，"在+处所"与另一动词的主语不同，两个主语分别放在"在+处所"和另一动词之前。例如，

102. 公违省自东，在新邑，臣卿赐金，用作父乙宝彝。（《集成》 02595）

103. 唯九月初吉戊戌，王在大宫，王姜赐不寿裘。（《集成》 04060）

104. 唯王五月初吉甲寅，王在康庙，武公佑南宫柳，即位中廷，北向。（《集成》 02805）

第二，"在+处所"与另一动词有一个共同的主语，这个主语分别出现在"在+处所"和另一动词之前。例如，

105. 正月，王在成周，王弋于楚麓。（《集成》，02775）

106. 唯王元年三月既生霸庚申，叔氏在大庙，叔氏令史𨢶。（《集成》 00060）

107. 唯二月王在宗周，戊寅，王各于大庙，密叔右趞，即位。（《集成》 04266）

108. 正月既望甲午，王在周师量宫，旦，王各大室，即位。（《集成》 04251）

109. 王在周康穆宫，王令尹氏友、史趚，典善膳夫克田人。（《集成》 04465）

---

① 这里的前移是"在"字结构作为独立的句子的整体迁移，而非卜辞中作为全句焦点时的"在"字结构前移。

第三，"在+处所"与另一动词有一个共同的主语，这个主语放在"在"之前。《尚书》中出现的例子（例92）即是金文中的这类用法。

110. 唯王十又二年三月既望庚寅，王在周，各大室，即位。（《集成》 04244）

111. 唯正月初吉，君在雍既宫，命遹事于述土。（《集成》 10321）

第四，"在+处所"前没有主语，后面的动词前带有主语，例如：

112. 霅若翌，在辟雍，王乘于舟。（《集成》 06015）

113. 唯九月既生霸辛酉，在燕，侯赐畬贝、金。（《集成》02749）

114. 唯三年三月初吉甲戌，在周师录宫，旦，王各大室，即位。（《集成》 04277）

第一类、第二类句式中，"在"和另一动词前各有主语，"在"的动词词性很容易看出来。第三类、第四类句式，有学者认为应该看成"在"字结构作状语，如果我们比较例108、例110和例114，三句的意思并没有太大差别。因而把第三类、第四类用法中的"在"字看作介词是不恰当的。应该承认的是：第三类用法的出现，促进了后世"在"同其后动词的融合，在这一位置上虚化为了介词。

除了"在+处所"前置语例增加以外，"在+时间"前置的用法也增加了，例如：

115. 唯八月，辰在乙亥，王在蒡京。（《集成》 02725）

116. 唯公大史见服于宗周年，在二月既望乙亥，公大史咸见服于辟王，辨于多正。（《集成》 05432）

117. 唯十又二月，王初饔旁，唯还在周，辰在庚申，王饮西宫，蒸。（《集成》 05431）

"在+时间"常常有"辰"字，意为"时间"，可以看作"在"的主语，有时没有"辰"字。这里"在"同后面的动词之间没有直接的语义关系，而且后一动词前常常带有主语，因而"在"也应该看作动词。

笔者以为，"在"在卜辞中是有动词词性的，但卜辞中"在"字结构常与其他动词连用，句法结构同"于"相似，"在"的动词词性往往被忽略了。西周的书写格式发生了一些变化：叙述某个事件经过之前，先交代事发的处所和时间，这促使一部分"在+处所/时间"前移，"在"的动词词性得到了凸显，而后又在"在+处所"的基础上引申出"在+非处所"的用法。

（二）其他"于"字结构和"在"字结构的比较

除了一部分"在"字结构西周时前移以外，还有一部分"在+处所"仍保持着卜辞中"V+（N）+在+处所"的用法。我们这里对"V+（N）+于+处所/非处所""于+处所/非处所+V+（N）""V+（N）+在+处所/非处所""在+处所/非处所+V+（N）"从殷商到西周的演变做一对比。

从句法位置上看，无论"于"字结构前置还是后置，其演变一直是在"V+（N）+于+～"和"于+～+V+（N）"句式中发生的，"于"后的宾语经历了"处所→祭祀对象（抽象处所）→现实人物→事物"的变化过程，而句式本身并没有发生变化。这说明"于"在殷商卜辞中的虚化程度已经很高了，在句中不能脱离另一动词独立存在。

殷商的"在"字结构同"于"字结构的句法位置很相似，都有前置和后置的形式，我们在前文已经提到。西周时"在"字结构无论是后置还是前置，同"于"字结构都有不同：第一，"在"字结构后置时，"在"的宾语只引申出抽象处所的用法，仍属于处所宾语。人物、事物等非处所宾语的用法很少见。第二，前置的"在"字结构是一个独立的句子，它并不黏附于后面的动词，"在"字结构在这个位置上，一是"在"作为谓语动词，其后的宾语由"处所"向"人物""事物"类非处所宾语演变；二是逐渐与其后的动词融合，逐渐成为前置的介词。由此也可以看出，殷商用法相似的"于"字结构、"在"字结构，到了西周其在句中的功能分化了，这是上古汉语表达进一步细致的体现。

卜辞中的"于"字结构和"在"字结构有三组与时间相关的句式，分别是"V+于+时间""于+时间+V+N""在+时间+V+N"。《尚书》和金文中只有"V+于+时间"一类，且都是"至于+时间"的表现形式；"于+时间+V+N"不见于《尚书》，金文中仍有使用，但只表示大致的时间范围，不同于卜辞可以表示一个具体的时间；《尚书》和金文中没有"在+时间+V+N"，取而代之的是"（辰）在+时间"的用法。笔者以为，导致卜辞中这三类句式减少的原因是，西周时说明动作发生时间的表现形式前移了，一是时间词直接位于句首，二是"（辰）在+时间"位于主谓宾之前。这两种时间表达形式代替了卜辞中的句式。

小　　结

殷商卜辞中"于"字结构和"在"字结构的句法位置和句法功能有很多相似之处，因而很多学者常常将两字一并看作介词。但在《尚书》和西周金文中，"在"字结构同"于"字结构具有明显的差别：西周的"于"字结构是由殷商卜辞中相同的句式发展引申而来的，句式结构并没有发生变化。西周一部分"在"字结构仍保留着殷商卜辞中后置的用法，还有一部分"在"字结构，以独立句子的形式出现在另一动词谓语句之前，这时的"在"是动词。后世"在"在这一位置上逐渐虚化为可以作状语的介词。

我们借此也可以解释现代汉语中"于"字结构和"在"字结构的一些句法现象："于"字结构无论后置作补语，还是前置作状语都是殷商卜辞句法形式的遗留。后置是卜辞中常见的句法形式，前置是为了将"于"字结构看作全句的焦点。同样，"在"字结构后置作补语，也是卜辞的遗留；而"在"字结构前置作状语，则经历了三个过程，即首先是卜辞中位于句末的"在"字结构，以独立的句子形式前移，而后又同后面的句子融合为连动句，进而在连动句前一动词的位置上虚化为介词。

参 考 文 献

陈梦家. 1988. 殷墟卜辞综述. 北京: 中华书局.
崔永东. 1994. 西周金文虚词集释. 北京: 中华书局.

郭锡良. 1997. 介词"于"的起源和发展. 中国语文, (2): 131-138.

黄伟嘉. 1987. 甲金文中"在、于、自、从"四字介词用法的发展变化及其相互关系. 陕西师范大学学报, (1): 66-75.

梅祖麟. 2004. 介词"于"在甲骨文和汉藏语里的起源. 中国语文, (4): 323-332.

裘锡圭. 2012. 谈谈殷墟甲古卜辞中的"于"//裘锡圭. 裘锡圭学术文集·甲骨文卷. 上海: 复旦大学出版社.

沈培. 1992. 殷墟甲古卜辞语序研究. 台北: 文津出版社.

王力. 1996. 汉语史稿. 北京: 中华书局.

杨树达. 1979. 词诠. 北京: 中华书局.

喻遂生. 2002. 甲骨文"在"字介词用法例证. 古汉语研究, (4): 51-53.

张玉金. 1994. 甲骨文虚词词典. 北京: 中华书局.

张玉金. 2004. 西周汉语语法研究. 北京: 商务印书馆.

武天片方言底层声母特殊变读的类型分析

李华斌（黔南民族师范学院）

据黄雪贞《西南官话的分区》（1986年），武天（门）片有汉口、汉阳、武昌、汉川、天门、沔阳、京山等八县市，它们处在长江和汉水的交流处，方言区内部差异不大。一般来说，该片的声母在16～19个，全浊声母消失，n和l不分，尖团不分，古精知庄章组的洪音字统读为ts、tsʰ、s，见组的部分二等字未颚化，全浊声母的仄声字在白读层中有读送气清音声母的现象等。该片韵母的共同点是大部分-ŋ混入-n，"臻（不包括元韵）梗曾深摄的帮见精影组和来母"的开口（包括少数合口）细音字统读为in，山（包括元韵）咸摄的开口（包括少数二等）细音字统读为ien；"通摄的阳声韵字"和"梗曾摄阳声韵的唇音和唇齿音字"（"崩逢风棚"等字）都读oŋ；遇摄和"通摄入声"的舌齿音字（"杜吐奴租苏初竹族督"等字）混入流摄；端组和来母的合口字（"端短团暖酸队腿敦吞伦尊村孙"等字）①的u介音丢失；戈歌韵的牙喉音一等字（"戈歌可何河"等字）读o；药觉韵字（"角确学药觉若"等字）一律读io；日母的止摄开口三等和质韵字（"儿而二尔日"等字）读ɯ或ɤ；梗摄合口三等的阳声韵字（"倾永营"等字）白读yn，梗摄合口二等的阳声韵字（"横"等字）白读uən；蟹摄二等牙喉音的开口字（"皆戒界鞋街阶"等字）读ai；止蟹摄开口细音的唇音字（"臂披糜闭批"等字）部分读ei；明母"屋韵字和侯韵个别字"（"木目母"等字）白读oŋ

---

① 武昌、京山方言蟹摄齿头音的合口介音不丢失，如"罪"读ᵗsʉei，"脆"读 tsʰʉeiˀ，"随"读ˢsʉei。

或 uŋ；"去"字白读为 kuɤˀ或 kɤˀ等。该片声调的共同点是平声分阴阳，去声不分阴阳；入声韵已消失，无塞尾或喉塞尾；不同点是武昌、汉口、汉阳、京山的入声绝大多数归入阳平，而汉川、沔阳、天门还残存着部分入声调。①

汉语方言中声母之间的换读，产生的原因有古音、又音、训读、避讳、类化造成的讹读等。"孵小鸡"的"孵（滂虞合三平）"全国很多方言点读"抱"，声母保留了古音；"喷雾器"的"喷"武汉、长沙等读 fenˀ，是因为《广韵》注了普魂（今音₋pen）、普问（今音 penˀ）二切，《集韵》又注了方问（今音 fenˀ）、芳问（今音 fenˀ）二切；厦门话"田"读₋tsʰan，是因为"田"训读"塍（船蒸开三平）"；"屌（端萧开四上，男性生殖器）"避讳作"鸟"ˀniau；"揆（群脂合三上）"通语读kʰuei，是受同声符字"葵暌睽"等读音的感染造成的讹读。（钟明立，2008：77）武天片中一些特殊的变读，它们的韵母、声调相同，而声母不同，声母变读的原因与上不同，也非语流音变造成的。这些变读目前不是系统性的语音现象，但变读字在口语中高频使用，不仅存在于武天片的八县市，辐射到周围的黄孝片、大通片、鄂北片、常鹤片等，也零星地存在于非官话的方言点中。这些残存的零星的变读是汉语方言史的重要资料，目前还未见研究文章，今钩稽一些，归纳它的变读类型和分析成因。

一、双唇鼻音和双唇塞音的变读分析

武天片方言中，"口②ˀ₋miɛ（或ˀmie）断"可说成"ˀpʰiɛ（或ˀpʰie）断"；"盲（明庚开二平）₋maŋ 人"可说为"₋piaŋ 子（盲人）"③。

---

① 武天片的语音特点是从赵元任、丁声树、杨时逢、吴宗济、董同龢著《湖北方言调查报告》（国立中央研究院历史语言研究所专刊，商务印书馆民国三十七年（1948年）版）第49～205页中记载的方言描写中归纳出来的。

② 疑为"撤"。 撤是入声字，入声字在西南官话中一般读阳平，而它在武天片方言中读上声。

③ 盲是二等字，二等字在方言音变中较特殊，有些二等字未完成细音化的运动。它们在方言中部分读洪音，部分读细音，如"咬（疑肴开二上）"武天片白读 ŋau³，文读 iau³，处于细音化的词汇扩散阶段。

　　双唇鼻音和双唇塞音的变读现象在语言中广泛存在。晚唐五代西北汉语方言中就有，如汉藏对音《千字文》《大乘中宗见解》和藏文译音《金刚经》《阿弥陀经》中，凡不附-n 和-ṅ收声的明母字都对音或译音'b（罗常培，2012：187-188）。邻近汉语的阿尔泰语言中也有，中古蒙古语（《蒙古秘史》《穆卡迪玛特字典》）的 qabar（鼻子）在现代蒙古口语中为 χamar（力提甫·托乎提，2002：153）；突厥语族中词首的 b 与 m 相交替，如鄂尔浑碑铭的《暾欲谷碑》bæn（我）-《毗伽可汗碑》mæn（我）-现代土耳其语 bæn（我）（李增祥，1992：234），词中的 p 与 m 相交替，如诺盖语 ašpaq（打开）-维吾尔语 ašmaq（打开）（力提甫·托乎提，2002：71）。

　　武天片方言残存的这种变读可能有特殊原因。朱晓农等通过对北部赣语的浊音普查，发现都昌、星子、湖口、武宁、修水、共青城、德安、瑞昌、波阳九地有 ɓ-、ɗ-（朱晓农等，2009）。这些地区是江汉流域洪武移民的主要来源之一。元末，陈友谅在沔阳、汉川、汉阳一带起兵，声势浩大，当时民谣说"满城都是火，官府到处躲。城里无一人，红军府上坐"。元朝廷的围剿和朱元璋的统一战争使江汉流域的人口损失较大，大部地区几无人烟。同治《汉川县志》："（元末）川沔一带，烟火寂然，至明初仍是土旷赋悬，听客户插草立界。"道光《安陆县志》："（元末）兵燹以来，晨星而列雁户者又几何，闻之老父，言洪武初大索土著弗得，惟城东有老户湾屋数楹，而无其人。"由于人口稀少，洪武年间从江西迁往湖北的移民约为 69 万（葛剑雄，1997：148），占当地总人口的 40%左右。红巾军起义的策源地之——沔阳、汉川、汉阳等地的比例更高一些。从浊音普查和移民史来看，武天片方言可能曾有弱的双唇内爆音 ɓ。它是最早被发现的世界上最为普通、常见的内爆音，在东南亚地区较早发现的各种语言中广泛存在。内爆音国内早期称为先喉塞音，发音机制是口腔成阻，声带振动，降低喉头，压低舌位，鼓起脸颊，以扩大口咽腔容积，造成口腔内空气稀化，气压降低，导致在除阻时，口腔内气压低于口腔外气压，以至气流从外向内冲入，形成往内爆破的塞音。赵元任 1928 年在吴语中最先发现的"阴调真浊音"，1935 年描写了两类强弱内爆音，即吸气音'b/ɗ/'g

和紧喉音ˀb/ˀd/ˀg。李方桂（1943）称侗台语、吴闽粤语中的内爆音为pre-glottalized consonants（先喉塞音）。朱晓农认为发弱内爆音或内爆音发得不到位时，喉头状态与一般浊音相似，只是稍稍下降，口腔内气压与外面大气压大致相当，因而爆发不明显，无明显的空气运动，这些语音学上的变体都使得内爆音在听感上接近鼻音、鼻冠音（朱晓农，2010：221）。除吴语外，赣北赣语、潮汕闽语（朱晓农等，2009）、海南话（朱晓农和寸熙，2006）、维吾尔语（王文敏和陈忠敏，2011）等都发现有 ɓ-。晋方言的并州片、吕梁片、五台片米脂、志延片安塞等几十个方言点的鼻音声母均带有同部位的塞音成分（乔全生，2008：56），侗台语、苗瑶语、东部彝语有鼻冠音 mb-等声母。一般认为鼻冠浊声母或先喉塞音或内爆音声母来自侗台语等的底层[①]，但从西北晋语、维吾尔语等材料看，它受东南侗台语影响的可能性较少，笔者同意朱晓农的观点（朱晓农，2010：221-223），认为它是自然音变形成的。

武天片方言的双唇内爆音消失的原因是经历一番较长的涵濡同化，洪武时期江西移民的方言在迁入后逐渐为官话所吞没（葛剑雄，1997：518-519），发生了 ɓ>m 或 ɓ>b>p/pʰ 等的变化。ɓ>m，因为弱的 ɓ 听感上近似 m，ɓ 混入 m；ɓ>b>p/pʰ，因为气流由内变为向外爆破，由标记的 ɓ 变为默认的 b，再清化为 p/pʰ。侗台语就有例证，原始侗台语的ˀb 分化出 m 和 b，b 再清化为 p，如"肚子"黎语通什话 pok⁸、黑土话 mok⁸、壮语龙州话 muk⁸、临高话 boˀ⁸（吴安其，2002：204）。

双唇塞音变为双唇鼻音是一种弛变音，是发音部位逐步松弛，自身特征衰减造成的弛化现象。它在相对封闭的语言系统中发生，封闭状态下的语言往往缺乏自组能力，语言元素之间相互区别和相互制约的功能逐步减弱，系统转入一种易于弱化衰变的状态（江荻，2007：15）。

---

　　① 例如，陈忠敏《作为古百越语底层形式的先喉塞音在今汉语南方方言里的表现和分布》（《民族语文》1995 年第 3 期）认为南方诸语言的先喉塞音是古百越语底层的表现。另外，吴安其（《汉藏语同源研究》第 237～239 页）认为侗台语先喉塞音ˀ来源于清塞音*k-/q-，它们的失落使词根的浊塞音或浊鼻音声母成为带先喉塞音的声母，本文不采用这种说法，因为喉塞音来源小舌音或舌根音，仅是阻塞部位向前挪动，没有解释ˀb>b/m 的原因。

　　另外，在轻读或非重读情况下，从非鼻音变读鼻音往往是弱化（江荻，2007：171），但上述双唇鼻音和双唇塞音的变读不处在轻读或非重读情况下，因而它不是弱化造成的音变现象。

二、边音与齿龈塞音的变读和成因

　　武天片方言中，"耳屎□ ˪lau①出来了"的"˪lau"又说"˪tʰau"；"顺手□ ˪ləu② 走了"的"˪ləu②"又说"˪tʰəu"③。武天片方言与益阳话不同，它的端组字整体上不变读 l-，就不存在 t>l 的系统性音变。˪tʰau 和˪tʰəu 是文读，出现较晚；˪lau 和˪ləu 是白读，时间层次相对古老一些；因而这是边音演变成齿龈塞音而不是相反造成的音变现象。

　　边音变读塞音的现象称为流音塞化，在汉语方言、民族语言等常见。江西临川来母细音读 t，如"良"tioŋ²；湖口细音读 d̠，如"绿""六"d̠iuʔ⁸（郑张尚芳，2012：153-154）。湖北崇阳来母细音读 dʰ，如"立"dʰi⁶（黄建群，2002：256）；蒲圻来母细音读 d，如"李"di³（黄建群，2002：210）。湖南祁阳来母字在开口细音前和阳调中读 d，如犁 di²（王仲黎，2010）。汉语的来母字"落""裂"壮语借入为 tok⁷、teːk⁷，壮语的声母本有 l，却借入为 t。台语"梯子"龙州话 dai¹、版纳话 dai¹、邕宁话 lai¹、傣拉话 lai¹（吴安其，2002：194）；"黑"武鸣壮语 dam¹、临高话 lam¹、黎语通什话 dam³、布央语ʔdam¹④（吴安其，2002：237）；"月亮"景颇语 ta¹、独龙语 la¹、博嘎尔珞巴语 lo、达让僜语 lo¹⑤（吴安其，2002：146）。David odden 指出非洲 Setswana（Botswana）语中边音 l 与塞音 d 为同一音位的变体

---

　　① 次浊声母的字应读阳平，但在武天片方言中读阴平。
　　② 同上。
　　③ 南方的很多汉语方言，如贵州的黔南、黔东南等方言，"˪ləu 走"为"˪təu 走"。
　　④ 布央语原书标注为 24 的调值，与武鸣、临高、通什话调类不一致，统一改为调类标注。马贯布央语声调五个，24 为第一调，见李锦芳《富宁布央语调查研究》（《中央民族大学学报》2002 年第 1 期）。
　　⑤ 原书采用调值标注，景颇语为 33，独龙语为 55，达让僜语为 55。景颇语声调四个，33 为第一调；独龙语声调三个，55 为第一调（参见孙宏开《独龙语简志》第 17 页，民族出版社，1982 年）；达让僜语声调四个，55 为第一调。

（Odden，204：50）。

李方桂根据来母跟透母谐声（如赖：獭；礼：体）的现象，推测上古汉语有一个清边音 hl-。（李方桂，1982：20）罗美珍认为它是古代复辅音 tl-或 tr-的遗留，有的地方丢失了 t-就变成了 l-，有的地方丢失了 l 就变成了 t。（罗美珍，1994）孙宜志认为来母读 t、tʰ、d 的条件是细音。（孙宜志，2003）王仲黎认为齿化边音 ḷ受 i 介音的影响，为求得发音和谐而向齿龈靠拢，并改变除阻方式，发生 ḷ>d 的变化；阳调是浊声母的伴随特征，它对古来母字的塞化起了制约作用，使来母的次浊入声字发生 ḷ>d 的变化较其他阳调要慢。（王仲黎，2010）

武天片方言的来母读 tʰ 与复辅音和清边音无关；它在洪音和阴调前变读 tʰ，表明发生音变的条件不是细音和阳调。上举的"落"是一等字，壮语借入为 tok⁷。湖南益阳话的定母洪音字读 l-，如"图"ləu²，"弹"lan²（陈蒲清，1981），可反证细音不是音变的条件。声调是音节（主要是浊辅音、元音）的伴随特征，声母的清浊对声调有影响，如浊声母使调头变低，但声调一般不能制约声母，因而阳调或阴调都不是音变的条件。从语音特征看，l 与 d 同为龈音，发音部位相同，在发音方法"边流"的特征上形成对立，在一定条件下能发生转化。笔者认为来母在前或央元音前先舌尖化（不是齿化），再塞化为边除阻的 dˡ，然后失去边除阻的调音特征，变成舌尖中塞音 d。声调对它的音变无制约关系。为何武天片的方言来母塞化后为送气音？江汉地区的居民相当一部分是洪武时期的江西移民，武天片方言有赣语的底层，赣语的 d 一律清化为 tʰ，可凭此推测武天片方言浊音清化的时间至少在明初。来母塞化的音变过程是 l>ḷ>dˡ>d>tʰ（表 1）。

表 1　d 与 ld 的语音差别

辅音	响音	浊	送气	鼻	连续	边流	舌冠	龈前	宽组
l	+	+	−	−	−	+	+	+	+
d	+	+	−	−	−	−	+	+	+

三、舌尖塞音与双唇塞音的变读和成因

武天片方言中，"调ₛtʰiau 羹（一种舀汤、羹等的器具）"的"ₛtʰiau"说为"ₛpʰiau"。

t 与 p 的变读不能由复辅音*pt-、前缀*pa- *ta-等来解释，因为 p、t 的响度相同，构拟复辅音违反了音节响度顺序原则；由冠音*p-、*t-或前缀*pa-、*ta-来解释与汉语的特点不符，因为从汉藏语看，有鼻冠 m-、咝冠 s-常见，而塞冠 p-、t-不常见，汉语是形态贫乏的语言，中古以后的汉语音节无冠音或前后缀。这是一种特殊的方音现象，由特殊的发音习惯——唇化造成的。舌尖中塞音变读唇塞音，阻塞部位由舌变唇，发生了唇化。合口介音一般认为是后起的，声母 t 滋生-w-后，受它的影响，发生唇化，变成 p。笔者认为合口介音-w-是唇化的诱因。"调ₛtʰiau"变读"ₛpʰiau"的过程是 tʰ 先滋生出-w-，受-w-的影响，发生了唇化；再受韵尾-u 的异化，丢失了-w-，即 tʰiau> tʰwiau> pʰwiau> pʰiau。

四、舌面前塞擦音与舌尖中塞音的变读和成因

武天片方言中，"豌豆尖"的"尖（精盐开三平）ₛtɕien"可说成"ₛtien"。"尖"读 t-，在今南方汉语方言分布较广，如江西崇仁读 tian[1]（孙宜志，2007：106）、贵州德江读 tien[1]。[①]据《中国语言地图集》，粤语勾漏片、吴化片、四邑片有精合流于端的现象；厦门、潮州、福州、建瓯的"焦"读 t-。[②]精组和知二庄组塞化的现象在今闽语、赣语、湘语等都有发现。辛世彪认为"海南闽语的塞化是在临高话的影响下音位重组时发生链变的结果"（辛世彪，2005）；陈立中认为"赣语中塞擦音塞化"是百越民族语言的影响造成

---

① 材料来自作者的未刊稿《德江方言的同音字汇》。

② 材料来自徐蔚然《汉语方言间塞音与非塞音之间的变换》第 39 页，山东大学硕士学位论文，2005 年。

的①，刘纶鑫认为是上古汉语语音特点的保留（刘纶鑫，1999：286），孙宜志认为"精庄知二组今读 t、tʰ，主要与今韵母的洪细、今声母发音方法的特点有关"（孙宜志，2007：107）。

武天片方言、北部湘语、北部赣语等不与壮侗语毗连，精组字塞化的现象不大可能是因为与壮侗语的接触。黄侃、高本汉、李方桂、王力等上古音声母系统都有塞擦音；郑张尚芳等的上古音无塞擦音，他们构拟的上古音中，精组字来源于 sC/s/z，其中 sC 包括 sk/sq/st/sp/sm/sn/sd/sg/sb 等，与端组有关系的 st/sq 仅为很少的一部分，从整体看，"精归于端"是伪命题，不成立，塞擦音的塞化与古音无关。韵母的洪细不是精组塞化的条件，因为精组的洪细都可塞化。细音塞化的例子如上举的"尖""焦"；洪音塞化如海南闽语"北部方言中的西片、东片及东南片"和"南部方言中的东片"的"左祖做早醉走棕宰"等字读 t-（辛世彪，2013：34-35），例子太多，不一一列出。笔者赞成麦耘的说法，舌尖塞擦音先经过齿间音阶段，再变为舌尖塞音（麦耘，1997：211-226），即 ts>tθ>tθ>t。塞擦音除阻的时间比塞音长，成阻点较前，这些不是塞化的原因，它是由方言中特殊的发音习惯造成的，后来受官话的影响，标记的 tθ 消失，变成了默认的 t，因而在今武天片方言中已无 tθ 的痕迹。

结　　语

武天片方言中声母的特殊变读形成了文白异读，造成口语与书面语的差别，它与语言接触无关，是一种同质音变；与复辅音、古今音变、语流音变等无关，是一种弛化音变；也与类化造成的讹读不同，不是文化对语音的影响造成的。它最初分布较广，后受规范通语的影响，这种现象减少以致消失。从这些特殊残存的音变现象可猜测武天片曾存在弱

---

① 陈立中《古透定纽擦音化现象与百越民族》（《湘潭大学学报·哲学社会科学版》1996 年第 3 期）分析了 tsʰ 声母的汉语词汇被借入侗语、水语、毛难语、么佬语后发生了 tsʰ→s 或 tsʰ→tʰ 的变化，认为"赣中闽湘地区透定由 tsʰ→s 和从由 tsʰ→tʰ 的连锁式的推移当属此类"。

内爆音、边除阻的塞音、齿间塞音，后受通语的涵濡同化而消失了。由以上的分析，笔者认为在方言的研究中，要有谨慎的学术态度，不能动辄以复辅音、少数民族语言接触、古今音变等来解释特殊的方音现象；分析音变条件时，一定要考虑它是否具有普适性，不能以特殊条件作为普遍条件。

参 考 文 献

陈蒲清. 1981. 益阳方言的边音声母. 方言, (3): 209-214.

葛剑雄. 1997. 中国移民史（第五卷）. 福州: 福建人民出版社.

黄建群. 2002. 鄂东南方言音汇. 武汉: 华中师范大学出版社.

江荻. 2007. 汉藏语言演化的历史音变模型——历史语言学的理论和方法探索. 北京: 社
　　会科学文献出版社.

李方桂. 1982. 上古音研究. 北京: 商务印书馆.

李增祥. 1992. 突厥语概论. 北京: 中央民族学院出版社.

力提甫·托乎提. 2002. 阿尔泰语言学导论. 太原: 山西教育出版社.

刘纶鑫. 1999. 客赣方言比较研究. 北京: 中国社会科学出版社.

罗常培. 2012. 唐五代西北方音. 北京: 商务印书馆.

罗美珍. 1994. 谈谈客家方言的形成. 首届客家方言学术研讨会（福建省龙岩市）.

麦耘. 1997. 中古精组字在粤语诸次方言的不同读法及其历史涵义. 中国语言学报, (6):
　　211-226.

乔全生. 2008. 晋方言语音史研究. 北京: 中华书局.

孙宜志. 2003. 江西赣方言来母细音今读舌尖塞音现象的考察. 南昌大学学报, 34(1): 134-
　　136.

孙宜志. 2007. 江西赣方言语音研究. 北京: 语文出版社.

王文敏, 陈忠敏. 2011. 维吾尔语的内爆音. 民族语文, (6): 63-68.

王仲黎. 2010. 论祁阳方言古来母字的塞化现象. 语言科学, 9(2): 208-219.

吴安其. 2002. 汉藏语同源研究. 北京: 中央民族大学出版社.

辛世彪. 2005. 海南闽语精庄章组声母的塞化与底层语言的影响. 民族语文, (1): 15-20.

辛世彪. 2013. 海南闽语比较研究. 北京: 商务印书馆.

郑张尚芳. 2012. 方言异常现象在地理分布上的密集和稀散//郑张尚芳. 郑张尚芳语言学
　　论文集. 北京: 中华书局: 149-161.

钟明立. 2008. 汉字例外音变研究. 广州: 广东高等教育出版社.

朱晓农, 寸熙. 2006. 试论清浊音变圈——兼论吴、闽语内爆音不出于侗台底层. 民族语文, (3): 3-13.

朱晓农, 刘泽民, 徐馥琼. 2009. 自发新生的内爆音——来自赣语、闽语、哈尼语、吴语的第一手材料. 方言, (1): 10-17.

朱晓农. 2010. 语音学. 北京: 商务印书馆.

Li, F ang-kuei. 1943. The hypothesis of a pre-glottalized series of consonants in primitive Tai. 历史语言研究所集刊（第 11 册）, 中华书局, 1987: 177-188.

Odden, D. 2004. *Introducing Phonology*. Cambridge : Cambridge University Press.

宜城话音系及其语音特点

蒋　颖（中央民族大学）

一、概　　说

　　宜城市位于湖北省西北部，地处汉江中游，东接随州、枣阳，南接钟祥、荆门，西邻南漳，北抵襄阳，古有"八省通衢，五邑要道"之誉。其位于东经 111°57′～112°45′，北纬 31°26′～31°54′，总面积 2115 平方千米，总人口 52.7 万人。宜城历史悠久，夏为邔国，春秋时并于楚，秦时为鄢、邔、郡 3 县，隶属南郡。汉惠帝三年（192）改鄢县为宜城县。现宜城市（县级）由襄樊市代管，市政府驻城关镇。宜城属鄂中丘陵区，其地形分为三种类型：东部和西南部为低山丘陵，中部和西北部为岗地，汉水两岸为冲积平原。

　　宜城话属西南官话，可按地形分为三个方言片：汉水以东丘陵地区为东部宜城话，当地称河东话；汉水以西的平原、岗地为中部宜城话，由于全市政治经济中心城关镇位于此片，被认为是地道的宜城话；西南丘陵为西部宜城话，以乡镇为名，称刘猴李垱话。在语音特点上，三者声调差异最大，声韵系统也各有些不同之处。各片的人能互相听懂对方的话，也能马上辨别出对方来自哪一片。

　　本文描写的是以城关镇为中心的中部宜城话。近年来由于经济发展，对外交流增多，当地年轻人与大部分受过教育的中年人口音与老派口音也有一定的差别。新派口音更靠近普通话，舌尖颤音使用较少，年轻人已有撮口呼韵母；老派口音与普通话差别较大，儿化音、舌尖颤音使用频繁，无撮口呼韵母。本文描写的是老派口音。

　　本文发音合作人金光定，汉族，男，1946 年生，宜城城关镇人，高中文化程度，一直生活于宜城，父母与祖上都是宜城人。本文作者也是宜城城关镇人，母语为宜城话。

二、宜城话声韵调

（一）22 个声母，包括零声母在内

p 帮步并别　　p' 滂爬皮普　　m 明麻门免　　f 非敷奉书

t 端定道夺　　t' 透梯太同　　l 泥来兰南　　r 子志制自

ts 知子照组　　ts' 从彻窜床　　　　　　　　s 审散僧生　z 日认绕然

tɕ 精金节结　　tɕ' 清琴秋丘　　ȵ 嬢俩　　　ɕ 心邪修休　ʑ 疑腰牙言

k 高贵街古　　k' 开考孔葵　　　　　　　　x 河货欢吓　ɣ 岸爱恩袄

ø 而我碗温

说明：

（1）声母[t]、[t']、[n]的实际发音舌尖比普通话略向下移，通常与上齿背或下齿尖接触。

（2）/l/音位有[n]、[l]两个自由变体，大部分人皆读为[l]，少部分人[n]、[l]自由变读。例如，泥ni³¹～li³¹｜来nai³¹～lai³¹｜兰nan³¹～lan³¹｜南nan³¹～lan³¹。

（3）只有舌尖前辅音声母[ts]、[ts']、[s]、[z]，没有舌尖后辅音声母[tʂ]、[tʂ']、[ʂ]、[ʐ]。普通话舌尖前与舌尖后两套辅音声母在宜城话里合为一套。

（4）声母[ȵ]只见于少数几个字。除"嬢、俩"外，还有有音无字的 ¡[ȵia⁵⁵]，指小女孩或年轻女性，如"小姑娘"又称"小[ȵia⁵⁵]娃儿"。部分人对长辈表示亲热的尊称"您"读为[ȵia³¹]或[ȵiaɚ⁵⁵]。[ȵia⁵⁵]也可用于对第三人称的昵称，如"[ȵia⁵⁵]就是聪明"。

（5）声母[x]发音部位较靠后，气流阻力较大，摩擦较强。

（6）舌尖中颤音声母[r]自成音节，只出现于普通话读为[tsɿ]或[tʂʅ]的一部分字中，而且这些字必须位于多音节词（含双音节）的末尾或中间，

如"做啥**子**[r]、儿**子**[r]、同**志**[r]、渣**滓**[r]、三**字**[r]经、杨**子**[r]荣"等中的黑体字，宜城话都读为自成音节的舌尖中浊颤音声母轻声字。如果这些字出现在词头则不能读为[r]，如"**志**气、**治**理、**子**弟兵"等皆读为[tsɿ]。目前只有"子"韵无论新派老派都仍然发舌尖颤音，其他字的颤音则正处于逐渐消亡中，只有部分老派口音的人仍然保留。例如，统**治**[r]｜亲**自**[r]｜杏**子**树[r]｜张**之**洞[r]｜孙娃**子**[r]｜雀**子**[r]｜椅**子**[r]。

（7）声母为[ʑ]、[ɣ]的词汇正处在变化之中。普通话零声母字，年纪较大的宜城人开口呼前大多读[ɣ]，齐齿呼前读[ʑ]。例如，爱ɣai²¹³｜藕ɣou⁵⁵｜岸ɣan²¹³｜牙ʑia³¹｜夜ʑiɛ²¹³｜牛ʑiou³¹。而中年人和年轻人大多读为零声母。

（二）33 个韵母

ɚ 儿耳二日		
ɿ 知滋师植	i 第急雨去	u 故木出赌
a 爬辣发杂	ia 家恰辖鸭	ua 花刮夸瓜
ɣ 歌哥个		
o 剥博磨泼	io 约确学略	uo 过活河各
ɛ 色墨客车	iɛ 姐别缺月	
ai 盖介解帅		uai 怪快外淮
ei 倍妹对岁		uei 桂追惠魏
au 饱桃烧某	iau 条焦标腰	
ou 斗丑收六	iou 流酒丢悠	
an 胆含短酸	iɛn 间廉远捐	uan 官关船碗
ən 根顿吞能	in 紧灵群永	uən 魂横温准
aŋ 旁党港桑	iaŋ 良江向样	uaŋ 光窗荒王
əŋ 蓬风东龙	iuŋ 穷胸勇用	uŋ 总充红翁

说明：

（1）韵母[ɚ]在非儿化的情况下只能自成音节使用。宜城话儿化音变规律与普通话基本一致，但宜城话儿化词数量更多，名词、动词、形容词等都能儿化，因此儿化韵的使用频率也较高。例如，"老实闷儿、软软儿的、亮晶晶儿的、打切儿"等。人称代词"你、我、他"也可儿化，其中"你"的儿化音为[nɚ⁵⁵]，指"你、你的"。[①]

（2）韵母[o]自成音节的只有语气词"哦"，与声母相拼时其实际发音接近复元音[uo]。

（3）韵母[ɛ]带有介音[i-]。与[p]、[pʻ]、[m]、[f]相拼时较弱[②]，与[ts]、[tsʻ]、[s]、[k]、[kʻ]、[x]相拼时较明显。

（4）合口呼韵母与声母拼合时，有的保留韵头[u]，如说suo³¹｜所suo⁵⁵；有的没有韵头[u]，如端tan³⁵｜孙sən³⁵｜笋sən⁵⁵｜算san²¹³。与声母[s]相拼时，一部分字改变韵母的同时，声母读为[f]。如栓fan³⁵｜刷fa³¹｜帅fai²¹³｜水fei⁵⁵｜双faŋ³⁵｜宋fəŋ²¹³｜书fu³⁵｜树fu²¹³。

（三）声韵配合表

声韵配合表见表1。

表1　声韵配合表

声母 ╲ 韵母	开口呼	合口呼	齐齿呼
p、pʻ、m	+（ou除外）	（只与u拼）	+
f	+（ou除外）	（只与u拼）	－
t、tʻ、n	+（o除外）	（只与u、uo拼）	+
ts、tsʻ、z	+（əŋ除外）	+（z只与u、ua、uo、uan拼）	－
s	+（əŋ除外）	（只与uo拼）	－
tɕ、tɕʻ、ȵ、ɕ、ʑ	－	－	+（ȵ只与ia、iaŋ拼）
k、kʻ、x	+（oŋ除外）	+	（只有"给[ki⁵⁵]、去[kʻʅ²¹³]"两个特例）
ʐ	－	－	+
ɣ	+	－	－
ø	－	+	－

注：+表示能拼合，－表示不能拼和，（）表示拼合仅限于括号内的韵母。

---

① 普通话[ʅ]韵母的儿化音为[ʅ]后添加[ɚ]，而宜城话"你"儿化发音为去掉[ʅ]，改发[ɚ]音。

② [f]与[ɛ]相拼只有一个有音无字的语气词[fɛ³¹]，表示疼痛。

（四）4个声调，不包括轻声

阴平35：诗方高秃；阳平31：神房才急；上声55：等古丑粉；去声213：是近社爱。

说明：去声字在语流中往往下降后上升幅度不够，实际调值通常为212或211。

三、宜城话语音演变的一些特点

（一）声母方面

（1）声母的发展基本演变规律是：非、敷、奉母都读 f；古全浊声母今读清音，塞音和塞擦音平声送气，仄声不送气；尖团合流，精组逢今洪音读 ts、ts'、s，并与知庄章合流。精组逢今细音读 tɕ、tɕ'、ɕ，与见、晓组逢今细音合流。例如，租精tsu³⁵｜粗清ts'u³⁵｜锁心suo⁵⁵｜猪知tsu³⁵｜初穿ts'u³⁵｜所生suo⁵⁵｜挤精tɕi⁵⁵｜妻清tɕ'i³⁵｜西心ɕi³⁵｜举见tɕi⁵⁵｜渠群tɕ'i³¹｜墟溪ɕi³⁵。

（2）古泥、来母今自由混读，全读为[n]、全读为[l]或自由变读皆可，今多全读为[l]。例如，尼泥li³¹=梨来li³¹｜女泥li⁵⁵=吕来li⁵⁵｜娘泥liaŋ³¹=良来liaŋ³¹｜浓泥ləŋ³¹=龙来ləŋ³¹。

（二）韵母方面

（1）果摄一等除个别字外，今读为[uo]。例如，多端tuo³⁵｜挪泥nuo³¹｜坐从tsuo²¹³｜可溪k'uo⁵⁵｜课溪k'uo²¹³｜俄疑ɣuo³¹｜河匣xuo³¹｜禾匣xuo³¹｜阿（胶）影ɣuo³⁵。

（2）蟹摄开口一二等除个别字外，今读为[ai]。①例如，带端tai²¹³｜奶泥

---

① "贝、沛"的韵母今为[ei]；"谐"的韵母今为 [iɛ]，但仅用于宣传、演讲等正式场合，日常口语中不用；宜城话没有"韝、擸、釾"字。

nai⁵⁵｜栽精tsai³⁵｜斋庄tsai³⁵｜皆kai³⁵｜介见kai²¹³｜街见kai³⁵｜鞋匣xai³¹。

（3）没有撮口呼，这些古合口呼宜城话今读为齐齿呼。遇摄、臻摄合口三等与山摄合口三四等泥组、精组、见组、晓组、影组字皆读为齐齿呼。①如表 2 所示。

表 2　古合口呼在宜城话中的变音表

声母＼韵母	遇摄合口三等	山摄合口三四等	臻摄合口三等
泥组	驴来ni³¹｜女娘ni⁵⁵	恋来nien²¹³｜劣来nien³¹	律来ni³¹
精组	蛆清tɕʻi³⁵｜徐邪ɕi³¹	全从tɕʻien³¹｜雪心ɕie³¹	俊精tɕin²¹³｜戌心ɕi³¹
见组	举见tɕi⁵⁵｜鱼疑i³¹	权群tɕʻien³¹｜缺溪tɕʻie³¹	均见tɕin³⁵｜掘群tɕie³¹
晓组	虚晓ɕi³⁵｜许晓ɕi⁵⁵	喧晓ɕien³⁵｜穴匣ɕie³¹	熏晓ɕin³⁵｜训晓ɕin²¹³
影组	于影i³¹｜誉以i²¹³	捐以tɕien³⁵｜越云ie³¹	允以in⁵⁵｜韵云in²¹³

个别曾摄、梗摄三等字与一部分通摄合口三等入声字今读齐齿呼。例如，孕in²¹³｜域i³¹｜剧戏剧tɕi²¹³｜菊tɕi³¹｜玉i³¹｜郁i³¹｜欲i³¹。

（4）咸摄、山摄、宕摄开口一等见组、晓组、影组入声字今读为[uo]。例如，合xuo³¹｜盒xuo³¹｜磕kʻuo³¹｜割kuo³¹｜渴kʻuo³¹｜喝xuo³¹｜各kuo³¹｜鹤xuo³¹｜恶uo³¹。

（5）曾摄开口一等帮组、端组、泥组与梗摄开口二等帮组入声字今读为单元音[ɛ]，与部分咸摄、深摄、山摄、梗摄、曾摄开口三等入声字及假摄开口三等照组字今读相同。如表 3 所示。

表 3　曾摄开口一等帮、端、泥等母的今音表

声母＼韵母	假开三	咸开三入	深开三入	山开三入	梗开二入	曾开一入	曾开三入
帮组					白并pe³¹ 陌明me³¹	北帮pe³¹ 墨明me³¹	
端组						得端te³¹ 特定tʻɛ³¹	
泥组						肋来ne³¹	
精组						则精tse³¹ 塞心	

---

① 臻摄合口三等字"伦、沦、轮、遵、笋"除外，它们的韵母是ən。

续表

声母＼韵母	假开三	咸开三入	深开三入	山开三入	梗开二入	曾开一入	曾开三入
知组				哲知tsɛ^{31} 舌船sɛ^{31}	拆彻ts'ɛ^{31} 泽澄tsɛ^{31}		
照组	车昌ts'ɛ^{35} 舍书sɛ^{55}	摺章tsɛ^{31} 涉禅sɛ^{213}	涩生sɛ^{31}		窄庄tsɛ^{31} 册初ts'ɛ^{31}		侧庄ts'ɛ^{31} 色生sɛ^{31}
日母	惹ze^{55}						
见、晓组					客溪k'ɛ^{31} 吓晓xɛ^{31}	刻溪k'ɛ^{31} 黑晓xɛ^{31}	

（6）大部分山摄、蟹摄合口一等与臻摄、通摄合口一、三等端组、泥组、精组、日母字今分别读为开口呼[an][ei][ən][əŋ]。如表 4 所示。

表 4　山摄、蟹摄合口.等今读音表

声母＼韵母	端组	泥组	精组	日母
山合一	端端tan^{35} 断定tan^{213}	暖泥nan^{55} 乱来nan^{213}	酸心san^{35} 算心san^{213}	
蟹合一	堆端tei^{35} 蜕透		碎心fei^{213}	
臻合一	敦端tən^{35} 盾定tən^{213}	论来nən^{213}	寸清ts'ən^{213} 存从ts'ən^{31}	
臻合三		伦来nən^{31}	遵精tsən^{35} 孙心sən^{35}	润zən^{213} 闰zən^{213}
通合一	东端təŋ^{35} 统透t'əŋ^{55}	农泥nəŋ^{31} 笼来nəŋ^{31}	送心fəŋ^{213} 宋心fəŋ^{213}	
通合三		浓泥nəŋ^{31} 龙来nəŋ^{31}	嵩心fəŋ^{35} 松邪fəŋ^{35}	

（7）咸摄、山摄开口三等日母字今读为合口呼。例如，染咸zuan^{55}｜冉咸zuan^{55}｜然山zuan^{31}｜燃山zuan^{31}。

（8）由于宜城话没有声母[tʂ][tʂ'][ʂ][ʐ]，止摄开口三等"支脂之"三韵混读，韵母[ʅ]来源于普通话中的[ɿ]与[ʅ]两个韵母。

（9）韵母[in]的来源比较复杂。宜城话没有韵母[iŋ]，普通话[iŋ]、[in]

韵宜城话都读为[in]。由于没有撮口呼，普通话撮口呼宜城话读齐齿呼，一部分[in]韵母还来自普通话的[yn]韵母，少部分普通话[yŋ]韵母宜城话也读[in]。从与中古音的关系上来看，宜城话[in]韵母主要来自深摄（开三）、臻摄（开三、合三）、曾摄（开三）与梗摄（开二、开三、开四、合三、合四）这四摄。如表5所示。

表5　宜城话中韵母[in]来源表

今韵＼古韵	深摄	臻摄	曾摄	梗摄
普通话[in]韵	林nin³¹ 心ɕin³⁵	彬pin³⁵ 巾tɕin³⁵		
普通话[iŋ]韵			凝nin³¹ 兴ɕin³⁵	清tɕʻin³⁵ 萤in³¹
普通话[yŋ]、[uŋ]韵				荣in³¹ 琼in³¹
普通话[yn]韵		均tɕin³⁵ 熏ɕin³⁵	孕in²¹³	

（10）宕摄开口三等泥组、精组、见组、影组入声字与江摄开口二等见组、晓组入声字今读为[io]。例如，略lio³¹|雀tɕʻio³¹|脚tɕio³¹|确tɕʻio³¹|学ɕio³¹|约io³¹。

（三）声调特点

古平声按声母清浊分化为阴平、阳平。古上声清声母、次浊声母字今读仍为上声。古全浊上声与去声字今读去声。古入声字的演化比较复杂。无论声母清浊，绝大多数入声字今读为阳平，少数字今读为阴平和去声。读为上声的最少，仅"眨、撒、蜀"等数例。古入声字中，全浊声母的字没有演变成阴平调的；较多阴平和去声字由全清声母入声字演化而来，其中，影母、心母、晓母和帮母字所占比率最大。例如，今读为阴平的"腌影、削心、豁晓、剥帮"与今读为去声的"轧影、泄心、霍晓"等。①

---

① 根据中国社会科学院语言研究所《方言调查字表》统计所得。

四、宜城话的变调

宜城话有两种变调：一种变调受语音环境的制约，是由于邻近音的影响而产生的声调变化，即通常所说的语流音变中的连读变调。例如，"高等"这个词，阴平字"高"的单字调是 35 调，上声字"等"的单字调是 55 调。但当阴平字位于上声字之前时，35 调变为 31 调。所以"高等"的实际读音为kao^{31}tən^{55}。

另一种变调不受语音环境的制约，是由于语法地位或语用意义不同而产生的变调。例如，"光荣"这个词，阴平字"光"的单字调是 35 调，阳平字"荣"的单字调是 31 调。按正常的语流音变，宜城话"35+31"调通常变成"35+51"调，如"山城、高楼、清茶"等。但"光荣"有两种声调读法，一是"35+51"调，另一是"31+55"调。通常当"光荣"一词处于述朴结构的述语位置时，必须读成"31+55"调，如"光荣得很"；处在其他语法位置时两读皆可，以"31+55"调更常见。

宜城话的语法、语用变调并不遵循语流音变规律，另有一套独立、复杂的变调规则，需另文专门归纳、描写。宜城话的连读变调规律比较清晰。以二字组为例，不包括轻声字的宜城话连读变调，具体规律如表6 所示。

表 6　宜城话连续变调表

前字＼后字	阴平 35	阳平 31	上声 55	去声 213
阴平 35	35+35	35+51	31+55	35+31
阳平 31	53+35	55+31	53+55	53+31
上声 55	55+35	55+51	55+55	55+31
去声 213	31+35	35+53	31+55	35+31

（一）两音节连读保持原调不变的有三种组合形式

（1）两阴平连读（35+35）时，声调保持不变。例如，高山｜中央。

（2）前一音节为上声后一音节为阴平（55+35）时，两字连读声调保持不变。例如，果汁｜本金。

（3）两上声连读（55+55）声调保持不变。例如，婉转｜举手

（二）前一音节声调改变，后一音节声调不变的有六种组合形式

（1）前一音节为阴平后一音节为上声（35+55）时，两字连读声调变为31+55。例如，山顶｜辛苦。

（2）前一音节为阳平后一音节为阴平（31+35）时，两字连读声调变为53+35。例如，来宾｜成功。

（3）两阳平相连（31+31）时，声调变为31+55。例如，羊毛｜团圆。

（4）前一音节为阳平后一音节为上声（31+55）时，两字连读声调变为53+55。例如，人影｜长短。

（5）前一音节为去声后一音节为阴平（213+35）时，两字连读声调变为31+35。例如，旱灾｜坐车。

（6）前一音节为去声后一音节为上声（213+55）时，两字连读声调变为31+55。例如，市长｜重点。

（三）前一音节声调不变，后一音节声调改变的有四种组合形式

（1）前一音节为阴平后一音节为阳平（35+31）时，两字连读声调变为35+51。例如，山城｜帮忙。

（2）前一音节为阴平后一音节为去声（35+213）时，两字连读声调变为35+31。例如，花布｜心细。

（3）前一音节为上声后一音节为阳平（55+31）时，两字连读声调变为55+51。例如，海洋｜保持。

（4）前一音节为上声后一音节为去声（55+213）时，两字连读声调变为55+31。例如，省市｜改造。

（四）前后两个音节都变调的有三种组合形式

（1）前一音节为阳平后一音节为去声（31+213）时，两字连读声调变为 53+31。例如，年画｜承认。

（2）前一音节为去声后一音节为阳平（213+31）时，两字连读声调变为 35+53。例如，后门｜害人。

（3）两去声相连（213+213）时，声调变为 35+31。例如，被动｜犯罪。

参 考 文 献

湖北省宜城市地方志编纂委员会.1998. 宜城志. 北京：新华出版社.

中国社会科学院语言研究所.2002. 方言调查字表. 北京：商务印书馆.

老挝克木语概况①

余成林　李春风　朱艳华

（黔南民族师范学院　北京华文学院　北京语言大学）

一、概　　况

克木人主要分布在老挝、越南、缅甸、泰国、柬埔寨、中国等地，在欧美地区也有少量分布，总人口 70 多万。越南有克木族 56 542 人（1999 年），分布在奠边富（Dien Bien Phu）、森拉（Senla）、莱州（Laicau）和埃安（He-An）等省。泰国有克木族 31 403 人（2000 年），主要分布在泰国北部的难府、清莱府和帕夭府，少量分布在泰国中部的甘加呐布里府（Kancanaburi）和武泰塔尼府（Uthaithani）。缅甸克木族居住在缅老边境，有 100 多人。中国的克木人归属布朗族，分布在云南省西双版纳州猛腊县和景洪市，人口约有 3 000 人。美国和法国约有 8 000 多克木族，他们是 1975 年以前从老挝移民去的。

在老挝，克木族总人口 500 975 人，约占全国总人口的 11%（1995 年），人口数量仅次于老族，为老挝第二大民族。主要居住在老挝中部和北部的琅南塔、乌多姆塞、赛耶乌里、川矿、琅勃拉邦、波乔、华潘、丰沙里等省。

琅南塔省的克木族约有 1.5 万人，占琅南塔总人口（共 136 861 人）的 10.91%（2000 年）。主要分布在琅南塔省的西南部纳丽县（Nalae）、文布卡

① 本文语料为作者于 2011 年 1 月 15 日至 2 月 13 日在老挝琅南塔调查所得，参加此次调查的人员除作者外，还有中国中央民族大学、云南民族大学，泰国清莱皇家大学，老挝南塔师范学院的部分老师。

县（Puka）、南塔县和中老边境的一些村寨。

克木族分为克木乌、克木仍、克木媛、克木贯和克木楼。克木乌人口最多，主要分布在琅南塔、琅勃拉邦、华潘、丰沙里和万象等省。克木仍主要分布在琅南塔、乌多姆塞、波乔和琅勃拉邦等省。克木媛主要分布在乌多姆塞和琅南塔省。克木衮主要分布在琅南塔和波乔省。克木楼主要分布在琅南塔、乌多姆塞、琅勃拉邦、丰沙里、华潘、甘蒙、沙湾拿吉。

克木族的五个支系在琅南塔省均有分布。克木乌主要分布在南塔县，克木仍主要分布在南塔县和纳丽县，克木媛主要分布在文布卡县，克木衮主要分布在南塔县、文布卡县和纳丽县，克木楼主要分布在南塔县和纳丽县。

二、语　　音

琅南塔克木语的语音存在支系差别。例如，克木乌话的塞音、塞擦音有清浊对立，而克木仍话固有词的浊塞音、浊塞擦音都已演变为清音，只有少量借词读浊塞音、浊塞擦音。克木乌话虽有固定音高，但尚未形成声调；而克木仍话已有声调对立。本文介绍的语音特点，主要以普丁村克木仍话为依据（本文统一称为"克木语"）。

普丁村（Ban Phoutin）位于南塔省纳乐县西边，是一个纯克木仍村庄，全村共 22 户。该村以克木仍话为主要交际工具，只有少部分人懂老挝语。本音系的发音人 Khamphone Laidavong 先生，现年 53 岁，从小在普丁村生活，克木仍话是他的第一语言，14 岁才学会第二语言老挝语。

（一）声母

克木语声母的主要特点有：①塞音、塞擦音在固有词中主要是清音，浊音很少，浊音主要出现在借词中；②颤音 r 分清化和非清化两套，鼻音 m、n、ŋ、ȵ 和边音 l 只有非清化一套；③声母分单辅音和复辅音；④复辅音声母的前一辅音主要出现在塞音上，也有少量出现在擦音 s 上。一是塞音（擦音）＋颤音-r，二是塞音（擦音）＋边音-l。前一形式的塞音，送气和不送气的都有；后一形式的塞音，只有不送气的，送气的很少；⑤有少数喉塞音ʔ-与半元音 j 结合的复辅音声母；⑥鼻辅音不能单独作一个音节；⑦有舌面音 tɕ、tɕh、ɕ，但无舌尖音 ts、tsh，而有 s。

1. 单辅音声母共有 21 个

21 个单辅音声母为 p、ph、m、t、th、n、l、r、r̥、s、tɕ、tɕh、n̥、ɕ、k、kh、ŋ、h、ʔ、j、w。

例词：

p	pa^{33}	你	ph	pha:n̥^{53}	杀
m	ma:n̥^{33}	问	t	ta:n̥^{33}	编（篮子）
th	thau^{33}	整齐（站立）	n	nɔ^{53}	他们
l	lɔ:k^{55}	摸（鱼）	r	ra^{ʔ55}	丝瓜瓢
r̥	r̥a^{ʔ55}	抢	s	sɔ^{ʔ55}	狗
tɕ	tɕu^{ʔ55}	想（去）	tɕh	tɕhe:ŋ^{33}	钹
n̥	n̥ɛ^{ʔ55}	小	ɕ	ɕi^{33}paŋ^{53}	明天
j	jɔŋ^{53}	父亲	k	kop^{33}	握（于）
kh	khop^{55}	聚齐	ŋ	ŋa:i^{33}	容易
h	ha^{ʔ55}	热	ʔ	ʔɯak^{55}	喝
w	wa^{ʔ55}	猴子			

2. 复辅音声母共有 13 个

13 个复辅音声母为 pl、tl、kl、khl、sl、pr、phr、tr、thr、kr、khr、sr、ʔj。

例词：

pl	pla^{ʔ33}	肩膀	tl	tlɔ:m^{33}	肝
kl	kla:ŋ^{33}	石头	khl	khlat^{55}	闩（门）
sl	ʔom^{53}sle:ŋ^{53}	清鼻涕	pr	pri^{ʔ33}	森林
phr	phrɔ:k^{33}	松鼠	tr	tru:n̥^{53}	白蚁
thr	throŋ^{53}	喉咙	kr	kran^{33}	懒
khr	khrɔ^{33}	讨（饭）	sr	sreh^{55}	沙子

ʔj　　　　ʔjak⁵⁵　　　　　　　屎

3. 声母说明

（1）除了上述声母外，在借词中塞音、塞擦音还出现一些浊音声母，主要有 b、d、g、ʤ 等，如 khə³³bok³³ "锄头"，khə³³dat³³ "纸"；也有少量本语词，如 bap³³ "辛苦"。

（2）清化颤音 r̥ 发音时前面带有 h 的流音，如 r̥aŋ³³ "牙齿"的实际音值是 hr̥aŋ⁵³，r̥ieŋ⁵³ "肠子"的实际音值是 hr̥ieŋ⁵³。

（3）唇齿音 f 只见于个别借词，如 mah³³pɔk³³fə³³laŋ⁵³ "面包"。

（4）舌面音的发音，舌面与上颚接触范围较大，有点像舌叶音，如 tɕeŋ⁵³ "篱笆"。

（二）韵母

克木语韵母的主要特点有：①韵母丰富，数量多，共有 256 个；②韵母分为单元音韵母、复合元音韵母、带辅音尾韵母；③元音有长短对立，但只出现在带辅音尾韵母和复合元音韵母上，单元音韵母无长短对立。

1. 单元音韵母共有 9 个

9 个单元音韵母为 i、e、ɛ、a、ɔ、o、u、ə、ɯ。

例词：

i	pi³³	年、岁	e	me⁵³	你
ɛ	tɕe³³	浸泡（衣服）	a	pa³³	你（女称）
ɔ	pɔ⁵⁵	你们	o	to⁵³	动物
u	ku⁵³	借钱	ə	pə³³	不
ɯ	mɯ⁵³	日，天			

2. 带辅音尾韵母共有 223 个

大部分带辅音尾韵母的在主要元音上分长短，韵尾有-m、-n、-n̠、-ŋ、-p、-t、-c、-k、-ʔ、-h 、-r、-l 等 12 个。

（1）单元音带辅音尾韵母，共 160 个（表 1）。

表 1　单元音带辅音尾韵母表

-m	-n	-ṇ	-ŋ	-p	-t	-c	-k	-ʔ	-h	-r	-l
im	in		iŋ	ip	it		ik	iʔ	ih	ir	i:l
i:m	i:n		i:ŋ	i:p	i:t		i:k			i:r	
em	en		eŋ	ep	et	ec	ek		eh	er	
e:m			e:ŋ	e:p							
ɛm	ɛn		ɛŋ	ɛp	ɛt	ɛc	ɛk	ɛʔ	ɛh	ɛr	ɛl
ɛ:m	ɛ:n		ɛ:ŋ	ɛ:p	ɛ:t		ɛ:k		ɛ:h	ɛ:r	ɛ:l
am	an	aṇ	aŋ	ap	at	ac	ak	aʔ	ah	ar	al
a:m	a:n	a:ṇ	a:ŋ	a:p	a:t	a:c	a:k		a:h	a:r	a:l
ɔm	ɔn		ɔŋ	ɔp	ɔt	ɔc	ɔk	ɔʔ	ɔh	ɔr	ɔl
ɔ:m	ɔ:n		ɔ:ŋ	ɔ:p	ɔ:t	ɔ:c	ɔ:k			ɔ:r	
om	on		oŋ	op	ot	oc	ok	oʔ	oh	or	ol
o:m			o:ŋ	o:p	o:t		o:k			o:r	
um	un	uṇ	uŋ	up	ut	uc	uk	uʔ	uh	ur	ul
u:m	u:n	u:ṇ	u:ŋ		u:t	u:c				u:r	u:l
əm	ən		əŋ	əp	ət	əc	ək	əʔ	əh	ər	əl
ə:m	ə:n		ə:ŋ	ə:p		ə:c				ə:r	ə:l
ɯm	ɯn	ɯṇ	ɯŋ	ɯp	ɯ:t		ɯk	ɯʔ		ɯr	ɯl
ɯ:m			ɯ:ŋ	ɯ:p						ɯ:r	ɯ:l

例词：

im	jim⁵³	红	i:m	si:m⁵³	鸟
in	pin⁵³	疤	i:n	si:n³³	熟
iŋ	r̥iŋ⁵³	长（大）	i:ŋ	pli:ŋ⁵³	蚂蟥
ip	jip³³	压榨	i:p	thi:p⁵⁵	蹬（自行车）
it	wit³³	（头）晕	i:t	pi:t³³	（火）熄灭
ic	lic³³	晒（太阳）	ik	pik⁵⁵	浑浊
i:k	tɕi:k⁵⁵	涩	ir	jir⁵⁵	惊讶
i:r	n̥i:r⁵³	（路）滑	i:l	sri:l⁵³	金子
ih	tih⁵⁵	蘑菇	iʔ	tiʔ⁵⁵	手
em	（mo:i³³）lem⁵³	（一）根（棍）	e:m	jon³³ʔe:m⁵³	舅父
en	ten⁵³	坐	eŋ	hen³³	清（的）
e:ŋ	tle:ŋ³³teŋ⁵³	蜻蜓	ep	thep³³	录音机
e:p	ta:p³³ke:p⁵⁵	面颊	et	tɕet⁵⁵	七
ec	tec⁵⁵	卖	ek	hek⁵⁵	舂（米）
eh	leh³³	近	er	ter³³	缓坡
ɛm	thɛm³³	再、又	ɛ:m	hɛ:m³³	弟弟、妹妹

IPA			IPA		
εn	mɛn^{53}	对	ɛːn	sreːn^{53}	切（菜）
εŋ	tɕɛŋ^{53}	篱笆	ɛːŋ	jeːŋ^{33}	看
εp	kɛp^{55}	夹（菜）	ɛːp	teːp^{33}	衣服
εt	hɛt^{33}	叫（人）	ɛːt	weːt^{33}	买
ɛc	plɛc^{33}	剖	ɛk	wek^{55}	刀
ɛːk	mɛːk^{33}	雀斑	ɛr	hə^{33}ʔjer^{53}	鸡
ɛːr	hɛːr^{53}	聪明	ɛl	sel^{33}	（暗中）拿
ɛːl	hɛːl^{53}	锄（草）	ɛh	rɛh^{55}	挑选
ɛːh	jɛːh^{33}	答应	ɛ^{ʔ}	pe^{ʔ33}	山羊
am	ʔam^{53}	儿媳	aːm	maːm^{33}	血
an	kran^{33}	懒	aːn	ʔaːn^{53}	读
aŋ	tɕaŋ^{33}	称（粮食）	aːŋ	paːŋ^{33}	揭（盖子）
aȵ	taȵ^{53}	织	aːȵ	paːȵ^{33}	醉
ap	pap^{33}	书	aːp	kaːp^{33}	下巴
at	mat^{33}	眼睛	aːt	khaːt^{33}	耙（田）
ak	ʔak^{55}	胸	aːk	thraːk^{33}	水牛
ac	plac^{33}	踩	aːc	tɕaːc^{33}	苦笋
ar	kar^{53}	田鼠	aːr	maːr^{53}	盐
al	khal^{33}	耳环	aːl	r̥ə^{33}maːl^{53}	灵魂
ah	mah^{33}	饭	a^{ʔ}	pla^{ʔ33}	肩膀
ɔm	hɔm^{53}	抱（东西）	ɔːm	hɔːm^{33}	捆（草）
ɔn	khrɔn^{53}	皱	ɔːn	prɔːn^{33}	领（路）
ɔŋ	lɔŋ^{53}	忘记	ɔːŋ	kɔːŋ^{53}	煮（菜）
ɔp	nɔp^{55}	祷告	ɔːp	tɔːp^{55}	还（工）
ɔt	wɔt^{55}	累	ɔːt	lɔːt^{33}	漏（水）
ɔːc	kɔːc^{33}	写	ɔk	klɔk^{55}	白
ɔːk	kɔːk^{55}	虫	ɔr	kɔr^{33}	挠（痒）
ɔːr	ŋɔːr^{53}	路	ɔl	kɔl^{53}	驼子
ɔh	pɔh^{33}	尘土	ɔ^{ʔ}	sɔ^{ʔ255}	狗
om	ʔom^{53}	水	oːm	poːm$^{53/33}$tɕɯːm^{53}	脚踝
on	kon^{33}	人	oŋ	koŋ^{33}	弹弓
oːŋ	loːŋ^{53}	棺材	op	mop^{33}	牛蝇
oːp	roːp^{33}tɛːm^{53}	画	ot	thot^{33}	罪
oːt	toːt^{33}	吮	oc	ɻoc^{53}	螺蛳
ok	mok^{55}	山	oːk	poːk^{33}	猫头鹰
or	ʔor^{53}	（猪）叫	oːr	tɕoːr^{53}	降（落）
ol	jol^{53}	芭蕉花	oh	tloh^{55}	公、雄

oʔ	sroʔ⁵⁵	芋头	um	pum³³	嚼
uːm	kuːm³³	簸（米）	un	ʔun⁵³	给
uːn	muːn⁵³	溶化	uɳ	joŋ³³kuɳ⁵³	姑父
uːɳ	muːɳ⁵³	烧焦	uŋ	puŋ³³	泥巴
uːŋ	tuːŋ⁵⁵	凉棚	up	tɕup³³	染（布）
ut	ɳut⁵⁵	推	uːt	puːt⁵⁵	云
uc	puc⁵⁵	脱（衣）	uːc	puːc³³	酒
uk	tuk⁵⁵	拴	ur	həm³³pur⁵⁵	皮肤
uːr	huːr⁵³	疮	ul	hul³³na³³	头人
uːl	khuːl⁵³	毛	uh	muh⁵⁵	鼻子
uʔ	pluʔ³³	腿	əm	təm⁵⁵	（母鸡）叫
əm	təm³³	唱歌	ən	hən³³taːk³³	舌头
ən	sən⁵³ᐟ³³təːn³³tɕoŋ⁵³	沙发	əŋ	rən³³təːŋ³³	楼梯
əːŋ	nəːŋ³³	认识	əp	ʔəp³³	（天）阴
əːp	kəːp⁵⁵	鱼鳃	ət	kət³³wat⁵⁵	摇晃
əc	ləc⁵⁵	贼	əːc	ləːc³³	偷
ək	kək⁵⁵	结巴	əl	təl³³joŋ⁵³	抬
əːl	təːl³³	浅	ər	hər³³lɔ³³	话
əːr	tər³³jəːr⁵³	筛子	əh	məh³³	是
əʔ	məʔ⁵⁵	谁	ɯm	nɯm⁵³	年轻
ɯːm	tɯːm³³	相信	ɯn	lɯn⁵³	玩耍
ɯːɳ	（moːi³³）tɯːɳ³³	（一）朵（花）	ɯŋ	mɯŋ³³man³³	雷
ɯːŋ	nɯːŋ⁵³	嫂子（女称）	ɯp	tɯp⁵⁵	盛（饭）
ɯːp	tɕhə⁵⁵ᐟ³³rɯːp⁵⁵	盖（盖子）	ɯːt	nɯːt⁵⁵	压
ɯk	lɯk⁵⁵	瞎子	ɯr	lɯr⁵³	燃烧
ɯːr	tɯːr⁵³	（小鸟）飞	ɯl	hən³³pɯl⁵³	厚
ɯːl	tɕɯːl³³kuːl³³waːŋ³³	中指	ɯʔ	maʔ³³sɯʔ⁵⁵	继母

（2）复合元音带辅音韵尾，共有 63 个，复合元音均为带介音-i-的二合元音（表 2）。

表 2　复合元音带辅音韵尾韵母表

-m	-n	-ɳ	-ŋ	-p	-t	-c	-k	-ʔ	-h	-r	-l
iɛm	iɛn		iɛŋ		iɛt	iɛc	iɛk		iɛh		
	iɛːn						ieːk				
			iaŋ	iap	iat		iak			iar	ial
			iaːŋ		iaːt						iaːl

续表

-m	-n	-ɳ	-ŋ	-p	-t	-c	-k	-ʔ	-h	-r	-l
			iɔːŋ								
			aːiŋ						aih		
									ɔih ɔːih		
							uik		uih		
	uɛn							uɛʔ	uɛh		uɛl
	uan		uaŋ		uat		uak	uaʔ		uar uaːr	ual uaːl
	uɔn		uɔŋ		uɔt		uɔk			uɔr uɔːr	uɔːl
									ɯih		
	ɯɛn	ɯɛɳ	ɯɛŋ		ɯɛt				ɯɛh		
								ɯaʔ		ɯaːr	ɯaːl
ɯɔm	ɯɔn		ɯɔŋ ɯɔːm		ɯɔːt		ɯɔk		ɯɔh	ɯɔr	ɯɔl

例词：

iɛm	phak⁵⁵/³³thiem⁵³	蒜	iɛn	ʐiɛn⁵³	学习
iɛːn	khau³³miɛːn³³	面条	iɛŋ	lieŋ³³	放牧
iet	ʐiet³³	绑	iec	kiec⁵⁵	剜
iek	wiak⁵⁵	事情	ieːk	lieːk³³	刷（墙）
ieh	plieh³³	矛	iaŋ	mian⁵³	茶
iaːŋ	kiaːŋ⁵³	肘	iap	tiap⁵⁵	包（东西）
iat	ʐiat⁵⁵	勒	iaːt	liaːt⁵⁵	短
iak	tɕɔi³³wiak⁵⁵	帮工	iar	pliar⁵³	冰雹
ial	kial⁵³ʔom⁵³	西瓜	iaːl	kiaːl⁵³	黄瓜
iɔːŋ	（moːi³³） kiɔːŋ⁵³	（一）粒米	aːiŋ	laːiŋ⁵³	泥鳅
aih	khraih³³	笑	ɔih	lɔih³³	缝
ɔːih	hɔːih⁵⁵	蝗虫	uik	muik⁵⁵	蚂蚁
uih	tuih⁵⁵	泡沫	uɛn	tə³³mɔi⁵³/³³kuɛn³³	克木衮
uɛl	tuɛl⁵³ʐaŋ⁵³	竹梢	ueh	pueh⁵⁵	麂子
ueʔ	ni³³hue⁷⁵⁵lɛːu⁵³	方便面	uan	ʔom⁵³/³³mɯi³³k a⁷³³suan³⁵	柴油
uaŋ	lɔŋ³³kluaŋ⁵³	里边	uak	ʐ̩ək³³ʔuak⁵⁵	衣架

uat	puat³³	穿（鞋）	uar	khuar³³	挖（耳朵）
uaːr	kəm³³puaːr³³	穿山甲	ual	kual⁵³	脚白
uaːl	kuaːl⁵³	（狗）叫	uaʔ	ʔuaʔ³³	驱逐
uɔn	muɔn⁵³	青春痘	uɔŋ	kuɔŋ³³	腰
uɔt	sruɔt⁵⁵	早	uɔk	muɔk⁵⁵	帽子
uɔr	jam³³puɔr³³/⁵³	晚上	uɔːr	tɕɔ³³ŋaːr³³tɕɔr³³ ŋuɔːr³³	黄澄澄
uɔːl	huɔːl⁵³	熊	uih	kluih⁵⁵	撬
ɯɛn	pɯɛn⁵³	可以	ɯɛn̺	jim³³sen³³tɯɛn⁵³	红彤彤
ɯɛŋ	phɯɛŋ⁵³/³³mah³³	竹篾饭桌	ɯɛt	pɯɛt⁵⁵	挤（牙膏）
ɯɛh	tɕɔ³³rɯɛh⁵⁵	梳	ɯaːl	pruaːl³³	活（的）
ɯaːr	hən³³tɯaːr⁵³	蝙蝠	ɯaʔ	təm³³lɯaʔ⁵⁵	翻（过来）
ɯɔm	təŋ³³pəŋ³³sɯɔm⁵³	整晚	ɯɔn	mɯɔn³³	一样
ɯɔn	sɯɔn⁵³	猪	ɯɔːŋ	tɕɯɔːŋ⁵³	脚
ɯɔːt	mɯɔːt³³	拿	ɯɔk	kəl³³tɯɔk⁵⁵	牙龈
ɯɔr	kən³³tɕɯɔr³³	烤（火）	ɯɔl	huɔl⁵³	呕吐
ɯɔh	luɔh³³taŋ³³	选举			

（3）复合元音韵母共有 25 个，分二合元音韵母和三合元音韵母。

二合元音韵母共有 20 个：ia、iu、iːu、ɛi、ai、aːi、au、aːu、eu、ɔi、ɔːi、ui、uːi、uɛ、ua、uɔ、əi、əːi、ɯi、ɯːi。

例词：

ia	plia⁵³	美	iu	kiu³³	山谷
iːu	（moːi³³）liːu³³	（一）指宽	ɛi	thei³³	犁
ai	klai³³	青苔	aːi	naːi³³	那
au	tɕau³³	梳子	aːu	tɕaːu³³	煮（饭）
ɔi	plɔi³³	释放	ɔːi	rɔːi⁵³	苍蝇
ui	hən³³wui³³ʔom³³/⁵³	蒸汽	uːi	luːi⁵³	肚子
uɛ	thue³³la³³	盘子	ua	khua⁵³	炒
uɔ	ɽuɔ⁵⁵	收（伞）	əi	khəi³³	女婿
əːi	wəːi³³	掺（水）	ɯi	mɯi⁵³	油腻
ɯːi	kɯːi³³	楼上	eu	kheu³³	绿

三合元音韵母共有 5 个：iɛu、uɛi、uaːi、uai、uɔi。

例词：

iɛu	tiɛu³³	裤子	uɛi	（moːi³³）nuei⁵⁵	（一）个（碗）
uaːi	kuaːi³³priʔ⁵⁵	山药	uai	khuai³³	迟

uɔi　　buɔi³³　　　　　　瓢

3. 韵母说明

（1）元音 u、ɔ、o、ɛ 的实际读音都略低于标准元音。例如，ku⁵³"借（钱）"、pɔ³³"和"、jol⁵³"芭蕉花"、ɽiɛŋ⁵³"肠子"等。

（2）韵尾-ŋ、-c 出现在元音后时前面带有过渡音-i-。例如，la:c³³"剥（花生）"读为la:ic³³，tu:ŋ⁵³"点（火）"读为tu:iŋ⁵³等。

（3）元音 a、ɔ 出现在 h 后面时，读为鼻化音 ã、ɔ̃。例如，ha⁵³"五"读为hã⁵³，hɔ³³"汉族"读为hɔ̃³³。

（4）-r、-l 韵尾只有非清化一种。-r 颤动次数较多。

（5）长元音在复合词中有的变读为短元音。例如，khu:l⁵³"毛"单念时读为长元音，但在复合词 khu:l³³mat³³"睫毛"中读为khul⁵³/³³mat³³。

（三）声调

克木语有声调对立，声调处于萌芽状态，有三个调值——55、53、33。其中，55 和 53 是高调，二者因韵尾的舒促而分，即 55 调出现在促声韵，53 调出现在舒声韵。这两个调的分化是韵母舒促对立出现的变体。从音位学观点可以合并为一个调。但由于二者音值相差较大，再加上借词的读音突破了上述规律，本文把这两个不同的调值分别标出。低调 33 与高调 55 和 53 的对立，是声母清浊对立逐渐走向消失的伴随现象。55 和 53 来源于清声母，33 来源于浊声母。但是，33 调的调值还不稳定，有时读为 33，有时读为 43。读为 43 时，听感上与 53 调比较接近。例如：

55（促声韵尾）		33	
la²⁵⁵	叶子	la²³³	牛蹄
pat⁵⁵	鸭子	pat³³	斜砍
53（舒声韵尾）		33	
kla:ŋ⁵³	老鹰	kla:ŋ³³	石头
kuŋ⁵³	村寨	kuŋ³³	支不开

33 调的另一来源是多音节词前一音节的变调。例如，ʔom⁵³/³³tɕer⁵³"水滴"、

tɕəm⁵³/³³kən⁵³"女人"。前缀音节也读33。例如，kən³³sah⁵³"火炭"、kən³³tuar⁵³"脖子"。

（四）音节结构类型

音节结构类型有以下 9 种：

 （1）辅音+元音。如 hɔ³³"汉族"、ka⁵³"（蚂蚁）爬"。

 （2）辅音+元音+元音。如 thei³³"犁"、ru:i⁵³"鬼"。

 （3）辅音+元音+元音+元音。如 tieu³³"裤子"、kieu³³"割（草）"。

 （4）辅音+元音+辅音。如 ŋɔ:r⁵³"路"、tɕɔ:m³³"跟（在后面）"。

 （5）辅音+元音+元音+辅音。如 kia:ŋ⁵³"肘"、muɔn⁵³"青春痘"。

 （6）辅音+辅音+元音。如 khrɔ³³"讨（饭）"、pla³³"剁（肉）"。

 （7）辅音+辅音+元音+元音。如 phroi³³"脆"、plɔi³³"释放"。

 （8）辅音+辅音+元音+辅音。如 phrim⁵³"旧"、thra:k³³"水牛"。

 （9）辅音+辅音+元音+元音+辅音。如 pliar⁵³"冰雹（雹子）"、pliet⁵⁵"打（柴）"。

（五）连音音变

音节相连，少数发生音变，主要有变调、增音、弱化等。

1. 变调

音节相连，有一部分发生变调。其特点是：①音节相连，发生变调的大多在前一音节；②主要是词内的变调，即在词内的不同音节上发生变调，短语结构的构成成分之间不发生变调。例如，sɔʔ⁵⁵"狗"在复合词 sɔʔ⁵⁵/³³tloh⁵⁵"公狗"中变读为 33，但在短语 sɔʔ⁵⁵tər³³sa:l⁵³"疯狗"中不变调。

2. 增音

两个音节相连，后一音节受前一音节影响，大多增加一个与前一音节辅音韵尾相同的音素。例如，kon³³nɯm⁵³/³³rak⁵⁵"未婚妻"的第三个音节前增加前一音节 nɯm⁵³ 的末尾音素 m，读为 kon³³nɯm⁵³ᐟ³³mrak⁵⁵。由于增音，清化的 r̥ 往往变读为非清化的 r。例如，nak³³r̥ien⁵³"学生"读为 nak³³krien⁵³，tut⁵⁵ᐟ³³r̥aːŋ³³"牙根"读为 tuːt³³thraːŋ⁵³ᐟ³³。

3. 减音

音节相连，若前一音节的韵尾与后一音节的声母相同，则前一音节的韵尾脱落。例如，təm³³mɔŋ⁵³"爪子"读为 tə³³mɔŋ⁵³，pleʔ⁵⁵ᐟ³³təm³³mar⁵³"酸浆果"读为 pleʔ⁵⁵ᐟ³³tə³³mar⁵³。

4. 清化音节脱落清化成分

有些清化音节在复合词中脱落了清化成分，变读为非清化音节。例如，r̥ien⁵³"学"中的 r̥ 与别的音节结合时读为非清化的 r，如 jɔh³³rien⁵³"上课"。

三、语　法

依据词的意义、构词特点和语法功能，克木语的词类可分为实词和虚词。实词包括名词、动词、形容词、代词、数词、量词、副词等，虚词包括介词、连词、叹词、助词等。

（一）名词

克木语的名词表示人或事物的名称，是词汇系统中数量最多、内容最丰富的一类。其主要特点是：①多为多音节词，第一个音节有的是辅音声母后带的弱化元音音节；②时间名词、方位名词、称谓名词有自己的构词特点；③具有性和数的范畴以及指大与指小等语法特征；④受其他成分修饰时，修饰成分在名词中心语之后；⑤有少数名词可以兼用作动词。

1. 分类

名词是表示人或事物名称的词。可分为一般名词、专有名词、时间名词和方位名词等。

（1）一般名词，如 mɔŋ⁵³ "月亮"、mok⁵⁵ "山"、tə³³nɔh⁵⁵ "嘴巴"。

（2）专有名词，如 paʔ⁵⁵thet⁵⁵laːu⁵³ "老挝"、pak⁵⁵kin̩⁵³ "北京"、luɔŋ³³ nam³³tha³³ "南塔"。

（3）时间名词，如 pi³³ "年"、muɯ⁵³ "日"、khə⁵⁵niʔ⁵⁵ "现在"、kən³³tɕəʔ⁵⁵ "昨天"。

（4）方位名词，如 mat³³priʔ⁵⁵lien⁵³ "东方"、mat³³priʔ⁵⁵kuːt³³ "西方"、lɔŋ³³kɛːm³³ "旁边"。

2. 构词特点

构词特点是"中心语素+修饰性语素"。中心语表示类名时，起限制名词语义范围的作用。例如，部分时间名词由 "pi³³（年）+修饰性语素" 构成——pi³³nɯm³³ki⁵³ "今年"、pi³³nɯm³³klaːt³³ "去年"。

方位名词大多由 "lɔŋ³³（处）+修饰性语素" 构成，如 lɔŋ³³kluaŋ⁵³ "里面"、lɔŋ³³nɔːk³³ "外面"。

液体名称或与水有关的物体名称多由 "ʔom⁵³/³³（水）+修饰性语素" 构成，如 ʔom⁵³/³³muuk⁵⁵ "墨水"、ʔom⁵³/³³klaːŋ⁵³ "矿泉水"。

有的表示类名的中心语素语义出现泛化，是一种半实半虚的类前缀。例如，pleʔ⁵⁵在构成水果类名词时，仍保留原来的"水果"义；而在构成圆形物体名词时，其语义出现泛化，表示"圆状"义，如 pleʔ⁵⁵man³³ "李子"、pleʔ⁵⁵tɕuk⁵⁵ "橘子"，pleʔ⁵⁵kə³³lam³³pi⁵³ "包菜"、pleʔ⁵⁵tho³³nɔːi³³ "豌豆"。

3. 名词的"性"

名词本身没有"性"，主要依靠其他词或使用不同的词表示不同的"性"。①在名词后加 tɕəm³³prɔʔ³³ "男人" 或 tɕəm³³kən⁵³ "女人" 表示男性或女性，如 nak³³r̩ien⁵³tɕəm³³prɔʔ³³ "男学生"、nak³³r̩ien⁵³tɕəm³³kən⁵³ "女学生"，但是男、女巫师却用 pɔ³³、maʔ³³ "母" 来区别，如 pɔ³³khru⁵³ "男巫师"、maʔ³³khru⁵³ "女巫师"。②在名词后加 prɔʔ³³表示男性称谓，加 kun⁵³表示女性称谓，如 kən³³tɕəm³³prɔʔ³³ "儿子"、kən³³tɕəm³³kun⁵³ "女儿"。③在名词后加 jɔŋ³³ "父" 表示男性称谓，加 maʔ³³ "母" 表示女性称谓，如 jɔŋ³³teŋ³³ "伯父"、maʔ³³teŋ³³ "伯母"。④雄性用 "动物名词+tloh⁵⁵（公）" 表示。雌性用 "动

物名词+ ma^{233}（母）"表示生过子的，用"动物名词+ ja:ŋ^{53}（母）"表示未生子的，如 thra:k^{33}tloh^{55} "公水牛"、thra:k^{33}ma^{233}→thra:k^{33}ja:ŋ^{53} "母水牛"。

4. 尊称、爱称、别称和排行称谓

（1）尊称：男性用"ta:i^{53}（哥）+人名"称呼比自己年长的未婚男性，如 ta:i^{53}kham^{33}、ta:i^{53}gɔn^{33}；用"ten^{53}（哥）+人名"不分男女，称呼与自己有亲戚关系的同辈或父辈，如 ten^{53}kham^{33}、ten^{53}gɔn^{33}；用"thau^{53}（爷爷）+人名"称呼祖辈男性，不论有无亲缘关系。thau^{53}是老挝语借词，本语是 ta^{755}，如 thau^{53}kham^{33}、thau^{53}gɔn^{33}。女性不分辈分，用"hɛ:m^{33}（弟、妹）+人名"称呼比自己年幼者，如 hɛ:m^{33}man^{53}、hɛ:m^{33}kian^{53}；用"ma^{233}（母）+人名"称呼祖辈的女性，不论有无亲缘关系，如 ma^{233}su^{755}、ma^{233}tɕam^{55}。

（2）爱称：用"名词+ nɛ^{755}（小）"表示对人的爱称，如 hɛ:m^{33}nɛ^{755} "小弟妹"、kɔn^{33}num^{55}nɛ^{755} "小姑娘"。用 tɕat^{33}（很）kər^{33}nɔ^{755}（可爱）、tɕat^{33}（很）lə^{755}（可爱）"很可爱"或者 tɕat^{33}（很）plia^{53}（漂亮）"很漂亮"表示对人或动物的喜爱，如 sɔ^{755}tɕat^{33}kər^{33}nɔ^{755} "可爱的小狗"、si:m^{53}tɕat^{33}lə^{755} "可爱的小鸟"。

（3）别称：用"joŋ^{53}（父）+孩子名字"表示男性有了孩子以后的另一种称谓，如 joŋ^{53}ai^{33}kiau^{53} "艾叫爸爸"。

（4）排行称谓：排行不分男女，都用"kɔn（人）+数词"表示，如 kɔn^{33}sən^{33}traŋ^{53} "老大"；用"kon^{33}（人）+形容词"称呼具有某类特征的人，如 kon^{33}hə^{33}te^{755} "矮子"。

5. 指大与指小

（1）指大多用"名词+ nam^{53}（大）"表示，如 ŋɔ:r^{53}nam^{53} "大路"、sə$^{33?}$ɔ:ŋ$^{53/33?}$nam^{53} "大树"。少数也用"ma^{233}（母）+名词"表示。ma^{233}本义是"母"，引申为"大"义，如 ma^{233}（母）ti^{755}（手）"大拇指"。

（2）指小有两种表示法：不含"生命"义的可数名词用"名词+nɛ^{755}（小）"表示，如 ŋɔ:r^{53}ɳɛ^{755} "小路"、sə$^{33?}$ɔ:ŋ^{53}ɳɛ^{755} "小树"。动物名词可用"名词+ɳɛ^{755}（小）"和"kɔn^{33}（儿子、幼小）+名词"两种结构表示，如 mar^{53}ɳɛ^{755}→kɔn^{33}mar^{53} "小蛇"、ka^{755}ɳɛ^{755}→kɔn^{33}ka^{755} "小鱼"。

6. 语法特点

（1）名词的组合关系：名词不能与句尾词结合，也不能受副词修饰。名词可受代词、名词、形容词、数量短语等修饰，修饰语在名词中心语之后，名词和修饰语之间不加结构助词：受代词修饰，如 ma²³³²o⁷⁵⁵ "我的妈妈"、ta:i³³me⁵³ "你的哥哥"；受名词修饰，如 kə³³mu:l⁵³thau³³ke³³ "老板的钱"、tε:p³³pɔ³³mε:u⁵³ "苗族服装"；受形容词修饰，如 ka:ŋ³³/³⁵həm³³me⁷⁵⁵ "新房子"、tε:p³³²jeŋ³³ "黑衣服"；受数量短语修饰时，语序大多是 "名+数+量"，如 rəŋ³³ko⁷⁵⁵mo:i³³kəŋ³³lo³³ "一斤米"。

（2）名词的语法功能：在句中做主语、宾语、定语。例如：

tε:p³³ ti:l³³ phe:ŋ⁵³ nan⁵³.	衣服很贵。
衣　　　　贵　　　很	
ʔo⁷⁵⁵ ku²³³ pə⁷⁵⁵ tə³³pa:n³³ tɕɛt⁵⁵.	我爱吃酸笋。
我　爱　吃　笋　　　酸	
ŋɔ:r⁵³ kɛm³³ lɔŋ³³we⁷⁵⁵ wah³³.	左边的路宽。
路　　　左边　　　宽	

（二）动词

克木语动词的主要特点有：①以单音节为主，有少量双音节词；②分为一般动词、判断动词、存在动词和能愿动词等；③形态变化少；④少数动词能重叠，表尝试义；⑤能受形容词、副词修饰；⑥有将行体、进行体、完成体、尝试体等；⑦可以充当谓语、主语、宾语、定语和补语等。

1. 分类

动词是表示动作行为、思想活动、发展变化、存在等意义的词。可分为一般动词、判断动词、存在动词和能愿动词等，如 lɔih³³ "缝"、wak³³ "吊"、məh³³ "是"、mɯɔn³³ "像、似"、ʔah⁵⁵ "有"、jɛt³³ "在"、ku²³³ "喜欢"、pra:m³³ "羡慕"。

2. 动词的态

克木语动词有自动态、使动态和互动态的区别，下文将对使动态和互动态作详细介绍。

（1）使动态：语法形式有屈折式和分析式，屈折式使用频率高。多数自动词无标记，使动词有标记。使动词的标记是加前缀 pən³³，如 jɔh³³ "出去"→pən³³jɔh³³ "使（小孩）出去"、pu²⁵⁵ "吃"→pən³³pu²⁵⁵ "喂（奶）"。还有少数例外：自动词有标记，使动词无标记。即使动词由自动词的前一音节脱落构成，如 m³³buːt⁵⁵ "蜕皮"→buːt⁵⁵ "使蜕皮，扒皮，使脱"、həm³³paːŋ³³ "开"→paːŋ³³ "使开"。分析式是在致使对象之前加虚化动词 ʔun⁵³ "给、弄、使"、ʔəh⁵⁵ "做、弄" 表致使义。如果强调动作完成义，这两个虚化动词可以并列使用，位置能互换，如 jɔh³³ "出去"→ʔun⁵³…jɔh³³ "使（小孩）出去"、pu²⁵⁵ "吃"→ʔun⁵³…pu²⁵⁵ "喂（奶）"。

（2）互动态：语法形式为分析式。克木语动词后加助词 jɔ²⁵⁵（意义有一定虚化，接近后缀）表示动作行为相互进行，如 mak⁵⁵ "打" →mak⁵⁵jɔ²⁵⁵ "打架"、nəŋ³³ "知道" →nəŋ³³jɔ²⁵⁵ "认识"。

3. 动词的否定式

克木语动词能受否定副词修饰。否定副词有 pə³³ "不、没"、kən³³ "别、不要"、pə³³ta²³³ "还没" 等，如 pə³³jɔh³³ "不去"、kən³³maːn³³ "别问"。

4. 动词可受性状、程度形容词修饰

形容词重叠或带性状后缀后，表义程度加深，能修饰动词。例如：

un⁵³ kə³³ jɔh³³ sə³³ruɔt⁵⁵ sə³³ruɔt⁵⁵. 让他早早走。

让　他　走　早　　　早

kə³³ jɔh³³ sə³³kaːr³³ sə³³mə²⁵⁵ sə³³mə²⁵⁵ klat⁵⁵. 他直直地走了。

他　走　直　　　很　　很　　去了

5. 动词能受副词修饰

动词除受否定副词修饰外，还能受程度、范围、时间、频率等副词修

饰。例如：

> na³³ ja:m³³ them³³ lɛ:u⁵³.   她又哭了。
>
> 她   哭   又   了
>
> kə³³ nɔ:ŋ³³ jet³³ tər³³kət⁵⁵ wiek³³.   他正在想事情。
>
> 他   正   在   想   事情
>
> kə³³ pə²⁵⁵ ləŋ³³ ʔah³³, pə³³ mah⁵⁵ təm³³pri²³³. 他只吃肉，不吃蔬菜。
>
> 他 吃   只 肉   不   吃   蔬菜

6. 动词的体

克木语动词有将行体、进行体、完成体、持续体、尝试体等体范畴，使用助动词或副词表示。

（1）将行体：在动词后加 tər³³leh⁵⁵tɕə³³ "将要、快要"、tɕə³³ "要、将要"、tɕu²⁵⁵ "想要" 等助词，表示动作即将进行。助动词一般位于动词前面。例如：

> tər³³leh⁵⁵ tɕə³³ sih⁵⁵ hoc⁵⁵.   快要睡觉了。
>
> 快   要   睡   了
>
> ʔo²⁵⁵ tɕu²⁵⁵ we:t³³ pap³³ mo:i⁵³ ʔan⁵³.   我要买本书。
>
> 我 想要 买   书   一   本

（2）进行体：在动词后加 nɔŋ⁵³ "在"、jet³³ "正在" 等时间副词，表示动作正在进行。时间副词一般位于动词前面。例如：

> kə³³ nɔŋ⁵³ jeŋ³³ pap³³ kə³³ ki³³.   他在看这本书。
>
> 他   在   看   书   他的 这
>
> ʔo²⁵⁵ jet³³ jɔh³³luam³³.   我正在开会。
>
> 我 正在 开会

（3）完成体：在动词后加助词 lɛ:u⁵³ "了"、hoc⁵⁵ "过、了"、kə:i³³ "过" 或副词 hɔc³³ "已经"、kə:i³³ "已经" 等表示。lɛ:u⁵³ 借自老挝语，不常用；hoc⁵⁵

使用频率较高。助词位于动词的前面或后面；时间副词在动词前面。例如：

kə³³ həc³³ jɛŋ³³ hoc⁵⁵ pap³³ kə³³ ki³³. 他看过这本书。

他 已经 看 过 书 本 这

pap³³ kə³³ki³³ kə³³ kə:i³³ ʔan²⁵⁵ hoc⁵⁵. 他已经看过这本书。

书 这 他已经 读 过

pap³³ kə³³ ki³³ kə³³ ʔan⁵³ hoc⁵⁵ loc⁵⁵ ja:m³³ nɛ³³. 他刚看完这本书。

书 本 这 他 读 了 完 刚

（4）尝试体：动词重叠，在动词后加虚化的助动词 je:ŋ⁵³ "看"，动词重叠后再加 je:ŋ⁵³，都表示动作行为的尝试义。例如：

本义		尝试义	
tɕhuɔ³³	试	tɕhuɔ³³tɕhuɔ³³	试试（吧）
		tɕhuɔ³³je:ŋ⁵³	试试（看）
		tɕhuɔ³³tɕhuɔ³³je:ŋ⁵³	试试（看吧）
kle:t³³	舔	kle:t³³kle:t³³	舔舔（看）
		kle:t³³je:ŋ⁵³	舔舔（吧）
		kle:t³³kle:t³³je:ŋ⁵³	舔舔（看吧）

7. 动词的句法功能

动词在句中主要做谓语，其次是做定语、补语、主语和宾语。例如：

kə³³ jɔh³³ hoc³³. 他走了。

他 走 了

ʔan⁵³ naŋ³³sɯ⁵³ dək⁵⁵tɕuɯŋ⁵⁵ ʔah⁵⁵ sɯ³³nəŋ⁵³. 多读书有好处。

读 书 多 才 有 知识

ʔoʔ²⁵⁵ kuʔ³³ kəl³³jɔ:ŋ³³ʔom⁵³. 我喜欢游泳。

他 喜欢 游泳

ʔiʔ²⁵⁵ kə³³ ɲuih⁵⁵ dʑiɛŋ⁵³ tiŋ⁵³. 我们把墙推倒了。

我们（那）推 墙 倒

（三）形容词

形容词的主要特点是：①能重叠，表示状态程度加深；②能受副词修饰；③能够通过不同的语法手段表示性状程度的层级性；④有自动态和使动态。

形容词以单音节为主，双音节较少。双音节词多数是一个半音节，但前半个音节与后一音节结合较紧，不能分离，如 sə³³mə²⁵⁵ "真"、sə³³kat³³ "粗糙"。

有的形容词能重叠，或后加重叠结构，表示性状程度的加深。主要有 AA、AABB 和 ABAB 等形式，如 wai³³wai³³/⁵⁵ "快快地"、kak⁵⁵/³³kak⁵⁵/³³we²⁵⁵we²⁵⁵ "弯弯曲曲"、sə³³kɔ²⁵⁵sə³³kɔ²⁵⁵ "湿湿的"。

形容词能受 pə³³ "不"、pə³³ta²³³ "不、没" 等否定副词修饰，如 pə³³lə²⁵⁵ "不好"、pə³³koŋ⁵³ "不乱"。

形容词能够通过不同的语法手段表示性状程度的层级性，主要有以下几种形式。①能受 sə³³mə²⁵⁵ "很、太"、sə³³tən⁵³ "很、非常"、luaˀ⁵³ "很、更"、nan³³ "非常、最" 等程度副词修饰，表示程度加深或程度等级。加在形容词后，如 liaːt⁵⁵sə³³mə²⁵⁵ "很短"、tɕaˀ²³³sə³³tən⁵³ "很远"。②加程度副词的重叠式，表示程度加深。程度副词大多不能重叠，常见能重叠的是 sə³³mə²⁵⁵ "很"，如 jaːŋ⁵³sə³³mə²⁵⁵sə³³mə²⁵⁵ "黑黑的"、bap³³sə³³mə²⁵⁵sə³³mə²⁵⁵ "辛辛苦苦"。③单音节形容词后加重迭后缀，表示性状加深。使用频率较高的状态后缀是 theˀ²⁵⁵theˀ²⁵⁵（借自老挝语），如 jaːŋ⁵³theˀ²⁵⁵theˀ²⁵⁵ "黑黑的"、bap³³theˀ²⁵⁵theˀ²⁵⁵ "辛辛苦苦"。④形容词后加程度副词后再加上重叠式的程度副词 sə³³mə²⁵⁵sə³³mə²⁵⁵表达最高级，如 tɕaˀ²³³nan³³sə³³mə²⁵⁵sə³³mə²⁵⁵ "特别特别远"。

形容词前加结构助词 kam⁵⁵ "的"、kɔ²⁵⁵ "的" 等构成名物化结构。名物化的形容词具有名词的某些特征，可作主语、宾语、定语等句子成分，如 kam⁵⁵nam⁵³ "大的"、kam⁵⁵mon³³ "圆的"。

形容词有使动态，表示性质状态是由外力所致的。语法手段主要是屈折式，通过前缀变音表示。这类形容词较少，且可再加 pən³³表使动义的增强，如 sə³³kɔ²⁵⁵ "湿"→səm³³kɔ²⁵⁵/pən³³səm³³kɔ²⁵⁵→ "弄（使）湿"、sə³³kaːr³³ "直"→səm³³kaːr³³/pən³³səm³³kaːr³³ "弄（使）直"。在形容词前加 jam³³jə²⁵⁵

表示"本来"义，表自动，加 pən³³ 表示使动，如 jam³³jə²⁵⁵ja:ŋ⁵³ "（本来）黑"→pən³³ja:ŋ⁵³ "使黑"、jam³³jə²⁵⁵kat⁵⁵ "（本来）冷"→pən³³kat⁵⁵ "使冷"。

形容词可用肯定加否定的形式表示选择问，如 wo²⁵⁵pə³³wo²⁵⁵ "多不多"、mon³³pə³³mon³³ "圆不圆"。

形容词在句中主要做定语，也能做谓语、状语、补语、主语、宾语等。例如：

ka:ŋ³³/³⁵ kam⁵⁵ plia⁵³　　　　　　　　　　　整洁的房间
房间　　的　　漂亮

kɔn³³nɯm⁵³tɕəm³³kən⁵³ kam⁵⁵ tɕoŋ⁵³ kə³³na:i³³ məh³³ mə²⁵⁵?
姑　娘　　　　　的　高　那个　是　谁
那个高个子的姑娘是谁？

kam⁵⁵ jim⁵³ hə³³jɛ⁵³, kam⁵⁵ kheu³³ tɕat⁵⁵.　　　红的甜，绿的酸。
的　红　甜　　的　绿　酸

kər³³nɯɛh⁵⁵ hən³³ta²³³ lɛ:u⁵³.　　　　　　　枕头压扁了。
枕　头　　压扁　了

（四）代词

代词是具有称代功能的词，可分为人称代词、指示代词和疑问代词。

1. 人称代词

有单数、双数和复数。第二、第三人称单数有性的差异，第一人称双数有包括式和排除式，没有尊称。此外，还有反身代词和泛称代词（表3）。

表 3　人称代词汇总表

数	第一人称	第二人称	第三人称
单数	ʔo²⁵⁵我	me⁵³你（男）；pa³³你（女）	kə³³他（男）；na³³他（女）
双数	ʔa²⁵⁵我俩（排除式） ʔa²⁵⁵pa:r³³kon³³咱俩（包括式）	po³³pa:r³³kon³³你俩	sə³³na:r³³kon³³他俩
复数	ʔi²⁵⁵我们、咱们	po³³你们	nɔ⁵³他们
反身代词	te³³自己		
泛称代词	pə³³rieŋ⁵³别人、ta:ŋ³³krɔ:k³³全部（有血缘关系）、tə:ŋ³³puk⁵⁵全部（数量多）、tə:ŋ³³loc³³全部（数量少）		

人称代词在句子中可以做主语、宾语、定语。例如：

ʔo⁷⁵⁵ məh³³ kon⁵³ tə³³mɔi⁵³/³³ʔu⁵³.　　　　　　我是克木乌。

我　　是　　人　　克木乌

ta:i³³tɕəm³³kɯn⁵³ tɕuːr⁵³ huɯp³³ pa³³.　　　　　姐姐来看你了。

姐姐　　　　　来　　看　　你

ka:ŋ³³ prieŋ⁵³ nam⁵³ sə³³mə⁷⁵⁵.　　　　　　　别人的房子很大。

房子　别人　大　　很

2. 指示代词

指示代词起指示和代替的作用，可分为方所指示代词、性状指示代词和数量指示代词（表 4）。

表 4　指示代词汇总表

方所指示代词	方位	近指：ki³³、ni⁷⁵⁵（后面较近处）、kə³³ni⁷⁵⁵（前面较近处）这、这里
		较远指：na:i³³、kə³³na:i³³稍远指、ta³³na:i³³更远指
		最远指：ho⁷⁵⁵那、ta³³ho⁷⁵⁵那边
	处所	kə³³ki³³这里、kə³³ni⁷⁵⁵这里、kə³³na:i⁵³那里
		mon³³ki³³这里、mon³³ni⁷⁵⁵这里、mon³³na:i⁵³那里
性状指示代词		tɕa⁷⁵⁵kə³³ki⁵³这样　　　　　tɕa⁷⁵⁵kə³³na:i³³那样
指示代词	单数	kə³³ni⁷⁵⁵、kə³³ki⁵³这个　　　　kə³³na:i⁵³那个
	复数	nɔ³³kə³³ni⁷⁵⁵这些　　　　　　nɔ³³kə³³na:i³³那些

3. 疑问代词

疑问代词可分为单纯式和合成式。单纯式的只有 mə⁷⁵⁵ "谁" 一个，合成式的由 mə⁷⁵⁵ "谁" 加上其他成分组合而成（表 5）。

表 5　疑问代词汇总表

问人物	mə⁷⁵⁵谁、哪个（主格、宾格）；te⁷⁵⁵mə⁷⁵⁵谁的（属格）
问时间	ŋam³³mə⁷⁵⁵何时
问事物	to³³məh⁵⁵什么
问方所	lɔŋ³³mə⁷⁵⁵哪里
问数量	than³³mə⁷⁵⁵多少
问方式	tɕa⁷⁵⁵kə³³mə⁷⁵⁵怎么；tɕə⁵³mə⁷⁵⁵怎么样
问原因	ʔəh⁵⁵（做）（to³³）məh⁵⁵（什么）为什么。（to³³可以省略）

疑问代词在句中做主语、宾语，不能做定语。例如：

pa³³ tɕɛh⁵⁵ mə²⁵⁵?   你骂谁？
你　骂　谁

mə²⁵⁵ tɕɛh⁵⁵ pa³³?   谁骂你？
谁　骂　你

（五）数词

数词是表示数目的词。可分为基数、序数、分数、倍数和概数词等。其主要特点有：①有本语词和老挝语借词两套；②受老挝语的影响较大，4以上的数词都借自老挝语。

1. 基数词

基数词可分为本语数词和借用数词，本语数词基本弃用，只保留 moːi³³ "一"、paːr⁵³ "二"和 pe²⁵⁵ "三"三个。例如：

nən³³　一　sɔŋ³³　二　saːm³³　三　si⁵³　四
ha⁵³　五　r̥ok⁵⁵　六　tɕet⁵⁵　七　pɛːt⁵⁵　八
kau⁵³　九　sip⁵⁵　十　rɔːi⁵³　百　pan³³　千
muːn⁵³　万　saːu⁵³　二十

单纯数词"二十"只能说 saːu⁵³，表示"二十"不能说 sɔŋ³³sip⁵⁵。基数词"一"在与名词结合时，只能用固有数词 moːi³³，不能用老挝语借词nən³³。"二"或"二"以上的数词可以用本语基数词或借自老挝语的基数词，但更习惯用本语数词。

2. 序数词

序数词表示次序的先后，一般用老挝语借词 thi³³ "第"加基数词表示。数词可以是本语词也可以是老挝语借词，如 thi³³moːi³³ "第一"、thi³³paːr⁵³ "第二"。若表示名次，则都使用老挝语借词，如 thi³³nən³³ "第一（名）"、

thi³³sɔŋ³³"第二（名）"。若表示"第×个"，有本语和老挝语两种表达方式。本语指人和物的"第×个"结构，表达方式为"名词+ thi³³（第）+数词+量词"，如 kon³³thi³³mɔːi³³kon⁵³"第一个人"、kon³³thi³³paːr⁵³kon⁵³"第二个人"。

3. 分数词

分数用数量短语"数词+pun⁵³pan³³（分）+数词+pun⁵³（份）"表示。分子居前、分母居后，如 mɔːi³³pun⁵³pan³³paːr⁵³pun⁵³"二分之一"。

4. 倍数词

"……倍"用"基数词+ thau⁵³（倍）"表示，如 sɔŋ³³thau⁵³"两倍"、sip⁵⁵thau⁵³"十倍"。

5. 概数词

概数一种是用数量短语加"左右""大约""以上"之类的词表示。例如，用"pa³³man⁵³（大约）+数量短语"表示，pa³³man⁵³借自老挝语，如 pa³³man⁵³sip⁵⁵to⁵³"大约十头"；在基数词或数量短语后加 plai⁵³"多"、lut⁵⁵ʔɛt⁵⁵"多一点儿"表示，如 saːm³³sip⁵⁵plai⁵³"二十多"、si⁵³sip⁵⁵lut⁵⁵ʔɛt⁵⁵"四十多点儿"；用"pa³³man⁵³+数量短语+lə²⁵⁵lɔŋ⁵³pə²⁵⁵（左右）"表示，如 pa³³man⁵³r̥ok⁵⁵rɔːi⁵³bat³³lə²⁵⁵lɔŋ⁵³pə²⁵⁵"六百铢左右"；用"……+plai⁵³（超过）+……lə²⁵⁵lɔŋ⁵³pə²⁵⁵"表示超过某个数字，如 a³³tɕaːn⁵³rɔːi⁵³plai⁵³kon⁵³lə²⁵⁵lɔŋ⁵³pə²⁵⁵"一百多位老师"；用"数词/数量短语+lə²⁵⁵lɔŋ⁵³pə²⁵⁵（以上）/tɕuːr⁵³（以下）"表示，如 saːu⁵³pi³³lə²⁵⁵lɔŋ⁵³pə²⁵⁵"二十岁以上"。

另一种是用两个相邻或不相邻的数词表示。具体包括：用两个相邻的系数词加"十""百""千""万"等位数词或量词表示，如 peːt⁵⁵kau⁵³si⁵³"八九十"、mɔːi³³paːr⁵³nɛːr³³"一两种"；用两个不相邻的基数词相连表示，二者之间要加 rɔːt³³"到"，这一形式使用频率不高，如 saːm³³rɔːi⁵³rɔːt³³ha⁵³rɔːi⁵³"三五百"。

（六）量词

量词是表示人、事物或动作单位的词。克木语的量词很丰富，可分为名量词和动量词，名量词多，动量词少。称量时，名量词的语序为"名词+数词+量词"，动量词的语序为"动词+数词+量词"。

1. 名量词

名量词是表示事物数量单位的词，可分为个体量词、集体量词、度量衡量词、时间量词等。

（1）个体量词：数目较多，分为反响型量词、类别量词、性状量词、通用量词等。

反响型量词：数量较多，大部分借自老挝语。有的反响型量词与被限定名词的语音形式完全相同。例如：

kon^{33} $pa:r^{53}$ kon^{53}　两个人　　$ka:\eta^{33}$ $mo:i^{33}$ $ka:\eta^{33}$　一幢房子

人　　二　　人　　　　　　房了　一　　房子

有的反响型量词与被限定名词的语音形式部分相同。例如：

$lok^{55}h\mathrm{ə}^{33}jar^{53}$ $mo:i^{33}$ lok^{55}　一个鸡圈

鸡圈　　一　　圈

$kr\mathrm{ɔ}:k^{55}l\mathrm{ə}\eta^{33}po^{?55}$ $mo:i^{33}$ $kr\mathrm{ɔ}:k^{55}$　一个牛圈

牛圈　　一　　　圈

性状量词：表示物体的形状特点。常用的有 lem^{53}"根"、$t\mathrm{ə}:r^{53}$"张"、$t\mathrm{ə}r^{33}mɯa\eta^{33}$"节"、$sen^{53}$"条"等。其中，$lem^{53}$既可表示形状，又可表示类别。例如：

$t\mathrm{ɕ}\mathrm{ə}^{33}l\mathrm{ɔ}:\eta^{33}$ $mo:i^{33}$ lem^{53}　一艘小船　　$k\mathrm{ə}^{33}mu:l^{53}$ $mo:i^{33}$ $t\mathrm{ə}:r^{53}$　一张钱

小船　　一　　艘　　　　　　钱　　一　　张

$r\mathrm{ə}^{33}ha:\eta^{53}$ $mo:i^{33}$ $t\mathrm{ə}r^{33}mɯa\eta^{33}$　　　一节竹子

竹子　　一　　节

$\eta\mathrm{ɔ}:r^{53}$ $mo:i^{33}$ sen^{53}　　　　　　一条路

路　　一　　条

类别量词：用于同一类事物的称量。这类量词数量有限，但出现频率很高。例如，kon⁵³ "个"专用于计量 "人"，lem⁵³ "棵"用于植物类的事物名词，to⁵³ "只、头、匹、条"不分家禽野兽，不分大小外形，可以表示所有动物的量，plah⁵⁵ "只、边、个、扇"用于表示成双成对事物的一个量。例如：

pə³³nɯr⁵³ mo:i³³ plah⁵⁵ 一只翅膀

翅膀　　一　　只

ta:p³³ke:p⁵⁵ mo:i³³ plah⁵⁵ 　一边脸

脸　　一　　边

通用量词：常用的只有 nɯɛi⁵⁵ "个"一个。例如：

mat³³pri²³³ mo:i³³ nɯɛi⁵⁵ 一个太阳　mɔŋ⁵³ mo:i³³ nɯɛi⁵⁵ 一个月亮

太阳　　一　　个　　　　月亮　一　　个

（2）集体量词：可分为定量集体量词和不定量集体量词。定量集体量词只有 ku⁵³ "双、对"一个，用来称量成双成对的人或事物。例如：

mɛ²³³thu³³ mo:i³³ ku⁵³ 一双筷子　　khal³³ mo:i³³ ku⁵³ 一对耳环

筷子　　一　　双　　　　耳环　一　　对

不定量集体量词常用的有 ʔet⁵⁵ "点"、pɯŋ⁵³ "些（东西）"、pɯŋ⁵³ "群"、kɔŋ⁵³ "堆"、rəŋ³³ʔɔ:l³³ "蓬"、kər³³tak⁵⁵ "捧"、çər³³nuk⁵⁵ "串"、ku⁵³ "套"、klak³³ "丛"、kəm⁵³dom⁵³ "团"、tul³³nul⁵³ "窝"等。

（3）度量衡量词：分标准度量衡和非标准度量衡量词，克木语本语的度量衡量词较少。非标准度量衡量词如 mo:i³³wa³³ "一庹"、mo:i³³kɯ:p³³ "一拃"、mo:i³³li:u³³ "一指（宽）"、mo:i³³sɔ:k⁵⁵ "一肘（长）"。克木语的标准度量衡量词，既有汉语借词，也有老挝语借词，其中以老挝语借词为多。借自老挝语的如 mo:i³³ki³³lo³³kram⁵³ "一公斤"、mo:i³³ki³³lo³³met⁵⁵ "一公里"、mo:i³³met⁵⁵ "一米"；借自汉语的如 mo:i³³tɔn⁵³ "一吨"、mo:i³³juen³³ "一元"。

（4）时间量词：用于计算时间单位。常用的有 mɯ³³ "天"、pən³³sɯɔm⁵³ "夜"、mɔŋ⁵³ "月"、pi⁵³ "年"、wan³³tçua⁵³ "辈子"等。其中，pi⁵³、mɔŋ⁵³ 等是时间名词的兼类。

2. 动量词

动量词可分为专用的和借用的两类。

专用动量词常用的有 pat³³，表示"下、次、遍、趟……"意义，适用范围较广。例如：

jɔh³³ moːi³³ pat³³　　去一次　　pə²³³ moːi³³ kraːp³³　　吃一顿

去　一　次　　　　　吃　一　顿

临时借用别的词类作动量词的称为借用动量词，大多借自时间名词。例如：

nɔ⁵³ jɔh³³ pe²⁵⁵ muɯ³³ hoc³³.　　　　　他们走了三天。

他们 走 三 天 了

kə³³ r̥ien⁵³ paːr⁵³ pi³³ hoc³³.　　　　　他学习了两年。

他 学习 两 年 了

（七）副词

副词是修饰、限制动词和形容词的词。可分为程度副词、范围副词、时间副词、否定副词、语气副词和情状方式副词等。

克木语副词的主要特点是：①可位于中心语之前，也可位于中心语之后，以位于中心语之后为主。②表程度的"更"和"最"都用 lɯa⁵³。lɯa⁵³具有多功能性，既表性质状态的程度差别，用作副词；又兼做比较标记，用作介词。③有的程度副词可以重叠，有的程度副词可以套用，重叠和套用后程度加深。④程度副词 nan⁵⁵ "真"读为 naːn⁵⁵，表示程度加深。⑤否定副词较丰富。

1. 程度副词

程度副词是表示性质状态程度的词。可分为绝对程度副词和相对程度副词。绝对程度以经验性的主观理解为比较基准，其比较基准是抽象的、隐性的。相对程度以具体的同质事物为比较基准。相对程度副词只有 lɯa⁵³一个，绝对程度副词主要有 sə³³mə²⁵⁵ "很"、nan⁵⁵ "真"、sot⁵⁵ "最"、tɕə³³ni²⁵⁵

"这么"、than³³mə²⁵⁵ "不太"、tɕaːt⁵⁵ "很"。除 tɕaːt⁵⁵外，其余的都用在中心语之后。程度副词可以重叠，表示程度加深。例如：

me⁵³ hɛːr⁵³ <u>sə³³mə²⁵⁵</u>.   你很聪明。

你　聪明　很

teːp³³ na³³ plia⁵³ <u>sə³³mə²⁵⁵</u> <u>sə³³mə²⁵⁵</u>.   她的衣服非常漂亮。

衣服　她　漂亮　很　　　很

2. 范围副词

范围副词表示事物或性质状态的范围，常用的有 kɔ²⁵⁵ "都"、ləŋ⁵³ "只"、kɔ²⁵⁵ "也"。例如：

ʔiʔ²⁵⁵   <u>kɔ²⁵⁵</u> jɔh³³ loc³³.   我们都去了。

我们　都　去　　了

kə³³ pə²⁵⁵ <u>ləŋ⁵³</u> mah³³.   他只吃米饭。

他　吃　只　饭

3. 时间副词

时间副词表示动作或状态的时间，常见的有 kɔ³³ "才"、nəŋ⁵³ "还"、theːm⁵³ "再"、kaːl³³ "先"、than⁵³ni³³than⁵³ni³³ "经常"。例如：

me⁵³ <u>kɔ³³</u> kaːiʔ³³ kə³³niʔ²⁵⁵?   你才到这里来呀？

你　才　来　　这里

pa³³ tɕɤ⁵³ <u>nən⁵³</u> jɔh³³ lɯ⁵⁵ pə³³ jɔh?   你去或者不去？

你　要　还　去　或者不　去

pɔ³³   po³³ mah³³ <u>kaːl³³</u> nə⁵³.   你们几个先吃吧。

你们　一起　吃　先　（语助）

4. 否定副词

否定副词有 pə³³ "不/没"、pə³³ta⁵³ "尚未"、ta⁵³ "没有"、pə³³lə²⁵⁵ "别、

不要"等。pə³³不能单独回答问题，只能用于动词或形容词之前，表示不发生某种动作、不出现某种状态、不领有某物等。否定副词既可否定事件的已然性，也可否定事件的未然性，使用频率最高。pə³³ta⁵³只否定事件的已然性，不否定事件的未然性，表示说话时动作尚未发生或尚未完成，但不排除说话以后动作发生或动作完成的可能性。ta⁵³否定事件的已然性和未然性，表示某一动作或状态到说话时尚未发生或尚未完成。pə³³lə²⁵⁵用在祈使句中，表禁止。

5. 语气副词

语气副词表示不同的语气和情感，常用的有 sər³³mə²⁵⁵ "一定"、teŋ⁵³loc³³ "到底"、tə³³po⁵³lah³³ "果然" 和 ʔə³³tɕə³³mə²⁵⁵ "只好" 等。

6. 情状方式副词

情状方式的副词表示动作的情状和方式，常用的有 prɔm³³ "一起"、sɛt⁵⁵ "亲自"、ha³³lok⁵³tha³³lo⁵³ "无理由或无规则" 等。

（八）助词

助词是附着于实词、短语之后或用于句尾，表示语法意义或语法关系的词，大多读轻声，可分为结构助词、方位助词、体貌助词、语气助词等。

1. 结构助词

kam⁵⁵ "的"，表示修饰关系，语序在名词和形容词之间，入句大多省略，用作名物化助词，加在形容词之前。例如：

kaːŋ³³ kam⁵⁵ plia⁵³	整洁的房间
房间　的　漂亮	
kər³³ɲɛːu⁵³ kam⁵⁵ ʔoh³³	锋利的镰刀
镰刀　　的　锋利	

tɕ²⁵⁵ "的"，表示领属关系。领有者必须是"人"，语义结构是"被领有

者+ te⁷⁵⁵+领有者"，句法结构是"名词中心语+ te⁷⁵⁵+表示人的词或短语"。
中心语出现时，te⁷⁵⁵大多省略；中心语省略时，te⁷⁵⁵必须出现。例如：

klə⁷³³ ʔo⁷⁵⁵ waːŋ³³ lɯa⁵³ te⁷⁵⁵ na³³.　　　　我的头发比她长。
头发　我　　长　　比　的　她
lɔŋ³³kaːl⁵³ məh³³ kaːŋ³³ （te⁷⁵⁵）ʔo⁷⁵⁵.　　　　前面是我家。
面　前　　是　家　（的）我

2. 方位助词

方位助词只有 ta³³一个，只能用于具有"平面"或"容纳"语义特征的
名词前，构成方位短语。例如：

kɔn³³ siːm⁵³ tuːr⁵³ jɛt⁵⁵ ta³³　lə³³waːŋ³³.　　　　天上飞着小鸟。
小　鸟　飞　在（方助）天
ta³³　lə³³ɲɯam⁵³ tər³³kət⁵⁵ kɔn⁵³.　　　　心里惦记着孩子。
（方助）心　　想　　　孩子

3. 体貌助词

体貌助词克木语没有"体"的形态标记，依靠助词、副词、动词等表
示"体"。其中，依靠助词标记"体"的较多。例如：

ʔo⁷⁵⁵ pə⁷⁵⁵ mah³³ hoc³³.（完成体）　　　　我吃饭了。
我　吃　饭　了
kə³³ kam³³laŋ⁵³ ra³³ təm³³pri⁷³³.（进行体）　　他正在洗菜。
他　在　　　洗　菜
kə³³ nɔŋ⁵³kam³³laŋ⁵³ ra³³ təm³³pri⁷³³.（持续体）　他还在洗菜。
他　还在　　　　洗　菜
kə³³ tɕi³³nɔŋ⁵³ jɔh⁵⁵ ra³³ təm³³pri⁷³³.（将行体）　他正要去洗菜。
他　正要　去　洗　菜

4. 语气助词

语气助词表示陈述、疑问、祈使、感叹等语气。hoc³³用在名词谓语句、动词谓语句，以及具有"变化"义的形容词谓语句末，表陈述语气，相当于汉语的"了"，是完成体助词和语气助词的兼类；kaːh⁵⁵多用于肯定句，有时也用于否定句，相当于汉语的"嘛"，表申明语气；ʔɯʔ⁵⁵"的"用于形容词谓语句末尾，加强判断语气；nɛ³⁵表申明语气；ʔɯ³⁵表询问或疑惑，是使用频率较高的疑问词，相当于汉语的"吗"；ka⁵³相当于汉语的"吗"，多与否定副词连用，表反问语气；ʔo³⁵可变读为 o⁵⁵，用在句末，相当于汉语的"呢"，多用于特指疑问句中；noʔ³⁵还可用在名词性成分之后，这类句子在功能上与特指疑问句等同；ʔo⁵³表叮嘱、劝解语气；ʔɯ⁵³、nə⁵³表提醒、建议等语气；tɕo⁵³、ʔəm⁵³（可以变读为ʔam⁵³）表请求、提醒语气。例如：

sə³³ki⁵³ mɯ³³ wan³³tɕan³³ hoc³³.　　　　　今天星期一了。

今天　天　星期一　了

kə³³ nɔŋ⁵³ məh³³ kon³³ kon³³ɲɛ⁷³³ kaːh⁵⁵!　　他还是个孩子嘛！

他　还　是　个　孩子　嘛

（九）叹词

叹词是表示感叹、呼唤或应答声音的词，可以单独成句，或居于句首充当独立成分，还可以根据语用需要自由变读。例如：

pa³³thoʔ⁵⁵! ʔah⁵⁵ kaːŋ³³təʔ⁵⁵ tɕoŋ³³!　　　啊！这房子真高！

啊！　　有　楼房　高

ʔa⁵³! siːm⁵³ plia⁵³ sə³³məʔ⁵⁵ ！　　　　　啊！鸟太漂亮了！

啊　鸟　漂亮　很

ha³³! ʔoʔ⁵⁵ wiak⁵⁵ ləʔ⁵⁵ sə³³məʔ⁵⁵!　　　哈哈，我干得太好了！

哈　我　干　好　很

（十）介词

介词是把表示处所、时间、方向、原因、目的、施事、受事等意义的名词介引给动词或形容词的词。其主要特点是：①数量不多；②大多由动词虚化而来，有的介词仍然保留动词用法，是介词和动词的兼类；③所构成的介宾短语有在动词之前或之后两种语序；④被动标记借自老挝语；⑤没有处置标记。例如，te^{33}"从"介引动作位移的起点位置，所构成的介宾短语用于动词之后；jet^{33}"在"介引动作发生的位置，所构成的介宾短语，有的可在动词之前或在动词之后，有的就只能在动词之后；po^{255}"跟"介引动作所涉及的对象；lɯa^{53}"比"介引比较基准，所构成的介宾短语在形容词之后；taŋ^{53}"从"介引动作发生的起始时点，所构成的介宾短语语序灵活，可用于句首；rɔːt^{55}"到"介引动作的终止时点，所构成的短语用于句首；te^{233}"用"介引动作所凭借的工具或材料，所构成的介宾短语用于动词之前。例如：

ʔo^{255}	kaːi^{53}	te^{33}	pa^{233}thet^{55}tɕin^{53}.		我从中国来。
我	来	从	中国		
ʔo^{255}	jet^{33}	ta^{33}kaːŋ^{33}	tɕaːu^{33}	mah^{33}.	我在家煮饭。
我	在	家	煮	饭	
sə^{33}ki^{53}	ha^{255}	lɯa^{53}	kən^{33}tɕə^{255}.		今天比昨天热。
今天	热	比	昨天		

四、词　　汇

（一）构词法

构词法讲的是语素组合成词的方式。克木语的构词法根据语素的结构特点可分为单纯词和合成词。

1. 单纯词

单纯词是由一个语素组成的词。单纯词有单音节和多音节。

（1）单音节的如 kuŋ⁵³ "村寨"、lɔh³³ "身体"、muh⁵⁵ "鼻子"。

（2）多音节的有些有双声、叠韵的语音配合关系。

双声：tleːŋ³³teŋ⁵³ 　　蜻蜓　　muɯŋ³³maɲ³³ 雷

叠韵：tlaːm³³paːm⁵³ 　　蝴蝶　　phoŋ³³joŋ³³ 摇篮

2. 合成词

合成词是由两个或两个以上语素组成的词。合成词可分为复合式和附加式。其中，复合式是最主要的构词方式，具有很强的能产性。

1）复合式

复合式可分为并列式、修饰式、支配式及多层复合式。

（1）并列式：由两个词类相同、语义上有关联的语素组合而成，以名词和动词为主。例如：

joŋ⁵³ᐟ³³ maʔ³³ 　　父母　　　　　kut³³ 　tə³³leh⁵⁵ 　挨近

父　　　母　　　　　　　　　　进去　接近

（2）修饰式：修饰语素可以是名词语素、动词语素、形容词语素。中心语素多为名词，也可以是动词。中心语素是名词语素时，修饰语素一般在中心语素之后；中心语素是动词语素时，修饰语素一般在中心语素之前。例如：

ʔom⁵³ᐟ³³ mat³³ 　　眼泪　　hən³³tuʔ⁵⁵ 　muh⁵⁵ 　　鼻孔

水　　眼睛　　　　　　　　洞　　鼻子

mok⁵⁵ tɕoɲ³³ 　　高山　　ŋɔːr⁵³ᐟ³³ nɛʔ⁵⁵ 　　　小路

山　　高　　　　　　　　路　　小

ʔom⁵³ᐟ³³ tɕɛr⁵³ 　　水滴　　ʔom⁵³ᐟ³³ kə³³sɛh⁵³ 　　瀑布

水　　滴落　　　　　　　　水　　倾泻

（3）支配式：一般由动词语素和名词语素组合而成，且动词语素在前，名词语素在后。这种构词格式较少。例如：

tɕu⁷⁵⁵ mat³³ 　　火眼　　　　　　wa:i³³ lu:i⁵³ 　　　饿
痛　　眼　　　　　　　　　　　响　　肚子

（4）多层结构复合式：由三个及三个以上的语素构成。多个语素的结构具有多层次性。第一个语素为中心语素，后两个语素结合在一起后共同修饰中心语素。以 kɔn³³teŋ³³hər³³na⁵³ "农民"为例，kɔn³³（人）是中心语素，teŋ³³（种）和 hər³³na⁵³（田）结合之后共同修饰 kɔn³³，即"种田的人"。

2）附加式

附加式合成词由词根语素加词缀构成。克木语的分析性强，属于词缀不丰富的语言。克木语的词缀有前缀、中缀和后缀，以前缀居多，后缀次之，中缀最少。

（1）前缀在语音上弱化音节形式，主要有名词前缀和动词前缀。名词前缀是由弱化音节构成的，名词前缀主要有 pər³³、səm³³、sər³³、səŋ³³、tər³³、kəm³³、kər³³等，它们加在动词前，构成名词化，例如，pər³³nɯ:i⁵³ "扇子"、kəm³³noh⁵⁵ "砧板"。此外，有一类词根语素，具有语法化趋势，表示名词类别，本文称之为类别前缀。例如，tut⁵⁵本义是"根"，语法化为树的总称，如 tut⁵⁵sɔm⁵³ "柳树"、tut⁵⁵thru⁷⁵⁵ "红毛树"。kɔn³³本义是"孩子"，语法化为泛指"小"的意思，指人表示幼儿，指动物表示动物幼崽，如 kɔn³³tɕəm³³prɔ⁷³³ "儿子"、kɔn³³tɕəm³³kun⁵³ "女儿"。动词词缀数量不多，主要表示使动范畴。一种是通过弱化音节 hən³³或həm³³表示。有标记的是自动态，无标记的是使动态。这两个弱化音节根据后面音节声母的不同发音部位而选用，呈互补分布，如 hən³³toh⁵⁵ "自己出来"→toh⁵⁵ "取出"、hən³³tɕa:k³³ "衣服穿破"→tɕa:k³³ "撕"。另一种是通过是否加弱化音节前缀表示，加前缀 pən 的是使动范畴，如 pu⁷⁵⁵ "吃"→pən³³pu⁷⁵⁵ "喂（奶）"、tər³³tec⁵⁵"（衣服）破（了）"→pən³³ tər³³tec⁵⁵ "撕破"。

（2）中缀是指插在单音节词的声母和韵母之间构成新词的构词成分。

大多数中缀嵌入动词后变成名词。克木语的中缀数量很少，只发现有 r n 和 m n。双辅音中缀插入后，前面的辅音与声母结合，组成弱化音节，后面的辅音与韵母结合，变成一个双音节词，如 tɔh⁵⁵"凿（洞）"→tər³³nɔh⁵⁵"凿子"、tɕh⁵⁵"擦（火柴）"→tər³³nɛh⁵⁵"火柴"。

（3）克木语的后缀很少。形容词性状后缀附在形容词词根之后，表示状态，如 jim³³sən³³teŋ³³（红艳艳），jim³³表示"红"，sən³³teŋ³³表示红的样子。形容词性状后缀的语音特点是叠韵或韵尾相同。表示"相互"概念的后缀 jɔ⁷⁵⁵，本义是"朋友"，加在词根语素的后面，表示多人参与的事项，如 ʔeːŋ³³jɔ⁷⁵⁵"比赛"、prɔŋ³³jɔ⁷⁵⁵"商量"。

3. 四音格词

四音格词是由四个音节按一定的结构规则组合起来的特殊词汇单位。

克木语四音格词的音节结构形式有 ABAC 型、ABCD 型、AABB 型、ABAB 型、ABCC 型、ABCB 型等。

（1）ABAC 型，如 sə³³ʔɔŋ³³sə³³nua⁵³"橡子"、pər³³luua⁵³pər³³tɛ⁷⁵⁵"火星"。

（2）ABCD 型，如 kɔ⁷³³nan³³tər³³səl⁵³"宽阔田地"、kəm³³pɔŋ⁵⁵ tɕəm³³kɔ⁷⁵⁵"傍晚"。

（3）AABB 型，如 kut³³kut³³lien⁵³lien⁵³"来来去去"、lə³³lə³³ phria⁵³phria⁵³"漂漂亮亮"。

（4）ABAB 型，如 loh⁵⁵lah⁵⁵loh⁵⁵lah⁵⁵"摇摇晃晃"、sə³³mə⁷⁵⁵sə³³mə⁷⁵⁵"真正的"。

（5）ABCC 型，如 kon⁵³pria³³lə⁷⁵³lə⁷⁵³"漂亮女人"、kon⁵³tɕɔ³³lə⁷⁵³ lə⁷⁵³"努力工作"。

（6）ABCB 型，如 jɔŋ³³thau³³ma⁷³³thau³³"祖父祖母"。

上述六种四音格词语音结构中，ABCD 型、ABAB 型、ABCC 型相对多一些，AABB 型、ABAC 型次之，ABCB 型最少。

（二）外来语借词

1. 克木语借词

克木语借词主要来源于老语，包括名词、动词、形容词、数词、量词、连词等。其中以名词居多，涉及农业、畜牧业、处所名、职业名称、亲属称谓、教育、宗教等多个方面。与农业、畜牧业有关的如 ?jak^{55}/^{33}phun^{53} "肥料"、ŋɔːn^{33}theːi^{53} "犁" 等；与食物有关的如 peŋ^{53} "面粉"、ka^{33}la^{33}pau^{33} "馒头" 等；与生活用品有关的如 pha^{33}tɕet^{55} "毛巾"、keːu^{33} "镜子" 等；与地名、处所有关的如 rom^{33}mɔ^{53} "医院"、hɔŋ^{33}kan^{33} "邮局" 等；与教育有关的如 a^{33}tɕaːn^{53} "老师"、pap^{33} "书" 等；与宗教有关的如 khrit^{55} "基督教"、phut^{55} "佛教" 等；与服饰有关的如 suːt^{55}/^{33}wet^{55} "西装"、ka^{33}la^{33}wat^{55} "领带" 等；与数量有关的如（moːi^{33}）to^{53} "（一）头（牛）"、（moːi^{33}）sen^{53} "（一）根（草）" 等；表示程度、关系的如 them^{33} "更加"、mɯɔn^{33} "一样" 等。一些借入年代较早的老语借词已经融入核心词汇，成为使用频率较高的日常用语，如 kiu^{33} "山谷"、tə^{33}lat^{33} "集市" 等。

2. 借词方式

（1）音借：保持借词原有发音的主要特征，并按克木语的语音规律对其进行相应的改造。

改变声母：由于克木语的声母系统比老语复杂，老语借词进入克木语时声母不需要做太大改变，主要是清浊、送气不送气的变化，即老语的浊声母 b 进入克木语后，有的变为清音；送气音 kh 进入克木语后变成不送气音 k；擦音 h 进入克木语后变为清化颤音 ρ̥，如 ba?^{33} "肩膀" 变为 pla?^{33}、khai^{33} "青苔" 变成 klai^{33}、heːŋ^{53} "力气" 变成 ρ̥eːŋ^{53}。傣语借词进入克木语，声母 s 变成 tɕ，如 phak^{55}si^{53} "茴香" 变成 phak^{55}tɕi^{53} 等。

改变韵母：由于克木语韵母系统中包含全部老语韵母，克木语中老语借词的韵母除个别长短音外基本没有发生变化，即老语中的长音进入克木语后变为短音，如 jaː^{33} "药" 变为 ja^{33}、laː^{33} "驴" 变成 la^{33}。部分老语借词的韵母 u 变成 ɯ，如 kup^{55}"斗笠"变成 klɯp^{55}、num^{53}"年轻"变成 nɯm^{53}。

改变声调：老语的声调系统比克木语复杂，调模拟克木语丰富。老语借词进入克木语后要按照克木语的声调特点进行改造，主要是 55 调变 53 调，53 调变 33 调，如 a^{33}tɕaːn^{55}→a^{33}tɕaːn^{53}"老师"、tu^{53}→tu^{33}"柜子"。

（2）半音借：用外来语和本族语相结合的方式构造新词，即词的一部分借用外来语，另一部分选用本族语。这类词语中的整体义是借用部分和本族语部分语义相加，或词义外延大于两部分语义之和，如 khən^{33}"埂（老）"+r̥ə^{233}na$^{33/53}$"田（克木）"为"田埂"。

3. 借词与本语词并用

克木语中存在老语借词和本语词并用的现象。本语词和老语借词所表达的概念不完全一致，在语义上是一种互补关系，如"歌曲"，老语借词 phen^{55} 指"流行歌曲"，而本语词 təːm^{33} 指"传统歌曲"，其使用场合不同。

参 考 文 献

陈国庆. 2001. 克木语概况. 民族语文, (3): 69-79.

陈国庆. 2002. 克木语研究. 北京: 民族出版社.

陈国庆. 2009. 南亚语系语言研究//戴庆厦主编. 中国少数民族语言研究 60 年. 北京: 中央民族大学出版社.

戴庆厦. 1993. 跨境语言研究. 北京: 中央民族学院出版社.

戴庆厦. 2012. 老挝琅南塔省克木族及其语言. 北京: 中国社会科学出版社.

戴庆厦. 2012. 勐腊县克木语及其使用现状. 北京: 商务印书馆.

李道勇. 1984. 我国南亚语系诸语言特征初探. 中央民族学院学报, (4): 80-85.

李道勇. 1984. 中国的孟—高棉语族概略. 云南民族学院学报, (3): 53-58.

李道勇. 1985. 我国南亚语系诸语言纪略//田季清编. 民族研究论文集(5). 北京: 民族出版社.

颜其香, 周植志. 1995. 中国孟高棉语族语言与南亚语系. 北京: 中央民族大学出版社.

藏缅语目的复句特征分析
—— 兼与汉语比较

范丽君（中国传媒大学）

目的复句是语言表达目的关系的一个重要手段。藏缅语的目的复句句式可分为哪几种类型，其关联标记的位置模式有何特点，与其亲属语言汉语相比，二者之间有哪些区别和联系，本文试就这些问题进行探讨。

一、藏缅语目的复句的句式特点

（一）藏缅语目的复句可分为目的-行为句和行为-目的句两大类

目的复句的两个分句中，一个分句是要达到的目的，另一个分句是为达到目的所采取的行为或措施。根据分句所处的先后位置，藏缅语目的分句可分为行为-目的句和目的-行为句。

1. 行为-目的句

复句的两个分句中，前一分句是为达到目的采取的行为或措施，后一分句是要达到的目的。例如：

羌语（孙宏开，2009：377）：

no⁵⁵ sɑ³¹u³³ ti³³ nɑ⁵⁵ŋa³³ kuə³¹ᶍty³³ ɑ³¹,
你 羊 （助） 好好 放 牧 （语气词）

mian⁵¹te³³ zuə³³ ko³³ ʅ³¹lɑ⁵¹i³¹.
免得 地、田（助）下去

你要把羊放好，免得下地（吃庄稼）

尔龚语（黄行等，2007：948）：

ŋenɯɯ theve kuŋtso ŋuəme　gɯ vaŋ　methilenthɯ,
我们　　现在　工作　好好地（前加）做（连词）
xɯiɲo sənxo gɛgɛ goje.
以后　生活　更加（前加）好
我们现在好好地工作，为的是以后生活得更好。

2. 目的-行为句

　　复句的两个分句中，前一分句是要达到的目的，后一分句是为达到目的所采取的行为或措施。例如：

　　玛曲藏语（周毛草，2003：273）：

n̥khoŋ ŋa hək tɕhat hda，khər tɕha ka xaŋ ptɕat ne soŋ nə.
房　　修建　为　了　他们　　木　砍（助）去了
为了修建房子，他们去伐木了。

　　扎巴语（龚群虎，2007：255）：

a^{55}lo^{31} mə^{55}ntɕə^{55} ndu^{31} di^{55} ɿ^{55} ʂpa^{55} ɲi^{31} ntɕho^{55} a^{55} mui^{31}……
生蛆　免于　　灶　灰　拌和（助）泥　　做
为了避免生蛆，用灶灰拌和成泥……

　　阿卡语（戴庆厦，2009：198）：

mɔ^{55}do^{33} bji^{33} mɯ^{31} la^{55} ɣ^{33} ba^{31}da^{33}nɛ^{33},
身体　　让　好　要　的　为了
jo^{31}no^{33}na^{33}lu̠^{31} ga^{55}ma^{33} tshɣŋ^{33}.
　每天　　　　路　　　走
为了身体好，每天都要走路。

　　根据我们的考察，藏缅语中，目的-行为句居多数。

（二）藏缅语目的复句还可分为标目的复句和无标目的复句两类

藏缅语目的复句中前后分句间目的关系的表达，另一方面通过关联标记标明，另一方面通过分句间的行为、目的关系意合而成。前文我们提到了有标记的目的复句，下面则是无标记的目的复句。例如：

格曼语（李大勤，2002：214）：

kin⁵⁵ muɯ³¹taŋ⁵³ ɑ³¹aʌŋ³⁵ ʨe⁵⁵ na⁵⁵ lʌp⁵⁵ ŋit⁵⁵,
我们 村 树 些 还 种 打算
kin⁵⁵ guat³⁵ kuɯ³¹suɯt⁵⁵ sam⁵⁵ mʌŋ⁵⁵ tɑ³¹xɑ³⁵.
我们 地方 美 变 （附）要
我们村要种很多树，以美化我们的环境。

邦朵拉祜语（李春风，2014：320）：

jɔ⁵³ mɔ⁵³ ja³¹qɔ³³ dʑa⁵³te³³ ve³³，nɔ³¹ ju³¹ɣa³³ pi⁵³ dɔ⁵³ ve³³.
他 东西 路边 放 在（语） 你 拿到 给 想（语）
他把东西放在路边，好让你拿。

以上两例都是获得性目的复句，复句间的目的关系靠分句间的语义关系判定，没有明显的关联标记。

二、藏缅语目的复句关联标记的位置模式类型

根据目的复句中行为句和目的句的先后顺序以及目的关联标记在这两个分句中的首尾位置，藏缅语目的复句有以下五种位置模式类型。

（一）行为句句尾–目的句模式

该模式指在行为–目的句中，目的复句关联标记位于前一分句——行为

分句的末尾。例如：

错那门巴语（陆绍尊，1986：122）：

tA^{31}tA^{53} ŋA^{35}rA^{ʔ53} te^{31} ly:^{35} mʌŋ^{35}po^{53} sA^{ʔ53}cu^{ʔ53} jin^{35}cʌŋ^{53},
现在　　我们　　（助）肥料　多　　　积　　　　连词
zɯ^{35}lA^{31} pru^{ʔ53}　mʌŋ^{35}po^{53} thup^{53}cu^{ʔ53} jin^{35}.
以后　粮食　多　　　　得到　　（助动）
现在我们多多积肥，为的是将来多打粮食。

（二）目的句句尾-行为句模式

该模式指在目的-行为句中，目的复句关联标记位于前一分句——目的分句的句尾。例如：

嘉戎语（林向荣，1993：389）：

tə-zɐ ka-za wu tʃhəs kə, rdzən tə-mɲa-i　kə-ra-ma ka-tʃhe ŋos.
饭　　吃　为了……而　经常　地里（助）做活　　去　是
为了吃饭，而经常到地里去劳动。

勒期语（戴庆厦和李洁，2007：246）：

ŋjaŋ^{33} no^{53} ju:^{55} a^{53}ka^{33}ŋ^{53} kjɔ^{ʔ31} mo^{55} tsəŋ^{53} ɔ:ŋ^{55} pjam^{53}.
他　病　看　为了　鸡　大　母　卖　掉
为了看病，他把老母鸡卖了。

（三）行为句-目的句句首模式

该模式指在行为-目的句中，目的复句关联标记位于后一分句——目的分句的句首。例如：

贵琼语（黄行等，2007：1031）：

dʑu⁵⁵zi⁵⁵ me⁵⁵lɛ⁵³ gie³⁵gie³⁵tsi³³ kũ ⁵⁵tso³³ pẽ ³³ɲi³³, we³⁵te³³sɿ³³
咱们　　现在　　好好地　　工作　　做　　　为的是
nɑ⁵⁵ji⁵⁵zi⁵⁵zi⁵⁵ kø³⁵tɕhɑ⁵⁵ to⁵⁵ji⁵⁵ɲi⁵⁵ gie³⁵.
今后　　　　　生活　　更加　　　好
咱们今天好好地工作，为的是今后生活得更好。

卡多话（赵敏和朱茂云，2011：115）：

zo³¹xo ³¹thɯ³¹ɲi³³tɯ³¹ ɕe³⁵a³¹sɿ³¹ kho³³tho³¹xo⁵⁵zi⁵⁵tɕu⁵⁵~³⁵,
他　　一天　每果　　　种　着处去就
wei⁵⁵lio³¹no³¹o⁵⁵ mjo⁵⁵mu³¹nɛ³³.
为了 你（宾）见 要（连）
他天天去果园，就是为了见你。

（四）目的句句首-行为句模式

该模式指在目的-行为句中，目的复句关联标记位于前一分句——目的
分句的句首。例如：

卡多话（赵敏和朱茂云，2011：115）：

wei⁵⁵lio³¹tɕhẽ³³tso ⁵⁵mu³¹nɛ³³ ŋo⁵⁵ko³¹zo³¹pjo³¹lɿ³³.
为了　　钱 赚　要（连）我 工　　帮 去
为了挣钱，我出去打工。

西摩洛语（戴庆厦等，2009：141）：

ui⁵⁵lɯ³³ʃiõ ³¹, ɯ⁵⁵ pho⁵⁵kho³¹ a³¹sɿ³¹ v⁵⁵ ji⁵⁵ kji⁵⁵.
为了　　漂亮 她 衣服　　新　　买
为了漂亮，她去买新衣服。

（五）行为句-目的句句尾模式

该模式指在行为-目的句中，目的复句关联标记位于后一分句——目的分句的句尾。例如：

邦朵拉祜语（李春风，2014：320）：

jo⁵³ so³³ku⁵³ te⁵³khe³³ vɣ³¹ ɕe³¹, ja⁵³　li̠³¹xe⁵³ qe³³ ɕa³³ ve³³ pa³³to³³.
他　自行车　一辆　买了　孩子　读书　去方便的　为了
他买了一辆自行车，为的是孩子上学方便。

载瓦语（朱艳华和勒排早扎，2013：353）：

ja̠ ŋ³¹ lǎ ³¹ko³¹ ʃi³¹tʃa⁷³¹ le⁵¹　　kə³¹,
他 认真 学习（非实然）（话助）以后
thaŋ⁵¹phja̠ŋ³¹ tʃɔŋ³¹mo⁵⁵ tɔ⁷³¹ ʒa⁵¹　mǎ ³¹tu⁵⁵ ŋu t⁵⁵ le⁵¹.
大学　　　上（将行）为了　　是（非实然）
他好好学习，是为了以后上大学。

三、藏缅语目的复句中目的句句尾-行为句模式占优势

我们统计了 28 种藏缅语（方言）的目的复句的关联标记模式，发现前面五种关联标记模式中，目的句句尾-行为句模式占优势。具体情况见表 1。

据表 1 所见，五种目的复句关联标记模式在藏缅语中分布较为零散，但绝大多数语言都有目的句句尾-行为句模式，占比约为 67.9%。7 种语言有居首目的关联标记，除了桃坪羌语、白语、西摩落语、土家语、卡多话外，其他语言都有居尾的关联标记。目的复句关联标记居尾占优势，与藏缅语的语序有关，藏缅语是后置词语言，目的关联标记也绝大多数后置于句尾，后置的目的复句关联标记与其语序类型相和谐。藏缅语目的复句中目的句句尾-行为句的模式占优势，有 23 种语言目的句先于行为句，这些语言以突出目的为先，所以目

的句先行，居于目的句之后的才是为达到目的所采取的行为。这说明藏缅语目的复句表达以突出目的为目标，注重目标的实现。

表 1　藏缅语目的复句模式类型表

语言＼类型	行为句句尾-目的句模式	目的句句尾-行为句模式	行为句-目的句句首模式	目的句句首-行为句模式	行为句-目的句句尾模式
玛曲藏语		yə;tɕhat hda			
错那门巴语	jin^{35}cAŋ^{53}				
白马语	ĩ^{53}				
羌语（桃坪）			mian^{51}te^{33}		
普米语（大羊村）		gɑ^{31}we^{31}ʒ^{31}			
嘉戎语		wu tʃhəs kə			
扎巴语		mə^{55}ntɕə^{55}			
尔龚语	methilenthɯ				
景颇语		mǎ^{31}tu^{33}			
独龙语		sɑ^{53}			
傈僳语（碧江）		nɑ^{35}mɑ^{44}		pɯ^{55}do^{44}	
哈尼语		thɔ^{31}ŋɔ^{33}			
卡多话				wei^{55}liɔ^{31}	
西摩洛语				ui^{55}lɯ^{33}	
阿卡语（泰国）		le^{55}			
拉祜语		pɑ^{33}tɔ^{33}			
邦朵拉祜语		pa^{33}tɔ^{33}			pa^{33}tɔ^{33}
苦聪话		ɳɛ^{33}			
白语（鹤庆）			uɛ^{55}liau^{31}	uɛ^{55}liau^{31}	
白语（赵庄）				fv^{44}ui^{44}	
土家语（靛房）			lo^{35}te^{35}ɕe^{35}		
载瓦语		mǎ^{31}tu^{55}			mǎ^{31}tu^{55}
载瓦语（西山）		gɑ^{31}weʔ^{31}ʒ^{31}			
阿昌语（户撒）		ʂaŋ^{35}xɔʔ^{55}			
阿昌语（梁河）		kɑ^{33}			
浪速语		mɔ̌^{31}tṳ^{35}			
波拉语		ŋ^{55}jaŋ^{31}			
勒期语		a^{53}ka^{33}ŋ^{53}；ka^{33}ŋ^{53}；a^{53}ka^{33}ma^{55}tu^{33}			

除个别语支语言的目的关联标记有同源关系，如景颇族语言的景颇语的mǎ³¹tu³³、载瓦语的mǎ³¹tu⁵⁵和浪速语mǒ³¹tṳ³⁵。其他各语言的目的关联标记都是独自产生发展的，并且不太丰富，大多数语言只有一个目的复句关联标记。

四、藏缅语目的复句与汉语目的复句的比较

（一）藏缅语和汉语关联标记都兼属不同词类

汉语典型的关联标记"为了""除了"是连词外，还是介词。藏缅语多数语言的目的关联标记作为连词，有的兼表其他逻辑关系，如兼表因果关系。还有一些语言的目的关联标记，除能做连词兼表不同的逻辑关系外，还作助词或介词。例如，苦聪话（常俊之，2011：132-136）的ȵɛ³³：

（1）连接状语和中心词，作介词，介引时间地点。

sɿ⁵⁵mi³¹ȵi³³ ȵɛ³³ a³¹mɯ³¹gɯ³³k ɤ³¹ɕi³³ti³¹tshʌ⁵⁵na⁵⁵mʌ³¹fa³³sɤŋ³³.
前天　　　从　现在　　到　一样　　都　没　发生
自从前天以来，啥事也没发生。

（2）作宾语补足语标记。

fɤ⁵⁵ȵɛ³³mɯ³³za³⁵tɕɛ³⁵ .
热　呆　难　很
热得难受。

（3）话语标记。

sa³⁵xiɛ⁵⁵ȵɛ³³v³³tsa⁵⁵ȵɛ³³na⁵⁵a³³tɕi⁵⁵miɛŋ³¹tiɛ³¹ɤʌ³³ tsʌ³¹a³³.
肉　和　菜　　都一点　多　　得　吃（语助）
肉和菜都多吃一点。

例（1）为介词，例（2）和例（3）的ȵɛ³³作助词。

（二）藏缅语目的复句关联标记模式类型多

汉语目的复句关联标记模式只有一种，即行为句-目的句句首型，而藏缅语有五种之多。其原因与语言语序类型、关联标记与目的句结合紧密程度和语言间的借贷关系等因素相关。

首先，汉语没有目的-行为句类型，藏缅语就有目的句句尾-行为句、目的句-行为句句尾两种类型；在行为-目的句中，汉语有行为句-目的句句首型，藏缅语有行为句句尾-目的型、行为句句首-目的型、行为句-目的句句首型三种类型。藏缅语属 SOV 型语言，连接词以后置词居多，通常位于语句的句尾，故藏缅语比汉语多出了位于句尾的关联标记。

其次，汉语目的关联标记与目的句结合紧密，只附着于目的句上，而藏缅语有附着于行为句上的关联标记。例如，错那门巴语（陆绍尊，1986：122）：

ta³¹tA⁵³ ŋA³⁵rA²⁵³ te³¹ ly:³⁵ mAŋ³⁵po⁵³ sA²⁵³cu²⁵³ jin³⁵cAŋ⁵³, zu³⁵lA³¹ pru²⁵³
现在　　我们（助）肥料　多　　　积　　连词　　以后　粮食
mAŋ³⁵po⁵³ thup⁵³cu²⁵³ jin³⁵.
多　　　得到　　（助动）
现在我们多多积肥，为的是将来多打粮食。

最后，由于语言接触的关系，目的句句首-行为句型和行为-目的句句首型关联标记主要借用汉语词汇，行为-目的句句首型的关联标记，如羌语的 mian⁵¹te³³、鹤庆白语的 uɛ⁵⁵liau³¹、靛房土家语的 lo³⁵te³⁵ɕe³⁵等，目的句句首-行为句型的关联标记，如卡多话 wei⁵⁵liɔ³¹、西摩落话 ui⁵⁵lɯ³³、鹤庆白语的 uɛ⁵⁵liau³¹、赵庄白语的 fv⁴⁴ui⁴⁴等，这些前置型的关联标记多是语言接触的产物。

（三）藏缅语各语言表目的关系的关联标记较之汉语数量少

藏缅语的目的关联标记多数是积极含义的，免除类或消极义的关联标记几乎没有，即便存在也是借用汉语。例如，桃坪羌语的 mian⁵¹te³³，这就造成藏缅语目的复句关联标记数量较少。另外，汉语积极义目的关联标记有"为了""以便""为着""为""用以""为以""为的是"等，数量较多，而藏缅语各语言积极义目的关联标记一般只有一个。这两个方面的原因造成藏缅语各语言表目的关系的关联标记数量少。

（四）藏缅语目的复句关联标记兼做因果复句关联标记佐证了因果复句和目的复句之间的内在关系

汉语目的复句和因果复句存在着一定的关系，比如，现代汉语存在"之所以……是为了"的句式，使我们难以归并其属因果关系还是目的关系。邢福义（2003）也把目的句归入因果类复句这个大的分类当中。吕叔湘（1982）把目的放在"释因·纪效"一章中论述，认为目的关系是一种广义的因果关系。他还说："目的，另一方面可以说是内在的原因，一方面也可以说是预期的效果"。（吕叔湘，1982：405）。

藏缅语一些语言目的复句关联标记与因果复句关联标记具有一致性，同一个关联标记兼表两种逻辑关系。

景颇语[①]：

(1) $\int i^{33} lai^{31} ka^{33} k3ai^{31} mǎ^{31} 3i^{33} n^{31} na^{55}, jon^{31} phe^{?55} thi^{55} \int ǎ^{31} ŋun^{55} ai^{33}.$

　　他　书　　很　买　　连词　都（宾助）读　使　（尾）

　　他买了很多种书，以便大家读。

(2) $an^{55} the^{33} n^{33} t\int e^{33} n^{31} na^{55}, \int a^{31} \int e^{?31} nan^{33} phe^{?55} sa^{33} san^{55} ka^{?31} ai^{33}.$

　　我们　不　懂　因为　　只　才　你（助）来　问（尾）

　　我们不懂，才来问你的。

例（1）为目的复句，例句（2）是因果复句，二者都是用关联标记 $n^{31} na^{55}$。

傈僳语（徐琳等，2009：562）：

(1) $s_1^{35} dz_1^{33} tu^{44} mi^{31} ma^{44} d3i^{33} d3i^{33} 3e^{33} ua^{44} tsi^{44} pw^{55} do^{44}, tsw^{35} tshe^{31}$

　　树　种　事（助）　　好好　　做　得　使　为了　　　政策

---

① 该语料为戴庆厦先生提供。

tʃua⁴⁴tʃua⁴⁴ dʒi³³dʒi³³ tʃho⁴⁴ se³¹.

根据　　　　好好　　跟　　还

为了把植树搞好，还要好好按照政策办。

（2）go³³ thi³¹ xua³⁵ ma⁴⁴ pɯ⁵⁵do⁴⁴, ŋua³³ ʐe⁵⁵ tsɿ⁴⁴ tɕ⁵⁵ sɯ⁵⁵ ŋu³³.

那　一　次　（助）因为　　我　她　姐（助）认识　了

因为那一次，我认识了她姐姐。

例（1）是目的复句，例（2）是因果复句，它们都是用关联标记pɯ⁵⁵do⁴⁴。

拉祜语（常竑恩，1986：73-74）：

（1）la⁵³xu¹¹li²¹mɛ⁵⁴thɑ⁵³ mɛ⁵⁴ mɯ³⁵ mɯ³⁵ ɯ³¹la³³my³³ la³³ tʏ³¹ve³³

拉祜文　　　　　　化　快　快　发展来　　（助）

pa³³tɔ³³, la⁵³xu¹¹li²¹ thɑ²¹ ɣa⁵³ the²¹ ɣa⁵³ na³³ ma¹¹ ve³³ ʑɛ⁵³ve³³zu³¹.

原因　　拉祜文　（助）努力　　　　教　用（助）

加紧推行拉祜文是为了使拉祜族文化尽快得到发展。

（2）tsa³¹thɔ⁵³ tse⁵³tsa³¹ xɣ³³ qha⁵³xɣ³³ da²¹ ve³³ pa³³tɔ³³, ɔ³¹va³¹ ba²¹

扎妥　牲畜　　善　养（助）因为　万　元

tsɔ³¹ ve³³ ɔ³¹ɣu²¹ phɛ²¹se³¹ ve³³ zu³¹.

有　（助）户　成　　（助）

因为扎妥善于饲养牲畜，所以成了万元户。

例（1）是目的复句，例（2）是因果复句，二者都使用关联标记pa³³tɔ³³。

藏缅语的这些兼表目的和因果的关联标记说明因果关系和目的关系之间存在一定关系，目的复句更强调主观因素，因果关系更强调客观因素，二者都会造成一定的结果，藏缅语的一些语言如不对主客观因素作区分，更多地关注造成结果的话，就会使用一种标记表示这两种逻辑关系。

参 考 文 献

常竑恩.1986.拉祜语简志.北京：民族出版社.

常俊之.2011.元江苦聪话参考语法.北京：中国社会科学出版社.

戴庆厦.2009.泰国阿卡语研究.北京：中国社会科学出版社.

戴庆厦，李洁. 2007. 勒期语研究. 北京：中央民族大学出版社.

戴庆厦，蒋颖，崔霞，等. 2009. 西摩落语研究. 北京：民族出版社.

龚群虎. 2007. 扎巴语研究. 北京：民族出版社.

黄行，胡增益，孙宏开. 2007. 中国的语言. 北京：商务印书馆.

李春风. 2014. 邦朵拉祜语参考语法. 北京：中国社会科学出版社.

李大勤. 2002. 格曼语研究. 北京：民族出版社.

林向荣. 1993. 嘉戎语研究. 成都：四川民族出版社.

陆绍尊. 1986. 错那门巴语简志. 北京：民族出版社.

吕叔湘. 1982. 中国文法要略. 北京：商务印书馆.

孙宏开. 2009. 羌语简志. 中国少数民族语言简志丛书（修订本卷壹）. 北京：民族出版社.

邢福义. 2003. 汉语复句研究. 北京：商务印书馆.

徐琳，木玉璋，盖兴之. 2009. 傈僳语简志. 中国少数民族语言简志丛书（修订本卷贰）.
　　北京：民族出版社.

赵敏，朱茂云. 2011. 墨江哈尼族卡多话参考语法. 北京：中国社会科学出版社.

周毛草. 2003. 玛曲藏语研究. 北京：民族出版社.

朱艳华，勒排早扎. 2013. 遮放载瓦语参考语法. 北京：中国社会科学出版社.

维吾尔语否定歧义句中语调及韵律的消歧作用[①]

吐尔逊·卡得（新疆财经大学）

一、维吾尔语否定句的歧义性

维吾尔语通过动词的语法范畴表达否定意义，而动词一般在句中作谓语出现在句末（SOV 型语言）。因此，句中否定意义只能借助句末尾动词词根后缀加否定语缀[-ma/-mɛ]来表达。例如：

（1） u jolda jygyrdi.

　　　他 路上 跑了

（1）' u jolda jygyrmidi.

　　　他 路上 跑 没 了

（2） u bu gepdi qɛsten dedi.

　　　他 这 把话 故意 说了

（2）' u bu gɛpni qɛsten demidi.

　　　他 这 把话 故意 说没了

这样一来，在语言环境不明确的情况下，否定句表达的意义就会产生歧义，如以上例（1）'有"他不是在路上，而是在别处跑的"和"他在路

---

① 本文系国家社会科学基金一般项目"维吾尔语方言语音声学参数库研制"（13BYY134）和新疆财经大学一般项目"维吾尔语语调模式音系学研究"（11XJ022）的阶段性研究成果。

上没有跑，而在路上走了或做了别的动作"两种意思；例（2）'也有"这句话他实在不想说，因此没说"和"他是说了这句话，但不是故意的，而是迫不得已或不经意说出来的"两种意思。在汉语中，否定意义不依靠动词语缀而用独立词（如"不，没"等）表达，而且这些词完全能离开动词自由出现于句中不同之处，否定意义比较清楚，不会出现歧义。例如：

（1）'　a. u jolda jygyrmidi（他在路上没跑）

　　　　b. u jolda jygyrmidi（他不在路上跑）

（2）'　a. u bu gɛpni qɛstɛn demidi（这话他不是故意说的）

　　　　b. u bu gɛpni qɛstɛn demidi（这话他故意没说）

在英语中，一般否定式虽有歧义性，但用强调式可以单独否定句中非谓语成分。比如，He didn't run on the road（维吾尔语 u jolda jygyrmidi）是歧义句，而 It is not on the road that he ran（维吾尔语也用 u jolda jygyrmidi 形式）则是个无歧义的句子，表示"他不在路上跑"。

对此问题，力提甫·托乎提（2011）在生成语法框架下进行了解析，他基于句法结构的层次性特点，提出否定语缀 [-ma/-mɛ] 在句中先组成一个否定短语，然后再和句中其他成分结合，否定短语的原始结构决定句中否定意义的范围如何。以下是不同句法结构的树形图（图 1）。

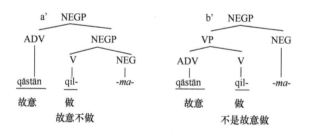

图 1　否定短语句法结构树形图（力提甫·托乎提，2001）

句法结构是抽象的，属于语言的底层结构。这种句子虽在实际交流中可根据语境或上下文区别使用和理解，但一旦离开语境，只看文字形式不能区分具体意义。至于能不能通过语调和韵律进行区分，力提甫·托乎提先生在此文中凭本人感知提出：在图 1a'（以上树形图）中，qɛstɛn "故意"

一词也许具有语调重音，而且它和 qilma "不做" 间该有较明确的停顿；而在图 1b' 中，qesten "故意" 和 qilma "不做" 之间没有停顿。我们的前期相关研究（徐江和吐尔逊·卡得，2012）也只从句法和语义角度对这类结构进行了分析。但是，维吾尔语否定句中语调和韵律究竟如何区分否定范围？何种语音参数在其中起到作用？学界目前对这些问题还未做专题研究。本文先进行声学实验情况介绍，归纳否定句语音表现中的规律性情况，然后介绍感知实验的情况并结合两种信息加以分析，总结维吾尔语否定句的语调表现及韵律结构特征。希望本文的研究成果对维吾尔语的语音合成、语音识别、维吾尔语教学与语调类型学研究都有一定的促进作用。

二、实验材料及方法

（一）材料

自前期研究（徐江和吐尔逊·卡得，2012）得知，在维吾尔语中，如果否定句只由带有否定语缀①的动词短语（谓语）和作为主语的名词两部分构成，那么就不存在歧义问题。一旦在动词短语之前加上状语成分，就会出现歧义现象。根据能出现在动词短语前成分的语法功能和语义特征，我们先把否定句分成三类。

（1）动词短语前出现表示时间或状态的副词，例如：

　　A. memet qesten haraq itʃmidi（买买提不是故意喝酒的/买买提故意没喝酒）

　　B. men daim top ojnimajmen（我不经常打球/我经常不打球）

（2）动词短语前出现表示时间或地点的名词格短语，例如：

　　A. u jolda jygyrmidi（他在路上没跑/他不是在路上跑的）

---

① 其实，维吾尔语中还可用 emes 表示否定，多用于静词（非动词）谓语句。为了保持一致，此次未选 emes 型否定句。

B. akam øjdɛ tapʃuruq iʃlimejdu（我哥在家里不做作业/我哥作业不是在家里做的）

C. mɛn u tʃaʁda jiʁlimiʁan（我那时没有哭/我不是那时候哭的）

（3）动词短语前出现表示工具、方式的后置词短语或表示状态、方式的副动词，例如：

A. dadam pojiz bilɛn qeʃqergɛ maŋmidi（爸爸不是坐火车去喀什的/爸爸坐火车不是去喀什的）

B. ular kijikni øltyryp jejelmidi（他们把黄羊宰了却没吃成/他们没能把黄羊宰掉吃）

完成分类之后，为每类否定句选择两个代表性的句子作为语音（声学）实验材料。

（二）实验方法

在新疆大学多语种信息技术处理重点实验室的专业录音棚里，来自维吾尔语中心方言不同地区的 10 位被试者，在自然状态下说出相应句子并录音，发音人的年龄为 16～40 岁，男女各 5 位，都无任何语言或发音障碍。

为了保证语言材料的自然性，我们为每一个句子的每一种发音准备一份背景资料。比如，要说出 u jolda jygyrmidi "他在路上没跑" 时，让发音人先看写着 "这个人还在路上，也许因为累了或别的原因，他没有跑，而是在走着……" 这样的文本资料，发音人在脑子里清楚了那种语境后再开始发音。若要说出 u jolda jygyrmidi "他没在路上跑" 这一句，先让发音人看写着 "他不停地跑着，但他不是在道路上跑，而是在沙漠……" 之类内容的材料，然后让其在该语境下说出此句。

每一类否定句选择两个句子，每个句子有两种形式，分别表示不同意思。另外，我们把每个否定句的肯定形式作为考察其否定形式声学参数的基线（或标准）。这样，我们先录制每一句的一种肯定、两种否定共三种形式，每种形式发音三遍（随机化的），一共有 540 个实验句，即：

6（句子）×3（肯定和否定形式）×3（次数）×10（人）=540

在实验分析过程中，我们发现第二类和三类否定句的肯定式也有两种韵律形式，因此后来又补录了相关的肯定句。

三、实 验 结 果

（一）否定歧义句的语调表现

利用 Praat 语音分析软件，我们以音节为单位分别提取每个句子的声学参数（音高及时长值）并进行平均化，然后在此数据基础上做出每类句子的音高曲线图，具体如图组 1 所示。

结合观察图组 1 中音高曲线与相应声音材料，我们发现以下情况。

第一，否定歧义句两种形式之间，音高曲线的走势及其数值上差异不大，甚至有的完全相似，如句子（2）A 与句子（2）B。这意味着音高值不能作为区分否定歧义句两种形式的主要参数。

第二，从时长看，关键词（故意、经常、在家、坐火车四个词）在否定歧义句两种形式间的差异呈现出两种情形。一种是在句子（1）和句子（2）中，关键词在两种形式之间差异较大。例如，句子（1）A 中"故意"一词时长比句子（1）B 明显要长，句子（2）A 中"经常"一词时长也比句子（2）B 明显要长。另一种情况，对句子（3）和句子（4）来说，关键词"在家"和"坐火车"在同一句两种形式间的时长差异较小。基于此，我们初步假定，关键词时长的长短是在第一类否定句中区别两种意义的主要因素，但在第二类否定句中时长参数不起这种作用。

第三，以上每句不同位置都有停顿，如除句子（2）B 外，所有句子音高图中都有表示停顿的标号 s。不难发现，否定歧义句两种形式具有不同的韵律结构。

在此基础上，我们进一步对时长参数进行统计分析。

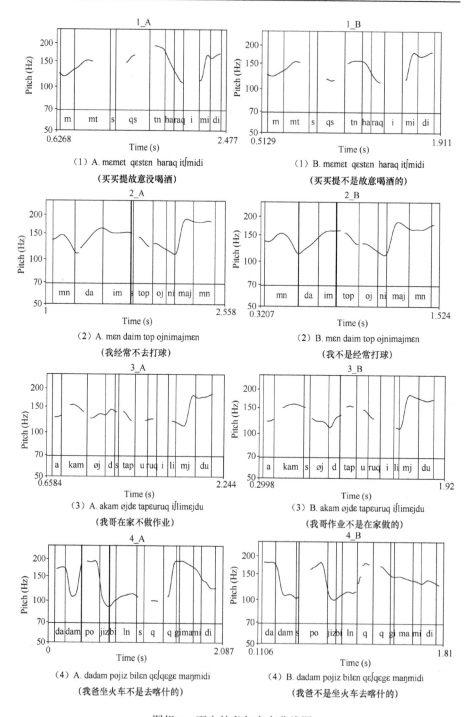

图组 1　否定歧义句音高曲线图

（二）否定歧义句的时长分析

为了弄清关键词时长在类似句子（1）、句子（2）中的变化规律，我们将这两句肯定式及其两种否定式中每一词的时长，都放在一个平面上做了比较。在图组 2 及表 1 中，S1、S2 表示实验句子（1）、句子（2），AF 表示肯定形式，NG1、NG2 分别表示否定句第一种和二种形式。

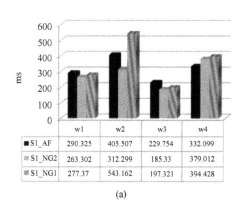

(a)

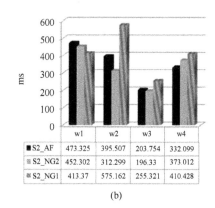

(b)

图组 2　第一类否定句中各词在肯定式和两种否定式间的时长比较图

表 1　第一类否定句中各词在肯定式和两种否定式的时长差异

	w1	w2	w3	w4	S
AF	381.825	400.507	216.754	332.099	1311.685
NG1	345.37	559.162	226.321	402.428	1533.281
NG2	357.802	312.299	190.83	376.012	1236.943
NG1-AF	−36.455	158.655	9.567	70.329	221.5962
NG2-AF	−24.023	−88.208	−25.924	43.913	−74.7418

分析结果表明，句中关键词"故意"和"经常"呈现出相同的规律性变化。与肯定式对比，同形异义的两个否定句，通过关键词时长的反方向变化，实现彼此间的意义区别，即第一种意义（故意或经常发生的意思）通过关键词"故意"或"经常"一词时长的明显延长（平均延长 160 毫秒）表现，而第二种意义（不是故意的或不经常发生的意思）则通过该词时长的缩短（平均缩短 88 毫秒）表现。整句时常也发生类似的变化，即肯定句

时长（1311 毫秒）比其第一种意义的否定句（1533 毫秒）要短 221 毫秒，比第二种意义的否定句（1265 毫秒）要长 75 毫秒。

至于句子（3）和句子（4），其肯定形式也表两种意义。例如，句子（3）表示：A.哥哥/在家做作业；B.哥哥在家/做作业。句子（4）表示：A.我爸/坐火车去喀什了；B.我爸坐火车/是去喀什的。对此，我们比较分析这两句的肯定式（S1_AF 及 S2_AF）和否定式（S1_NG 及 S2_NG）中每一词的时长。结果如下所示（图组 3）。

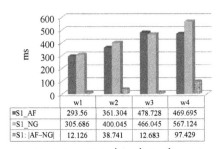

	w1	w2	w3	w4
S1_AF	293.56	361.304	478.728	469.695
S1_NG	305.686	400.045	466.045	567.124
S1: |AF–NG|	12.126	38.741	12.683	97.429

（3）A. akam øjdɛ/tapʃuruq iʃlɛjdu (iʃlimɛjdu)

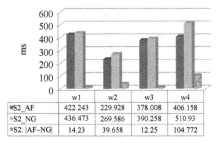

	w1	w2	w3	w4
S2_AF	422.243	229.928	378.008	406.158
S2_NG	436.473	269.586	390.258	510.93
S2: |AF–NG|	14.23	39.658	12.25	104.772

B. akam øjdɛ/tapʃuruq iʃlɛjdu (iʃlimɛjdu)

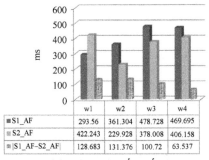

	w1	w2	w3	w4
S1_AF	293.56	361.304	478.728	469.695
S2_AF	422.243	229.928	378.008	406.158
|S1_AF–S2_AF|	128.683	131.376	100.72	63.537

（3）′ akam øjdɛ tapʃuruq iʃlɛjdu

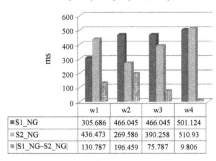

	w1	w2	w3	w4
S1_NG	305.686	466.045	466.045	501.124
S2_NG	436.473	269.586	390.258	510.93
|S1_NG–S2_NG|	130.787	196.459	75.787	9.806

（3）″ akam øjdɛ tapʃuruq iʃlɛjdu

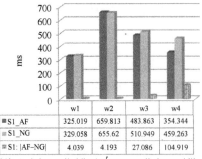

	w1	w2	w3	w4
S1_AF	325.019	659.813	483.863	354.344
S1_NG	329.058	655.62	510.949	459.263
S1: |AF–NG|	4.039	4.193	27.086	104.919

（4）A. dadam pojiz bilɛn/qɛʃqɛgɛ maŋdi（maŋmidi）

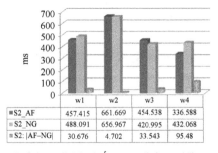

	w1	w2	w3	w4
S2_AF	457.415	661.669	454.538	336.588
S2_NG	488.091	656.967	420.995	432.068
S2: |AF–NG|	30.676	4.702	33.543	95.48

B. dadam pojiz bilɛn/qɛʃqɛgɛ maŋdi（maŋmidi）

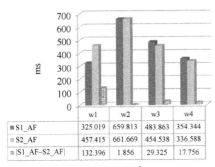

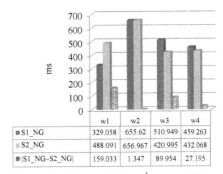

	w1	w2	w3	w4
S1_AF	325.019	659.813	483.863	354.344
S2_AF	457.415	661.669	454.538	336.588
|S1_AF-S2_AF|	132.396	1.856	29.325	17.756

（4）′ dadam pojiz bilɛn qɛʃqɛgɛ maɲdi

	w1	w2	w3	w4
S1_NG	329.058	655.62	510.949	459.263
S2_NG	488.091	656.967	420.995	432.068
|S1_NG-S2_NG|	159.033	1.347	89.954	27.195

（4）″ dadam pojiz bilɛn qɛʃqɛgɛ maɲmidi

图组 3　第二类否定句中各词时长比较图

　　图组 3 比较了同一句两种肯定式和两种否定式的时长。从图组 3 中可见，句子（3）′在停顿位置不同的两个肯定式中各词时长都发生不同程度的变化（有的缩短，有的延长）。在句子（3）″中，除句末词（W4）外，否定式中所有词的时长也发生了变化。但句子（4）′中只有句首第一词（W1）发生了变化，句子（4）″中则是第一词和第三词（W1、W3）发生了变化。总之，时长变化无规律可依。但是从句子（3）A、句子（3）B 及句子（4）A、句子（4）B 时长图中可看出以下情况：当句中停顿位置相同时，同一句肯定和否定式中对应词的时长基本相等。只是因为否定式中句末动词增多一个音节（否定词缀 mA），所以比肯定句相应动词稍长一些（四句中分别长 95 毫秒、104 毫秒、104 毫秒、97 毫秒）。

　　总之，在类似句子（3）、句子（4）中，词的时长变化与句子之否定或肯定无关，而与句中停顿位置有关，但因停顿位置不同而产生的时长变化又无任何规律可依。为确定这类句中区别意义的关键因素，我们对这类句子的韵律结构进行了感知实验。

四、否定歧义句的韵律结构

　　结合韵律音系学（Nespor & Vogel，2007）的相关理论和维吾尔语韵律特征的近期研究成果（努尔比娅·塔依尔等，2010）可以确定，维吾尔语的韵律单位从大到小有句子、语调短语、韵律短语、韵律词、音步、音节、莫拉七个。韵律词及以上韵律单位间要有停顿，停顿时间的长短与韵律单位大小有关。我们在有关话题韵律的研究（吐尔逊·卡得和吾守尔·斯拉木，2015）当中，用1～4的数字标注各级停顿。数字1表示最低级（即最短）停顿，数字4表示顶级（即最长）停顿。然后选取一段持续时间为8分钟的演讲语料，对其中各种停顿进行听觉判断实验。实验结果表明，维吾尔语韵律词间出现最短的1级停顿，韵律短语间出现稍长的2级停顿，语调短语间出现更长的3级停顿，句子间会出现最长的4级停顿。我们让参加此次实验的所有被试者以同样的标准和方法，对这次实验的否定歧义句进行标注。结果如图组4（图上方的1_A、1_B表示句子（1）A句和句子（1）B句，下同）所示。

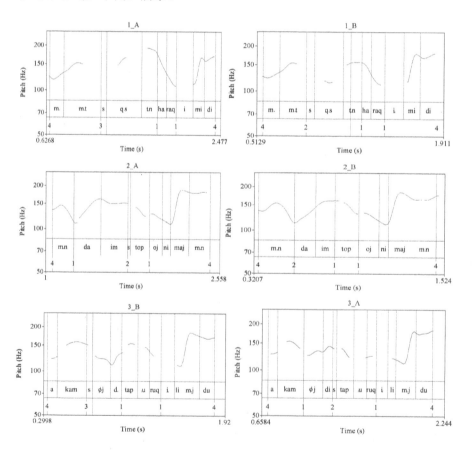

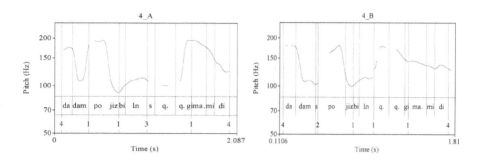

图组 4　维吾尔语否定句的韵律结构

图组 4 表明，每一目标句都有两个韵律短语，即都出现 2 级或 3 级停顿。不过，韵律短语的构成呈现两种情况。一是韵律短语的构成与否定范围的界限形成一致，尤其在句子（3）、句子（4）中。例如，（3）A. akam øjdɛ tapʃuruq iʃlimɛjdu（我哥在家不做作业）这一句的否定范围自 tapʃuruq "作业" 一词到句末。因此，tapʃuruq iʃlimɛjdu 构成一个韵律短语，其前面部分则构成另一个韵律短语。但在句子（3）B. akam øjdɛ tapʃuruq iʃlimɛjdu（我哥作业不是在家做的）一句中，由于 øjdɛ "在家" 一词也进入了否定范围内，因而从它开始的较大短语 øjdɛ tapʃuruq ꭥiʃlimɛjdu 构成一个韵律短语，句首的 akam 一词单独构成一个韵律短语。句子（4）中两句情况也是如此，即在句子（4）A.dadam pojiz bilen qeʃqɛge maŋmidi（我爸坐火车不是去喀什的）这一句中，qeʃqɛge maŋmidi 构成一个韵律短语，其前面不属于否定范围的部分构成另一个韵律短语。在句子（4）B. dadam pojiz bilen qeʃqɛge maŋmidi（我爸不是坐火车去喀什的）中，属于否定范围的 pojiz "火车" 一词起构成一个韵律短语，其前面的 dadam 一词是一个韵律短语。这说明，在这类否定歧义句中，韵律单位（韵律短语）的分解，包含有关否定范围的信息，从而起到将句义具体化的作用。二是句中韵律单位的分解与否定范围界限的一致关系没有句子（3）、句子（4）强，甚至不一致，如 2_A（关系弱）和 2_B（不一致）。这表明，在这种否定歧义句中，停顿在消除歧义上起不到关键作用。这种结果与以上时长分析保持一致。

五、扩 展 讨 论

根据语调音系学的理论与方法，人们能够采用高调（H*）、低调（L*）、上升调（LH*）、降调（HL*）等音调单位，对语流中的每一句进行音系描写（徐江和吐尔逊•卡得，2012）。我们将此种方法运用到维吾尔语的否定句中，也做了以下描写（句重音有自然重音和强调重音或焦点两种，大星号表强调重音，小星号表自然重音）。

（1）A. memet　qesten　haraq　itʃmidi
     LH* H*

（1）B. memet　qesten　haraq　itʃmidi
         H*

（2）A. men daim　　top ojnimajmen
     LH* H*

（2）B. men daim top ojnimajmen
       H*

（3）A. akam øjdɛ tapʃuruq iʃlimɛjdu
       H*

（3）B. akam øjdɛ tapʃuruq iʃlimɛjdu
     LH* H*

（4）A. dadam pojiz bilen qeʃqɛgɛ maŋmidi
      H*   H*

（4）B. dadam pojiz bilen qeʃqɛgɛ maŋmidi
     H*   H*

可见，以上句子（1）B 句、句子（2）B 句中只有自然重音，（1）A 句、（2）A 句中则还有强调重音。强调重音在语调上比自然重音强得多，因此容易被感知。这是为什么力提甫·托乎提先生认为在（1）A类句中存在语调重音，而在（1）B类句中不存在重音的原因。但在句子（3）和句子（4）类句中，A、B两种句子强调重音位置不同，使它们具有不同的韵律结构。

语调重音的语音表现一般是音高基频值（F0）的提高、时长延长等。但这在各种语言中有所不同（Ladd，2008）。这次实验表明，在维吾尔语否定歧义句中，强调重音主要用时长延长表现，而且强调重音起着区别意义的作用。尤其像上述句子（1）、句子（2）类句中其表现尤为明显。

维吾尔语停顿也是提供焦点信息的关键因素之一。停顿后的成分在维吾尔语中往往是焦点成分。这种特征在句子（3）、句子（4）类句中表现突出。此类句中时长虽是表示强调重音的因素之一，但不是主要指标。只有停顿才是带有强调重音信息并能区别句义的关键因素。

综上所述，维吾尔语否定歧义句实际上分两类。一种是只具有一种肯定式的否定句。这类否定句的两种意义通过句中关键词时长的不同变化以及关键词后有无停顿加以区分。其中，关键词时长变化是区别意义的关键因素。听者只用此标志就能进行判断。构成韵律单位的停顿起着辅助作用。另一种否定句的肯定形式也具有一式两义的歧义特征，也就是说，句子具有歧义与其肯定或否定没有关系。这两种意义只通过因不同停顿位置而产生的两种韵律结构加以区分。这类句子的相应否定形式的歧义也能够以同样方法进行消除。

总　　结

维吾尔语句子的否定形式，往往通过句末作谓语的动词否定范畴来表示。这使否定句产生歧义。本文研究选取此类句子为实验材料，对其语调及韵律表现进行语音实验和感知实验。两种实验一致表明，这类句子实际上分成两类：一类是副词作为关键成分的否定句；此时两种意义通过关键词是否具有强调重音加以区分，而强调重音又用该词时长是否延长得以体现；有明显延长表示否定范围较窄时的一种意义；不延长反而缩短表示否定意义较大时的另一种意义；韵律结构上，两种形式有时构成不同的韵律短语，但这并不是规律性的，只发挥辅助作用。另一类是与动作有关的时间、地点或方法、手段词语当作关键成分的否定句；此种句子的两种意义通过强调重音在句中位置的不同进行区分；提供强调重音信息的关键因素是表示句中韵律短语边界处的 2 级停顿；这种停顿，如果离句首近，就意味着否定范围大，离句首越远，否定范围就越窄；这类句中音高、时长等参数在区分意义上起辅助作用。

参 考 文 献

力提甫·托乎提. 2011. 论维吾尔语否定成分-ma/-mɛ 的句法特征. 民族语文, (6): 30-39.

努尔比娅·塔依尔, 艾斯卡尔·肉孜, 古丽娜尔·艾力, 等. 2010. 维吾尔语陈述句韵律层级停顿模型研究. 计算机与现代化, (7): 180-183.

吐尔逊·卡得, 吾守尔·斯拉木. 2015. 维吾尔语话题的韵律表现. 新疆大学学报（人文社会科学版）, 43(5): 126-132.

徐江, 吐尔逊·卡得. 2012. 从否定辖域、否定焦点解析维吾尔语否定句中的歧义现象. 语言与翻译, (3): 34-36.

Ladd, D R. 2008. *Intonational Phonology*. Cambridge: Cambridge University Press.

Nespor, M & Vogel, I. 2007. *Prosodic Phonology With a New Foreword*. Berlin, New York: Mouton de Gruyter. copyright by Walter de Gruyter GmbH & Co. KG. D-10785 Berlin.

贵州毛南语、汉语四音格词语法结构类型比较研究①

周旭东②（黔南民族师范学院）

今天说的毛南族是指贵州平塘的毛南族和广西环江的毛南族。贵州平塘的毛南族前身叫佯僙人，1990 年定为毛南族，主要分布在平塘卡蒲乡、独山和惠水等地。截至 2010 年，贵州毛南族人口 27 332 人。虽然广西的毛南族和贵州的毛南族统称为毛南族，但由于缺乏实际上的认同，广西毛南族认为毛南族就是环江的毛南族，别无其他；平塘的毛南族也自然认为自己是贵州的毛南族，和广西的毛南族有别，因而称为贵州毛南族。

贵州毛南族有自己的语言，没有文字，口传心授是其传承特点。毛南语属于壮侗语族侗水语支，在国内，贵州毛南语（佯僙语）（以下简称毛南语）被认定为新发现语言；在国外，毛南语已经被列入濒危语言行列。李方桂（1941）、赵道文（1984）、薄文泽（1997）等对毛南语进行过系统调查研究。但是，关于贵州毛南语四音格词研究却未涉及。

四音格词研究的出现有语言研究背景。语言研究的一项重要任务就是要厘清语言的谱系分类。传统研究普遍采用寻找同源词和语音对应规律的方法，给汉藏语做谱系分类；但随着研究的深入出现了举步维艰的状况，具体表现在：一是汉藏语分化时间十分久远，很难理出语音变化对应的规

———————————

① 本文受到 2013—2014 年中央财政支持地方高校发展专项资金"黔南民族师范学院贵州省重点学科中国古典文献学提升项目——地方文献搜集整理研究工程"和黔南民族师范学院国家级特色专业汉语言文学教学创新团队建设项目（编号：2013zczw15）的资助。

② 作者简介：周旭东（1964.7—），男，安徽省合肥市庐江县人，贵州省黔南民族师范学院文学与传媒学院教授，硕士研究生导师，主要研究方向为少数民族语言。

律；二是语言的长期融合和接触，很难区分哪些是同源词，哪些是借词。于是语言学家的目光投向了语法范畴，一种语言的语音和词汇可能较容易变化，但作为构词规律不易变化，通过构词法的研究可以为汉藏语的谱系分类提供佐证。四音格词研究的出现就是在这种情形下产生的。贵州毛南语四音格词研究至少可以为侗水语支的分类提供佐证，丰富语言类型理论研究。

一、汉语四音格词语法结构类型研究

汉语四音格词语法结构类型也可以总括为 8 种：

（1）并列型，如良辰美景，风和日丽，心满意足，赏心悦目，朝三暮四，心猿意马。

（2）述宾型，如别出心裁，不顾一切，包揽词讼，逼上梁山。

（3）主谓型，如爱憎分明，本末倒置，茅塞顿开，精神焕发，阳光普照，夕阳西下。

（4）述补型，如运筹帷幄，问道于盲，狼狈不堪，失之交臂。

（5）偏正型，如百年大计，锦绣前程，傲然屹立，豁然开朗。

（6）连谓（连动）型，如胶柱鼓瑟，见异思迁，剜肉补疮，拆东补西。

（7）兼语型，如发人深省，请君入瓮，调虎离山，引狼入室。

（8）其他型，如脍炙人口，人云亦云，落井下石，一触即发。

《现代汉语词典》（2002 年增补版）3332 个四音格词中，固定语有 2963 个，占四音格词总量的 89%，其语法结构类型分布不均匀（表1）。

表 1　汉语四音格词语法结构类型分布表

结构类型	并列	主谓	偏正	述宾	述补	连谓	其他
数量（个）	1208	677	303	267	26	35	447
百分比（%）	40.6	22.8	10	9	0.8	1.2	15.9
例词	风和日丽 心满意足	爱憎分明 本末倒置	百年大计 锦绣前程	别出心裁 不顾一切	运筹帷幄 问道于盲	胶柱鼓瑟 见异思迁	脍炙人口 人云亦云

由表 1 可以看出，并列型是汉语四音格词结构优势类型，占四音格词固定语的 40.6%。值得深究的是并列型四音格词内部构成却相当复杂，概括

起来大致有如下四种情况（表2）。

（1）主谓式并列，如鬼哭狼嚎，国色天香，国泰民安，海枯石烂，此起彼伏。

（2）偏正式并列，如横冲直撞，猴年马月，横征暴敛，洪水猛兽，慈眉善目。

（3）述宾式并列，如烘云托月，呼天抢地，呼朋引类，厚此薄彼，呼风唤雨。

（4）聚合式并列，如柴米油盐，春夏秋冬，鸟兽虫鱼，之乎者也，风霜雨雪。

表2　汉语四音格词语并列结构类型表

结构类型	述宾并列	偏正并列	主谓并列	聚合并列
数量（个）	474	399	254	81
百分比（%）	39	28	21	12
例词	烘云托月 呼天抢地	横冲直撞 猴年马月	鬼哭狼嚎 国色天香	柴米油盐 春夏秋冬

四音格词主谓结构的数量占四音格词总数的22.8%，也有相当的比例。这种结构的频繁出现可能与汉语四音格词固定语大多由短语或者句子浓缩而成相关，如国泰民安，海枯石烂，此起彼伏等。

四音格词偏正结构的数量占四音格词总数的10%，也是常见的结构类型。偏正结构类型包括两种情况：一种是"定语+中心语"，另一种是"状语+中心语"。"之"是偏正结构中表示"定语+中心语"关系的标志，有75例，它的使用补足了四音格词所需要的音节数，同时使这种偏正结构获得了形式上的平衡，如一孔之见、一家之言、先见之明、燃眉之急、百年之后等。

四音格词动宾结构的数量占四音格词总数的9%，也较常见。此外，述补结构、连谓结构、兼语结构所占比率较小，不是四音格词固定语主要结构形式，但和其他结构类型合起来，其数量也不在少数，它们的结构关系较为复杂。

二、毛南语四音格词语法结构类型研究

笔者对《毛南语四音格词 627 例》进行分析，统计得出如下结果（表 3）。

表 3　毛南语四音格词语法结构类型分布表

结构类型	并列	主谓	述宾	偏正	连谓	述补	其他
数量（个）	333	151	43	30	30	14	26
百分比（%）	53	24	6.9	4.8	4.8	2.2	4.3

由表 3 可以看出，并列结构是毛南语语法结构类型的绝对优势结构，共 333 例，占四音格词语法结构类型的 53%；其次是主谓结构，有 151 例，占语法结构类型的 24%，也是优势结构类型；述宾结构、偏正结构、连谓结构、述补和其他结构类型，都不是语法结构类型优势结构，但合起来也占有相当的比率，不容忽视。

（一）并列结构

并列结构 333 例，占四音格词语法结构类型总数的 53%。其中，述宾并列结构 69 例，占并列结构类型总数的 20.7%；重叠（AABB）并列结构 97 例，占并列结构类型总数的 29%；主谓并列结构 39 例，占并列结构类型总数的 11.7%；偏正并列结构 38 例，占并列结构类型总数的 11.4%；述补并列结构 20 例，占并列结构类型总数的 6%；附加合成并列结构 9 例，占并列结构类型总数 2.7%；其他还有连动并列结构、兼语并列结构、数量并列结构、聚合词等共 58 例，占并列结构总数的 17.4%，具体内容见表 4。

表 4　毛南语四音格词并列结构类型分布表

结构类型	述宾	重叠	主谓	偏正	述补	附加合成	其他
数量（个）	69	97	39	38	20	9	58
百分比（%）	20.4	29	11.7	11.4	6	2.7	17.4

并列结构是毛南语四音格词语法结构优势结构，其内部结构十分复杂，

概括起来大致有主谓并列、述宾并列、偏正并列、述补并列、重叠并列、附加合成并列、其他并列等。

1. 主谓并列

主谓并列 39 例，占并列结构类型的 11.7%。例如：

rim¹ va:n¹ rim¹ na:u⁶　熟透　　　　ai¹ wa:ŋ² ai¹ ram⁵　　一个高一个矮
果实熟　果实烂　　　　　　　　　个高　个矮

rim¹ la:u⁴ rim¹ ʈai⁴　一个大一个小　ȶam³aŋ⁵ rən⁴ aŋ⁵　　万紫千红
个　大　个　小　　　　　　　　紫　多　红　多

2. 述宾并列

述宾并列 69 例，占并列结构类型的 20.4%。例如：

sa⁵liŋ⁴roi⁶ ʔma:n³　上山下乡　　ɳit¹⁰ loŋ² ȶit⁷ loŋ²　心灰意冷
上 山下　村寨　　　　　　　冷 肚子痛肚子

təi² ləi⁴ təi² ləi⁴　　公平　　　ŋe⁴ kəu³ ŋe⁴ tha:i²　抱头痛哭

得 理 得 理　　　　　　　　　哭 头 哭 丧

roŋ¹ləi⁴roŋ¹ ləi⁴　　客客气气　　ve⁴ ra:n² ve⁴ tho⁴　盖房搭屋
说 理 说 理　　　　　　　　作 房 作 仓

3. 偏正并列

偏正并列 38 例，占并列结构类型的 11.4%。偏正结构分为状中偏止和定中偏正两种，以下分述之。例如：

1）状中结构并列

toŋ²kha:u¹toŋ²kha:u¹　大吵　　　toŋ² da:u³ toŋ² da:u³　和睦
同骂　同骂　　　　　　　　同合适　同合适

toŋ²ŋut⁷toŋ² ŋut⁷　　相爱　　　me² thəi⁶ me² thəi⁶　绝不是
同 想念同 想念　　　　　　　不 是 不 是

2）定中结构并列

ra:n^2 rəu^1 ra:n^2 te^3　　上下各家　　ra:n^2 wui^{6}ra:n^{2}na:i^6　左邻右舍
家 上面 家下面　　　　　　　　　　　房子那 房子 这

4. 述补并列

述补并列 20 例，占并列结构类型的 6%。例如：

tɔk^{9}kon^{5}tɔk^{9}lən^2　　先后　　　sje^3 pa:i^1 sje^3 taŋ^1　　问来问去
落先落后　　　　　　　　　　　　问 来　 问 去

ro^{6}ra:i^{3}ro^{6}rən^3　　气喘吁吁　　dai^{3}taŋ^{1}me^{2}dai^3　　来没来
喘长喘短　　　　　　　　　　　　得来不得

koi^{5}to^{1}to^{2}koi　　敲了一下门　　ljak^{8}ɣe^{4}ljak^{8}ɣe^4　　休息一会
敲门一敲　　　　　　　　　　　　歇累歇累

5. 重叠并列

重叠并列 97 例，占并列结构类型的 29%，是绝对优势类型。例如：

sjɛm^{3}sjɛm^{3}ljeŋ^{4}ljeŋ^4　走走想想　　la:u^{4}la:u^{4}ɬai^{4}ɬai^4　　大大小小
走走想想　　　　　　　　　　　　大大小小

pa:i^1 pa:i^1 taŋ^1 taŋ^1　来来去去　　wa:ŋ^{2}wa:ŋ^{2}ram^{5}ram^5　高高低低
来 来 去 去　　　　　　　　　　高高低低

sa^{5}sa^{5}roi^{6}roi^6　　上上下下
上上下下

6. 附加合成并列

附加合成并列 9 例，占并列结构类型的 2.7%。例如：

tsai^{6}tsap^{7}tsai^{6}tsap^7　　整整齐齐　　twə^{5}nwə^{5}twə^{5}nwə^5　破破烂烂
齐（后缀）齐（后缀）　　　　　　破（后缀）破（后缀）

rem⁶ru²rem⁶ru²　　凉飕飕　　　　　γeu⁶sjeu⁶γeu⁶sjeu⁶　　清清爽爽

凉（后缀）凉（后缀）　　　　干净（后缀）干净（后缀）

ŋai²ŋɔk⁸ŋai²ŋɔk⁸　　傻乎乎　　　sut¹⁰n̪ut¹⁰sut¹⁰n̪ut¹⁰　　乱七八糟

傻（后缀）傻（后缀）　　　　乱（后附音节）乱（后附音节）

pɔŋ⁴n̪ɔŋ³pɔŋ⁴n̪ɔŋ³　蓬蓬松松　　γam²tam²γam²tam²　　黑不隆冬

蓬（后缀）蓬（后缀）　　　黑漆漆（后附音节）黑漆漆（后附音节）

7. 其他

其他的有 58 例，占并列结构类型的 17.4%。例如：

t̪i²tsjen¹t̪i²tam³　　　生活　　　sje³rɛn²sje³rɛt¹⁰　　　查账

的吃的穿　　　　　　　　　问账目问（后附音节）

pɔŋ⁶pu⁴pɔŋ⁶nəi⁴　男男女女　　rɛm³n̪u²rɛm³n̪i⁶　　　暗藏

群父亲群母亲　　　　　　藏背荫处藏（后缀）

以上具体分析了并列结构类型内部结构类型多种多样的情况。

（二）主谓结构

主谓结构类型 151 例，占毛南语四音格词语法结构类型的 24%，是绝对优势结构类型。主谓结构类型分为三种情况：一种是动词性主谓结构，一种是形容词性主谓结构，一种是名词性主谓结构。

1. 动词性主谓结构

roŋ¹ra:u¹me²dai³　不会讲佯僙话　　la¹van²tsam²tam²　　多云

说佯僙不得　　　　　　　　太阳躲云

səu³ra:n²roŋ¹lɛi⁴　主人客气　　　la:u⁴ko⁴thəi⁶bu⁴　长哥为父

主人说理　　　　　　　　哥　长　是　父

ram⁴ron⁴taŋ¹ŋuk⁷　水溢出来　　la:u⁴va:i⁴thəi⁶nəi⁴　长嫂为母

水溢来外　　　　　　　　　嫂　长　是　母

2. 形容词性主谓结构

ka:m¹liŋ⁴ɣam²tam²　山洞黑漆漆　　ra:n²tsai⁶tsap⁸tsap⁸　屋子很整齐

洞山黑暗（后附音节）　　　房子齐（后附音节）

tsjen¹tan³kən¹da:i¹　生活更美好　　va⁵tɔk⁹pro⁵pro⁵　叶纷纷扬扬落下

吃穿更好　　　　　　　　　叶落纷纷扬扬

pəm¹sut¹⁰ȵut¹⁰ȵut¹⁰　头发乱糟糟　　ra:n²wat⁷wa:u¹wa:u¹　房子宽宽敞敞

头发乱（后附音节）　　　房子宽宽敞敞（后附音节）

3. 名词性主谓结构

te³ghən²lɔŋ²ʔmun¹　世界　　we⁴te³te³tsa⁵　　最下边那家

南　地方　肚子　天　　　户下下那

pjɛ²rəu¹rəu¹tsa⁵　最上边那棵　ai¹lən²lən²tsa⁵　最后面那个（人）

树上上那　　　　　　个后后那

（三）偏正结构

　　偏正结构类型 30 例，占毛南语四音格词语法结构类型的 4.8%。偏正结构类型可分为两种情况：一种是状中偏正结构，另一种是定中偏正结构。

1. 状中偏正结构

u⁵u⁵ti⁴keu³（风）　呜呜地刮　　to⁵su¹mai⁵pa⁵　又输喽

（风）呜呜地刮　　　　　又新输吧

（ram⁴）swa⁴swa⁴ti⁴loi¹　哗哗地流　　təi²lət⁷ve⁴vən¹　用铁做的

（水）流貌地流　　　　　拿铁做的

pra⁵pra⁵ti⁴vɛn⁴　　　哗啦啦地飘

哗啦啦地飞

2. 定中偏正结构

wa:ŋ²wa:ŋ²ti⁴məi⁴　高高的树　　　ljɛ¹tau⁶tsiŋ⁵ʔmun¹　　蚕豆尖

高高的树　　　　　　　　　尖蚕豆

ʔma:ŋ⁵ɣa:u⁴ko¹no³　风箱里老鼠　ka:ŋ⁴ɣɔu⁴mɛk¹⁰mjen⁶　小麦芒

面　里 风箱老鼠　　　　　　芒小麦

（四）述宾结构

述补结构结构类型 43 例，占毛南语四音格词语法结构类型的 6.9%。例如：

a:u¹tau³to⁴pwa:k¹⁰　　戴孝　　　　sa⁵pa:i¹rɔu¹kwaŋ²　　上楼

要穿戴白头巾　　　　　　　上去上边楼

sjem³thau⁵ta⁵khən¹　半途　　　　to²ren²vɛ⁴vɛn⁶　　　　一起做生意

走到半路　　　　　　　　　一起做饭

pa:i¹ta⁶ʔma:ŋ⁵te³　　到过南方

去过下边

（五）连谓结构

连谓结构类型 30 例，占毛南语四音格词语法结构类型的 4.8%。例如：

pa:i¹sjem³loŋ³na⁴　　走外家　　　təi²ra:u²taŋ¹raŋ⁶　　立柱子

去走外家　　　　　　　　　拿柱子来立

pa:i¹wɔ⁴tjem³tau²　　歇店　　　　rɔu¹in⁴a:u¹rət⁷　　　上山打柴

去店家歇　　　　　　　　　上山要柴

ŋa:i²lam²pa:i¹vən¹　　被逮　　　　pa:i¹khai¹la:ŋ²ra⁵　　开田缺

挨抓去了　　　　　　　　　　去开田缺

（六）述补结构

述补结构类型 14 例，占毛南语四音格词语法结构类型的 2.2%。例如：

ljak⁸ɣe⁴to²thaŋ¹　　休息一会　　ve⁴ko⁴ləu⁴vən¹　　当大哥

歇累一会　　　　　　　　　　作大哥成

ma³dai³kam⁵kut⁷　　长得绿油油的　koi⁵to¹to²koi⁵　　敲了一下门

长得青油油（后附音节）　　　敲门一敲

vən⁴pra⁵pra⁵ti⁴　　哗啦啦地飘

飞哗啦哗啦地

（七）其他结构

其他结构类型 26 例，占毛南语四音格词结构类型的 4.3%。

1. 兼语结构

taŋ¹jɔn¹vi²dap⁷　　　　灭火　　tshiŋ³ŋwaŋ² dɔm⁵ ȶit⁷　　请鬼看病

来浇火灭　　　　　　　　　　请鬼看病

2. 体词后加后缀

kɛn⁵ naŋ³ kɛn⁵ tsa⁶　　花里花哨

花里花哨　　（后附）

3. 介词结构

tshuŋ⁶ ʔȵam⁵ thau⁵ hat⁷　　一夜到亮

从　　晚上 到 早上

4. 同位结构

sip⁸to³to²rje¹　　　　十斗一石　　　　?ma:n³ta⁵?ma:n³ra:u¹　　咱们中寨

十斗一石　　　　　　　　　　　　　　寨子中寨子咱们

5. 不可判断结构

tha:m¹tau³lɔk⁸sin¹　　三斗六升

三　斗　六　升

thəi²thəi²wan¹rən⁴　　红稗粑粑

粑　粑　稗　红

ban²ɣəu⁴mɛk¹⁰ɣəu⁴　　大麦穗子

穗子大麦

总之，毛南语四音格词语法结构类型结构复杂，种类繁多，其中并列结构类型最多，其次是主谓结构类型，两项加起来约占总结构类型的 80%。

三、毛南语汉语语法结构类型比较研究

（一）相同点

（1）毛南语与汉语语法结构类型都达七八种之多，相当丰富。

（2）并列型结构是优势结构，并列型和主谓型合起来占结构类型的绝对优势。

（二）不同点

（1）并列型结构是毛南语四音格词语法结构类型绝对优势结构。

（2）并列型和主谓型结构合起来是毛南语最为主要的结构类型，其他类型比率较低。而汉语除并列型、主谓型之外，其他结构类仍占相当的比重（表5）。

表 5　毛南语汉语四音格词语法结构类型及百分比分布比较表

结构类型		并列	主谓	偏正	述宾	述补	连谓	其他
百分比（%）	汉语	40.6	22.8	10	9	0.8	1.2	15.9
	毛南语	53	24	4.8	6.9	2.2	4.8	4.3

四、毛南语、汉语四音格词语法结构类型
共性特征和个性差异原因探析

四音格词是汉藏语系普遍存在的语言现象，毛南语与汉语是亲属语言，毛南语与汉语的四音格词语法结构类型存在很多共性特征，但也存在鲜明的个性差异。

并列语法结构类型为毛南语、汉语四音格词共同的优势结构类型，原因是什么呢？

认知语言学理论"相邻原则"告诉我们：形式上在一起或比较靠近的两个成分，语义上往往是相邻的；而邻近的两个成分也倾向于组成一个单位。并列结构恰好符合"相邻原则"这一特征。并列短语并列项之间的形式距离近，中间没有其他项隔开；并列项所反映的概念之间的距离也接近，这就是认知语法的像似性原则；并列短语就被词汇化为四音格词。例如，并列短语"初夏秋冬""东南西北""风雨雷电""柴米油盐"等意合词，每个概念之间的距离接近，概念之间的意义差异也被淡化，因此，这些意合短语词汇化为四音格词；相反，四音格词词汇化对并列结构情有独钟，其间存在着天然的联系。

并列型四音格词要求2、4音节具有和谐关系，1、3音节重叠，这些限制保证了并列型四音格词内部的整齐划一；反过来说，如果1、3音节重叠，2、4音节具有和谐关系，那么，这个四音格词一定是并列型四音格词。其他一些语法结构形式不受语音规则的限制，如偏正结构、主谓结构等，相反，它们往往还会违反语音规则。同时，语法结构对语义结构也存在制约

关系。以下是毛南语并列型四音格词，前后的两个音节存在着"同一"的语法关系：

kwe⁴ ʔŋwe³ kwe⁴ ʔŋwe⁶ 歪里歪啷	taŋ¹ taŋ¹taːu⁵ taːu⁵ 来来回回
pən⁵ kon⁵ pən⁵ lən² 跑前跑后	sjɛm³ kon⁵ sjɛm³ lən² 走前走后
sjɛm³ toŋ¹ sjɛm³ thi¹ 走东走西	sa⁵ ra³ roi⁶ ra³ 上坡下坡
ljeŋ⁴ paːi¹ ljeŋ⁴ taŋ¹ 想来想去	ljeŋ⁴ paːi¹ tsu¹ paːi¹ 想去就去
ɕi² liŋ⁴ kəu³ ɕi² 齐心协力	jiu¹ waːŋ² jiu¹ laːu⁴ 又高又大
ko⁵ pən⁵ ko⁵ han¹ 越跑越快	ta² roŋ¹ ta² ku¹ 边说边笑

汉语并列结构的四音格词成语多同素异序形式，主要受到其语法规则的制约，即并列项在并列结构内部地位相等，与词序无关。例如：

洋洋得意/得意洋洋	扬眉吐气/吐气扬眉
延年益寿/益寿延年	行云流水/流水行云
志士仁人/仁人志士	光明磊落/磊落光明
青山绿水/绿水青山	沧海桑田/桑田沧海
刻骨铭心/铭心刻骨	能伸能屈/能屈能伸

毛南语与汉语的四音格词在语法关系上表现出一定的共性特征，也体现了其间的不平衡性、差异性和特殊性。毛南语四音格词的并列结构关系较汉语显著，不过汉语的并列结构语序有时是可以根据语境的需要前后对换的，并且对换后的结构关系和意义不变，而毛南语四音格词的并列结构却没有这样的特性。

毛南语、汉语的四音格词共性特征及个性差异形成的原因，与语言类型密切相关。

语言的单音节词根、分析性、有声调等特征直接导致毛南语与汉语四音格词的产生；相反，毛南语与汉语的个性差异也是由于这些语言类型特征差异导致的。

作为强势语言的汉语，它在四音格词语音结构类型、语法结构类型、词性、韵律、语义和语用等方面深深地影响着毛南语。尤其是现代社会大量四音格新词新语出现，使得毛南语直接采用汉语语音语法结构形式，表达与汉语相同的意义、使用与汉语相同语用表情达意的四音格词。毛南语和汉语就是在不断接触和文化交流渗透的过程中走向未来的。

参 考 文 献

伯纳德·科姆里（Bernard Comrie）. 2010. 语言共性和语言类型. 沈家煊, 罗天华译. 北京: 北京大学出版社.

薄文泽. 1997. 佯僙语研究. 上海: 远东出版社.

戴庆厦. 2006. 汉语与少数民族语言语法比较. 北京: 民族出版社.

戴庆厦, 徐悉艰. 1981. 景颇语的四音格词. 北京: 中国社会科学出版社.

冯胜利. 1997. 汉语的韵律、词法与句法. 北京: 北京大学出版社.

姜德武. 2000. 汉语四字格词典. 北京: 北京语言大学出版社.

李方桂. 2012. 李方桂全集: 汉藏语论文集. 北京: 清华大学出版社.

马学良. 2003. 汉藏语概论. 北京: 民族出版社.

孙宏开. 2008. 中国的语言. 北京: 商务印书馆.

孙艳. 2005. 汉藏语四音格词研究. 北京: 民族出版社.

徐通锵. 1997. 语言论. 长春: 东北师范大学出版社.

赵道文. 1984. 佯璜语简介. 语言研究, (2): 238-267.

周荐. 1998. 词汇学问题. 天津: 天津古籍出版社.

语言接触与语言翻译

汉语人物绰号维译研究

赵江民　连　飞（新疆师范大学）

引　言

　　绰号即诨名、外号①。绰号，作为一种独特的文化现象，就是抓取人物某方面的特征所起的名号。绰号是一个人在公众中口碑的一个标志或缩影，从一个人的绰号可以看出他在人民群众心目中的地位和形象，看出其价值取向与志趣情操（刘立祥，2007）。

　　现代维吾尔语中，绰号用的是个阿拉伯语借词（维吾尔文编辑部，1994：916），即 leqem，维吾尔族皈依伊斯兰教后，维吾尔族主要以圣人之名或赞美安拉的词起名，为了区别称呼同名的人，以家族或宗教起绰号的情况逐步出现了，在维吾尔族人的生活中，他们有相互起绰号的习俗，以丰富他们的生活（李纯，2011）。维吾尔族通常不给妇女取绰号，以表示对妇女的尊重。在维吾尔族的日常生活中，常见的绰号有 qasim tylkɛ（卡斯木老狐狸）、ablimit ʃapaq（"帽子"阿布都力米提）、taʃʙaʁaq（请帖塔夏洪，本名 taʃaχun）。这些绰号并不是无凭无据取来的，有的是根据相貌特征，有的是根据所从事的职业和掌握的手艺等。对于维吾尔族绰号文化的理解层级，直接影响到汉语人物绰号维译。鉴于此，本文立足于新疆民汉绰号互译的现状，以《红楼梦》和《水浒传》汉语绰号的维译为例，以汉维翻译理论为指导，运用文献法和对比法的分析方法，从汉语人物绰号的翻译原则、翻译策略、翻译方法和技巧的

---

① 辞海编辑委员会. 1965. 辞海. 北京：中华书局：2243.

视角，对汉语人物绰号维译进行了较系统的分析，并指出了汉语人物绰号维译中存在的问题，以期有益于汉维互学、汉维互译以及汉维翻译理论的丰富。

一、汉语人物绰号维译分析

（一）汉语人物绰号维译的原则

翻译原则（translation principle）就是指译者在其翻译实践中必须遵循的行为准则，也即从事翻译活动的指导思想，具有普遍的指导意义。尽管翻译界在翻译的原则或标准的认识上没有一个统一的尺度，但"忠实与通顺"是被普遍认同的两个基本原则（郑鸿芹，2011）。"忠实"就是完整而准确地表达原文的思想内容、风格，不可有所增删；"通顺"就是译文要流畅自然，符合目的语的表达习惯。

在汉语绰号的维译过程中，译者也得遵循"忠实与通顺"这两条最基本的原则，以其为指导思想从事翻译活动。现以《水浒传》和《红楼梦》为例进行分析。

例一，天异星赤发鬼——刘唐，其绰号维译作 qizil tʃatʃ ʃejtan。

刘唐因其紫黑阔脸，鬓边生有朱砂记，上面生一片黑毛，专使一口朴刀，武艺过人，故人称"赤发鬼"。维吾尔语译作 qizil tʃatʃ ʃejtan，较客观地表现出刘唐头发赤红，丑陋如鬼。

例二，"这薛公子的混名人称'呆霸王'。"（《红楼梦》第四回）。

维译: kiʃiler ʃøe penge bikar《uʃʃuq》dep leqem qojmiʁan. (1-tom 101-bet)

薛公子薛蟠，因为他为人骄横自负，好色无知，又没有心机，所以就被贾府的人称为"呆霸王"了，uʃʃuq 意为无赖、泼皮、痞子，确实体现了薛蟠仗着家里的势力胡作非为的形象。以上绰号的维译，体现了翻译"忠实与通顺"的原则，维译绰号完整而准确地表达原文绰号的内容、风格，而且流畅自然、符合维吾尔语的表达习惯。

（二）汉语人物绰号维译的策略

翻译策略（translation strategy）不仅是语际转换的过程，也是文化迁移的过程。译者在翻译活动中，往往会有计划地倾向于某种文化，是抹去还是凸显异域文本（原文）的语言和文化差异，并以这种选择为宗旨来谋划，这种文化取向的谋划就是译者翻译策略的选择。

归化的翻译，在理论上把语言看作交际的工具，实践中要使译文通顺，要把文化因素的差异尽量缩小。异化的翻译，目的是尽量保留源语的语言与文化特点，要通过移植，使读者了解异域风情、文化和语言的特点，以丰富本民族语言的表达法。现以《水浒传》和《红楼梦》为例进行分析。

例一，天败星活阎罗——阮小七，其绰号维译作 ɛzrail。

活阎罗——阮小七，古中国原本没有关于阎罗王的观念，佛教从古印度传入中国后，阎罗王作为地狱主神的信仰，才开始在中国流行开来，佛教创立后，沿用了阎罗王的观念，认为阎罗王是管理地狱的王，其职责是统领阴间，审判人的生前行为并给予相应的惩罚。ɛzrail 一词是《古兰经》中记载的天使之一，专司死亡事宜。

例二，"冷郎君惧祸走他乡"（《红楼梦》第四十七回）。

维译：biperwa jigitniŋ baladin qetʃip taqa jurtqa kɛtkɛnligi.（4-tom 32-bɛt）

冷郎君柳湘莲的"冷"，是傲霜雪，斗腐恶，蔑视豪门权贵，反抗封建势力，借用鲁迅的话就是"横眉冷对千夫指"的"冷"。biperwa 原意是"不在乎，不理睬，不理会，置之不理"，可以理解为柳湘莲对权贵的一种轻视的态度，所以"冷郎君"维译作 biperwa jigit 较符合维吾尔语的表达习惯。在汉文化中，以上绰号具有非常丰富的内涵，在维译过程中，使用了归化的翻译策略，使维吾尔族读者更易于理解和接受。

（三）汉语人物绰号维译的方法

翻译方法（translation approach）指涉的对象是语言形式，包括选词用字、句式结构、修辞手段等。由于原语与目的语之间存在客观差异，译者在转换语言文字的过程中，可以采取不同的方式来处理译文，或者保持或者改变原文的语言形式。直译、意译、音译及直译加音译法是几种常见的翻译方法。现以《水浒传》和《红楼梦》为例进行分析。

例一，地理星九尾龟——陶宗旺，其绰号维译作 toqquz qujruqluq taʃpaqa。

陶宗旺，负责修筑梁山城，这可是个技术活儿，对他的数学、物理、项目管理等各方面都有极高的要求，因此得绰号"九尾龟"，喻其多能。九尾龟在维吾尔语中分别对应为 toqquz、qujruqluq、taʃpaqa，所以直译为 toqquz qujruqluq taʃpaqa，较好地地保存了原文的风貌、文化特征，同时译入语也易于读者理解。

例二，"因这个媳妇美貌异常，轻浮无比，众人都呼他作'多姑娘儿'。"（《红楼梦》第二十一回）。

维译：bu tʃokan intajin tajnaq, adɛttin taʃqiri jeŋiltɛk bolʁanliqidin, hɛmmɛ uni《meʃuqɛm》dep atiʃatti.（2-tom 173-bɛt）

"多姑娘"之所以被这样称呼，是因为她与贾琏有奸情，和很多人私通，若直译，不仅不能表达出原意，而且翻译出来的绰号会很令人费解，所以意译作维吾尔语中的 meʃuqɛm 一词，意为情侣，特指女性，也准确地反映了其是很多人的"情侣"。

例三，天英星小李广——花荣，其绰号维译作 kitʃik li guaŋ。

李广家世代传习射箭，李广在当时箭术无敌，尤其是骑射，匈奴士兵只要听到飞将军李广的大名便闻风丧胆，足以见李广之英勇善战、赫赫战功。花荣，其绰号直译加音译为 kitʃik li guaŋ。

（四）汉语人物绰号维译的技巧

翻译技巧（translation technique）指的是在翻译原语时，针对原语和目的语语言差异的具体情况，对译文做相应的词句上的调整时，译者采取的具体手段。常见的翻译技巧有以下几种：增词法、减词法、转换法等。

例一，天损星浪里白条——张顺，其绰号维译作 dolqun jarar aq beliq。

浪里白条——张顺，白条是一种鱼，也指张顺浑身像雪一样的白肉，张顺在水底可以伏七天七夜，穿梭水面快速无比，就像一根白条一闪而过，其水性也是梁山中最好的，所以人称"浪里白条"，原绰号中的"浪里"被译作了"劈开了浪"（dolqun jarar），增加了"劈开"（jarar）一词，更能体现出张顺在水中的英勇神武，同时也使绰号读起来朗朗上口。

例二，天微星九纹龙——史进，其绰号维译作 eʤdiha jigit。

天微星九纹龙——史进，因身上纹有九条青龙，人称"九纹龙"，绰号在维译时运用了减词法的翻译技巧，省略了"九"这一意象，维译作 eʤdiha jigit。

例三，"银样蜡枪头"（《红楼梦》第二十三回）。

维译：sizni 《kymyʃmikin desem，qelej ikensiz》（2-tom 230-bet）

"银样蜡枪头"原意指"样子像银子实际是焊锡做的枪头，比喻外表很好看，实际上不中用"，这个绰号本是一个定中结构，维译运用转换法后虽然改变了原语的结构，但是"kymyʃmikin desem，qelej ikensiz"这种说法确是维吾尔语中的习语，这种翻译更易于维译本读者的理解。

二、汉语人物绰号维译存在的问题

（一）翻译策略使用不够恰当

汉语人物绰号的维译大多采用了归化的翻译策略，而对异化翻译策略的使用微乎其微，我们提倡"能异化就异化，不能异化再归化"，因为异化翻译可以更好地促进文化的交流，增加译入语读者对异文化的了解，更有利于语言的丰富和发展。

（二）缺乏对文化的了解

译者缺乏对文化背景的了解会导致误译。例如，毛头星一孔明，其绰号翻译为 tyk baʃ。tyk 即"毛"，baʃ 即"头"，jultuz 即"星"，每个词都一一对应翻译，但是组成的绰号——tyk baʃ jultuz 让人费解，不知所谓。毛头星有两个意思，一是彗星的俗称，旧时认为是灾祸的象征；二是借称易惹祸的人，犹言灾星，常用作詈词。维吾尔语中也有对应的词语，即 balaχor，意为灾星，因此，孔亮的绰号可以维译作 balaχor。

（三）目的语语义的空缺

目的语的空缺也会导致误译。例如，"小霸王"周通，译者将其翻译为 soltek zomiger（秃尾巴的恶霸），有学者认为"霸王"指的是孙策，也有学者认为其指的是项羽，无论到底指谁，"小霸王"用在这里都是一个褒义词，而 soltek zomiger 是一个贬义词，显然在词的感情色彩上是与汉语相互矛盾的。

结　语

通过分析《水浒传》《红楼梦》中汉语人物绰号维译，我们可以看出以下几点。

第一，汉语人物绰号维译的正确，首先取决于译者对原语文化的正确理解。从而从源头上规避一些因为理解不到位而犯的错误。

第二，在翻译实践中，"忠实与通顺"的翻译原则作为汉语人物绰号维译所必须遵循的行为准则和指导思想，能使维译的人物绰号尽量完整地再现汉语人物绰号的思想内容；而且维译的人物绰号应当使译文读者感到流畅自然。

第三，在翻译策略的选择上，应以"异化为先，归化为主"，尽可能地保留异域文化色彩。当然这并不表示要将"归化"和"异化"两种翻译策略对立起来，翻译中既不存在绝对的归化译文，也不存在绝对的异化译文，往往归化中有异化，异化中有归化，因此，两种翻译策略将永远并存，并起到相互补充的作用。

第四，在翻译方法上的选择，只要不影响理解，能直译的尽量直译；碰到直译影响理解的，或者是译入语中找不到对应的词汇或表达方式时则改用意译；在遇到含有历史人物、典故等词汇的汉语人物绰号时，如"尉迟、温侯、李广"这类词汇在维译时应当选择音译加注的翻译方法。

第五，汉语人物绰号维译时常用的翻译技巧有增词法、减词法、转换法等。

由于维汉两种语言的思维方式、语言习惯和表达方式有所不同，在维译时，有必要增添一些词语，或者删去不符合维吾尔语思维习惯、语言习惯和表达方式的词，以避免译文累赘；同时也有必要对汉语人物绰号中的词类、结构进行转换，以符合维吾尔语的表达习惯。

参 考 文 献

曹雪芹, 高鹗. 红楼梦（维文）. 1979.《红楼梦》翻译小组译. 乌鲁木齐：新疆人民出版社.

曹雪芹, 高鹗. 1998. 红楼梦. 北京：人民文学出版社.

陈俊芳. 2006. 绰号修辞的语用功能. 中北大学学报, 22(4): 66-68.

崔瑞娟. 2010. 谈翻译原则. 语文学刊, (8): 90-91.

杜银萍. 2010.《水浒传》中的人物绰号及其维译研究. 新疆大学硕士学位论文.

方仪力. 2012. 直译与意译：翻译方法、策略与元理论向度探讨. 上海翻译, (3): 16-20.

侯广旭. 2001. 绰号的社会语用分析. 语言教学与研究, (3): 28-33.

孔令彬. 2005.《红楼梦》里绰号多. 红楼梦学刊, (3): 259-274.

李纯. 2011. 维吾尔族文化中民间绰号的探究. 昌吉学院学报. 2011(1): 47-50

李静. 2010.《水浒全传》人物绰号研究. 山东大学硕士学位论文.

刘立祥. 2007. 从绰号看人的价值取向与志趣情操. 陕西青年职业学院学报, 20(1): 40-42.

刘婷. 2014. 概念隐喻框架下浅析如何翻译与动物相关的人物绰号—— 以《水浒传》为例. 凯里学院学报, 32(1): 97-100.

彭璐. 2012. 认知语言学视角下《水浒传》中人物绰号的英译对比研究. 湖北大学硕士学位论文.

谭卫国, 欧阳细玲. 2011. 论三位大师的翻译原则, 中国外语, (3): 105-111.

王福丽. 2013. 从功能对等理论看林译《浮生六记》中典故的英译. 湖北科技学院学报, 33(9): 91-92.

王珊. 2007. 奈达的动态对等理论与圣经汉译. 河北大学硕士学位论文.

维吾尔文编辑部. 1994. 维吾尔语详解词典（第四卷）. 北京：民族出版社.

谢苍霖. 2003. 绰号的名号属性和语词特点——绰号研究之一. 江西教育学院学报, 24(5): 100-103.

郑鸿芹. 2011. 翻译原则、策略、方法与技巧的概念范畴及其关联性. 阿坝师范高等专科学校学报, 28(3): 97-100.

多语言接触中的朝鲜语外来词的
动态特点

金海月　　朱美艳（北京语言大学）

引　　言

　　社会语言学认为词汇对社会变化最敏感，它能直接、迅速地反映社会的变化。当两种语言接触时，一种语言或方言通常会从另一种语言或方言中借入语言形式，这是社会发展中比较常见的现象，特别是像中国朝鲜语这种边疆少数民族地区的语言借用更是丰富多彩。在中国朝鲜语的词汇系统中可以看到各种文化与其接触的痕迹。首先，中国朝鲜语植根于中国的政治、经济、文化的大土壤之中，因此，有一批汉语词汇通过音读、音借、音译等方式被引入了中国朝鲜语的词汇系统。其次，随着全球化脚步的加快，信息大爆炸时代的到来，英语也开始成为影响中国朝鲜语的一个重要因素。再次，作为同一语言的跨境变体，韩国语也对中国朝鲜语有着深刻的影响。最后，由于历史原因，一些来自日本的词语也留在了延边地区的朝鲜语当中。

　　我们的研究对象只限于中国的朝鲜语。之所以强调"中国"朝鲜语，是为了将中国朝鲜语中的外来词和韩语中的外来词区分开来。中国朝鲜语和韩国语是跨境语言朝鲜语的变体。跨境语言是指同一民族语言分布在不同国家的语言变体，其存在和发展受国家因素的制约。朝鲜语中有大量西欧外来词，仅在 1937 年版的《摩登现代朝鲜语外来辞典》中就收录了 1.3 万余西欧语系单词。1945 年后，随着与美国联系的进一步密切，大量英语外来词进入了朝鲜语中。而中国朝鲜语则更多地受到汉语的影响，在 1981

年版的《现代朝鲜语词典》中，外来词仅有 2000 千余个。从数量上看，中国朝鲜语外来词和韩国语外来词就是有区别的。

本文将对比两本不同时代的《现代朝鲜语词典》①，并以此为基础，分析朝鲜语中外来词的类型，同时对外来词借入过程中的影响因素、外来词的使用现状等方面进行全面、细致的考察。

对朝鲜语外来词的现状的描述是研究中国朝鲜语现状的一个重要方面，研究中国朝鲜语中的外来词有利于延边地区双语教学的探索及中国朝鲜语规范化的制定。

一、朝鲜语外来词的结构类型

根据方欣欣（2004）中的三段两合论，并结合朝鲜语外来词的实际情况，将中国朝鲜语外来词大致分为了 4 种结构类型。

（一）"零翻译"类

"零翻译"（方欣欣，2004：151）是指不用目标语中现成的词语译出源语言中的词语。零翻译又可以分为两大类——音译（transliteration）和移译（transference）。音译法是将源语言的发音按本国语言（native language）的音位系统进行转写，举例如下。

中国朝鲜语	源语言	汉语义
고릴라	gorilla	大猩猩
피아노	piano	钢琴
구아니딘	guanine	胍
구아닌	guanine	鸟嘌呤
레이다	radar	雷达
호르몬	hormone	荷尔蒙

① 朝鲜社会科学院语言文学研究所编的《现代朝鲜语词典》（平壤：朝鲜科学百科辞典出版社，1981 年）和朝鲜社会科学院语言科学研究所编的《现代朝鲜语词典》（哈尔滨：中国黑龙江朝鲜族出版社，2003 年）。

렌즈	lens	镜头
뜨락또르	tractor	拖拉机
세빠드	shepherd	牧羊犬
쉘라크	shellac	虫漆
잠바	jumper	无袖套衫，针织套衫
쟈이로스코프	gyroscope	陀螺仪，回转仪
쥬브	tube	橡胶管
쥴	joule	焦耳
지르코니움	zirconium	锆
제라니움	geranium	天竺葵
제스츄아	gesture	手势
챤스	chance	机会
쵸콜레트	chocolate	巧克力
치즈	cheese	奶酪
체인	chain	链子，链条
첼로	cello	大提琴
카드미움	cadmium	镉
카라	collar	衣领
카로리	calorie	卡路里
카로티노이드	carotinoid	类胡萝卜素
카르복실라제	carboxylase	碳酸酵素，羧化酶
카리에스	caries	龋齿，骨疡

　　移译是指把源语言中的词语原封不动地"移植"到目标语中，主要包括一些专有名词、缩略语、字母词等，如 F. O. B、CT、MRI 等。

　　中国朝鲜语外来词中有大量的"零翻译"类外来词，如此多的零翻译类外来词与朝鲜语本身是表音文字有着不可分离的关系。朝鲜语中的零翻译类外来词多来源于英语和日语，而英语和日语也同为表音文字，因此，在摹写源词的语音形式时比较方便，也不用考虑语素意义的选择。另外，科学技术日新月异的发展、各种文化及意识形态的突然涌入，使朝鲜语自身的词汇系统无法完全消化，使用原有的固有词和汉源词来表示新事物也未尝不可，只是如此一来表达方法冗长晦涩，使用起来也不经济。因此，处于信息大爆炸时代的中国朝鲜语词汇系统不断接收新的外来的词汇也是必然的。

（二）语素对应、构词方式相同类

这一类外来词来源于源语言，与源词语素对应，构词方式相同。以"결합에네르기（结合能）"为例，该词以英语词"binding energy"为源词。"binding energy"由"bind"和"energy"两个语素构成，"결합에네르기"也由"결합""에네르기"两个语素构成，且"결합에네르기"和"binding energy"的构词结构相同。

又如"고알루미나벽돌"一词，这个词由"고""알루미나""벽돌"三个语素组成，而该词的源词"high-alumina brick"也是由"high""alumina""brick"组成，所以"고알루미나벽돌"与源词语素对应，并且二者的构词结构也是相同的。再如"공중대공중로케트"一词，这个词由"공중""대""공중""로케트"四个语素所组成，而该词的源词是英语"air-to-air rocket"，也是由"air""to""air""rocket"四个语素组成，因此二者语素对应。再看"공중대공중로케트"的构词结构，与"air-to-air rocket"也是相同的，因此"공중대공중로케트"被归入此类。由此可见，不管有几个语素，只要外来词与源词语素相对应且构词结构相同，那么就可以被归入第二类。

第二类外来词是充分利用了英语与中国朝鲜语构词结构的相同之处，即都有修饰性成分在前、中心语成分在后的构词特点。此类词语如下。

中国朝鲜语	源语言	汉语义
전자렌즈	electron lens	电子透镜
전기드릴	electric drill	电钻
저장탕크	storage tank	贮藏罐
자동프로그램	automatic program	自动编制程序
전자볼트	electron volt	电子伏特
전쟁히스테리	war hysteria	战争歇斯底里

종이테프	paper tape	纸带
주정와니스	alcohol varnish	酒精清漆
중속엔진	medium speed engine	中速发动机
증기바란스	steam balance	蒸汽平衡
증기타빈	steam turbine	蒸汽轮机
지질콤파스	geological compass	地质罗盘
진공뽐프	vacuum pump	真空泵
제트기관	jet engine	喷气发动机
제 2 바이올린	second violin	第二小提琴手
제 1 바이올린	first violin	第一小提琴手
치차뽐프	gear pump	齿轮泵
카날선	canal ray	极隧射线
카르보닐기	carbonyl group	羰基
카르복실기	carboxyl group	羧基
카르본산	carboxylic acid	羧酸
카바이드등	carbide lamp	电石灯
칼시움비누	calcium soap	钙皂
코드선	code line	代码行
코로나방전	corona discharge	电晕放电
코르크마개	cork stopper	软木塞
코발트청	cobalt blue	钴蓝
코발트유리	cobalt glass	钴玻璃
크롬산	chromic acid	铬酸

（三）语素不对应、构词结构不同类

　　这一类外来词来源于源语言，与源词相比语素不对应，且构词结构也不相同。那么如何确定这个外来词来源于源词呢？首先，该外来词与源词所表示的确实是同一个事物。以"가스화"与"gasification"为例，两个词只从语素与结构上看不像第二类那么联系紧密，但"가스화"与"gasification"两个词都表示"物质由固体或液体变成了气体，分子间距离比较大"这一现象，因此"gasification"确实是"가스화"的源词。另外，语素不对应，这是因为英语和中国朝鲜语的构词方法虽然也有相同之处，比如上述第二类，但毕竟两种语言分属不同语系，构词方法上的差异大于共同点。英语中将中心词前置，常使用前缀、后缀等构词方法在中国朝鲜语中是少见或没有的，因此在借入外来词时，仅借入源词的一些语素，将语素放入中国朝鲜语的构词方法当中，这样做既不影响外来词借入方便、经济的优点，也保留了中国朝鲜语构词的特色。

以"결핵알레르기아（过敏性肺结核）"一词为例，该词的源词是英语"allergy in tuberculosis"。这一点可以由二者都表示"由于过敏导致的肺结核"确定。从构词法而言，源词"allergy in tuberculosis"属于中状结构，这类构词方法正是中国朝鲜语中所没有的。因此，中国朝鲜语在借入该词时，只借入了"allergy"一个语素，而构词结构则选择了中国朝鲜语中惯用的"修饰成分在前，中心语在后"的结构。

又如"에스테르화"一词，它的源词是英语的"esterification"，二者都表示"醇跟羧酸或含氧无机酸生成酯和水的反应"，但源词"esterification"采用了加后缀"-tion"的构词方法，中国朝鲜语中并没有这种构词方式，因此只借入语素"ester"，然后使用中国朝鲜语构词方式将外来词标记为"에스테르화"。

再如"올리브나무"一词，该词的源词"olive"表示"橄榄树"，那么借入时本来也可以采用零翻译的方法标记为"올리브"，为什么还要在"올리브"后面加上"나무"呢？因为外来词借入时要符合语言使用者的认知心理，语言使用者并不知道"올리브"是什么，有怎样的属性，因此在后面加上表示性质的"나무"就能让语言使用者一目了然：原来"올리브"是一种树。在事物后面加上表示其属性的词语的构词方法在中国朝鲜语中十分常见，如"솔나무""진달래꽃"等，因此，引入的外来词虽然与源词构词结构不相同，但更符合中国朝鲜语使用者的语感，也方便他们对新鲜事物的认知。因此，这种语素不对应、构词结构不相同的外来词也能大量存在。此类词如下。

봄슬레이경기 bobsledding	봄슬레이+ 경기 bobsledding	乘大雪橇, 滑大雪橇运动（或比赛）
씨리우스별 Sirius	씨리우스+ 별 Sirius	天狼星
뽈리프형 polyp	뽈리프+ 형 polyp	水螅型
부르죠아화 bourgeoisification	부르죠아+ 화 enbourgeoisement	资产阶级化
석탄가스화 gasification of coal	석탄가스+ 화 gasification of coal	煤气化
프로이드주의 Freudianism	프로이드+ 주의 Freudianism	弗洛伊德主义
프루동주의자 Proudhon Anarchist	프루동주의+ 자 Proudhonien	蒲鲁东主义者
염화마그네시움 magnesium chloride	염화+ 마그네시움 magnesium chloride	氯化镁

（四）派生类

　　这一类外来词中部分语素来自源语言，但在源语言中没有与之明确对应的源词，可以说，这一类是外来词进入朝鲜语后的派生产物。以"파운드지역"一词为例，它是由"파운드（pound）"和汉字语素
"지역 （地域）"组成的。它虽然含有外来语素，却不能被归入第二类或第三类，因为它在英语中没有明确的源词。英语中表示"파운드지역"，即"英镑区"的词是"sterling area"或"sterling bloc"，这两个词中完全不含有"pound"这个语素，也就是说，很难推断"파운드지역"这个词来源于英语，虽然它内部含有英语语素。之所以会产生这种情况，有可能是因为"파운드"一词先于"英镑区"这一概念进入中国朝鲜语，并为中国朝鲜语使用者所熟悉。因此，当"英镑区"这一概念进入中国朝鲜语时，人们自然而然地用"파운드"代替了"sterling"。比起重新认识并熟悉"sterling"这

个词，这种代替方法更加快捷。同理，"속샤쯔"一词中虽然有"샤쯔"这一语素来源于英语"shirt"，但将它归入第二类或第三类是不妥当的。因为英语中与"속샤쯔"表示相同意义的词是"underwear"，这个词中并没有"shirt"这个语素，因此很难推断"속샤쯔"的源词是"underwear"。

事实上，比起"wear"，"샤쯔"确实更好地进入了中国朝鲜语词汇系统。仅在词典中就有7个与"샤쯔"相关的外来词——"노타이샤쯔""와이샤쯔""런닝샤쯔""남방샤쯔""틸샤쯔""샤쯔바람""속샤쯔"，从服饰到衣着状态，可以说"샤쯔"一词已经很好地融入了中国朝鲜语词汇系统。因此，当要表达"内衣"这个概念时，"샤쯔"便被应用其中。

除此之外，还有一类词也被列入派生类。这一类外来词中也含有源语言中的一些语素，甚至在源语言中也能找到相应的源词，但是这一类外来词很难判断其是否来源于源词。例如，"크림통"一词表示"装奶油的桶"，在英语中也能找到表示相同意义的词语"cream tube"，那么能不能说"크림통"的源词就是"cream tube"呢？本文认为这个推断并不一定成立。因为人类的认知都是相似的，这与使用哪种语言没有关系。

"크림"这一事物也许对于中国朝鲜语使用者一开始是陌生的，因此可以说它是从英语"cream"中来。但是中国朝鲜语的使用者一旦认识了"크림"，也就认识到这一物体必须装在容器里，比如桶中，那么，自然而然就可能创造出"크림통"一词。因为"桶"这一概念是广泛存在的，英语社会有，中国朝鲜语社会中也有，所以除非"크림통"中的"통"不是一般概念上的桶，是具有特殊功能的、被特指的桶，那么就很难说"크림통"一词源于"cream tube"。此类词举例如下。

中国朝鲜语	汉语义
기름크림	冷霜
골프놀이	打高尔夫
늄가마	铝锅
늄고뿌	铝杯
독샤와	单独冲凉
로라미장	刷漆工

모기크림	防蚊膏药
먹이탕크	食物储存罐
물크림	液态乳霜
바이올린통	小提琴盒
보이라공	锅炉工
보이라간	锅炉房
타닝공	车床工
페가스	废气
뽐프물	水泵的水
뽐프장	设置水泵的场所
삐라공작	传单活动
아빠트살림	公寓生活
뻐스간	公交车间

二、朝鲜语外来词的动态变化

（一）已消失的外来词

本文中所谓的"消失的外来词"是指一个外来词在进入中国朝鲜语词汇系统后逐渐受到原有词汇系统中的词语或新产生的词语的挤压，最终被替代，从而被淘汰出中国朝鲜语词汇系统的词。对这类词的筛选参考了 1981 年版和 2003 年版的《现代朝鲜语词典》，具体做法是首先筛选出在 1981 年版《现代朝鲜语词典》中出现而在 2003 年版《现代朝鲜语词典》中不出现的外来词，然后在 2003 年版的《现代朝鲜语词典》中寻找是否有与这些外来词表示相同意义的词语，如果有，那么就可以表示这个词已经被淘汰；如果没有，则表示这个词虽然因为某些原因没有被继续编入新的词典，但一旦这一外来词指称的事物再次出现，人们依然会选择使用这个外来词。

根据上述方法，可以得到消失的外来词共 25 个，具体如下。

外来词	新词	源语言	汉语义
고정폰드	고정 재산	fixed assets	固定资产
굴개콘베아	로라콘베아	roller conveyor	辊子输送机
그라프트지	세멘종이	kraft paper	牛皮纸
공기함마	공기망치	air hammer	气锤
게릴라전	유격전	guerilla war	游击战
군사아따쉬	무관	—	武官
농촌프로레타리아	무산계급	proletariat	无产阶级
냄새막이크림	방취크림	—	除臭剂
부르죠아사상	자본주의사상	—	资产阶级思想
스칼라량	스칼라	scalar	标量
신발레자	인조가죽	—	人造皮
차량카바	차량덮개	—	车罩
토지카드	토양카드	—	土地台账
게릴라	유격대	guerilla	游击队
마누팍뚜라	제품	manufacture	产品
브로카	중개자、중개인	broker	经纪人；中间人
츄립	울금향 튤맆	tulip	郁金香
카렌다	달력	calendar	日历
칼렌다	달력	calendar	日历
콩클	경연	concours	比赛，竞赛
쿠테타	정변	coup d'etat	政变，武力夺取政权
트레드유니온	로동조합	trade union	工会
꼬미씨야	위원회	commission	委员会
쁠류스	더하기표	plus	加号
엔징	엔진 발동기	engine	发动机

从表 5 中可以看出，指称同一种事物时通常有两三种不同的名称，其中有些是外来词，有些是汉源词。同时，存在的两三种不同名称的词语经过长时间的竞争，适应中国朝鲜语词汇系统的词语留了下来，不适应的被淘汰了出去。

淘汰的趋势基本上都是汉源词淘汰了外来词，如"유격전"淘汰了"게릴라전"，"무관"淘汰了"군사아따쉬"，"정변"淘汰了"쿠테타"。除了汉源词整体替换外来词之外，也有汉源词语素和固有词语素替换英语语素的例子，例如"고정폰드"将"폰드"替换成"재산"，"공가함마"将"함마"替换成"망치"，"차량카바"将"카바"替换成"덮개"。这种汉源词淘汰外来词的趋势，原因应该归结于汉源词在中国朝鲜语词汇系统中的重要地位。中国朝鲜语词汇系统中，汉源词占 70%，且使用时间久。可以说汉源词覆盖了基本上语言交流需要的所有领域，不管是人文、科学、自然、生活还是其他领域都能看到大量的汉源词，因此，朝鲜语使用者对汉源词的熟悉程度远远高于外来词，这也就造成了部分外来词被汉源词淘汰的趋势。

从淘汰的结果上看，大部分都是两个词互相竞争后只剩一个词留在中国朝鲜语词汇系统中，不过也有三个词相互竞争最后剩下两个的情况。例如，"브로카""중개자""중개인"三个词共同竞争，最后剩下"중개자""중개인"；"엔징""엔진""발동기"都表示发动机，"엔징"和"엔진"都是外来词，但只是标记方法不同，而"발동기"则是汉源词。三者在一番竞争之后，"엔징"被淘汰，留下了"엔진"和"발동기"。那么剩下的两个词语在是不是还要一直竞争直到只剩下一种指称方式呢？并不完全如此。如果一个词汇系统中的词语意义表述单一，这并不利于这种语言的健康发展，内部语言学认为，语言系统需要同义词的存在，这才能使语言更具有活力。因此，就像"중개자"和"중개인"二者长期共存一样，也许"엔진"和"발동기"也将一同留在中国朝鲜语词汇系统中。

一些外来词一开始进入中国朝鲜语时具有不止一种标记方法。例如，表示日历的"카렌다"和"칼렌다"，不过虽然有两种标记方法，但这两种标记方法都惨遭汉源词"달력"的淘汰。又比如，表示郁金香的"츄립"最初还有另一种标记方法——"튜맆"，但"츄립"和"튜맆"与汉源词"울금향"共同竞争，最后只剩下"울금향"以及一个标记方法发生变化的外来词——"튤맆"。

在本文考察的 2885 个外来词中，仅有 25 个外来词已经完全被淘汰。可见，中国朝鲜语中的外来词还是具有坚韧的生命力的。那么为什么这 25 个外来词会被淘汰呢？除了没有很好地适应朝鲜语词汇系统之外，另一个重要的原因是这 25 个词所指称的事物经常被人们提起或使用，时常出现在人们的语言生活之中，而人们又认为外来词不方便使用，就使用原有的词或新创造的词将其代替，因此就造成了这 25 个外来词的消失；否则这 25 个词也只会成为未收入新编词典却仍然在使用的词。

接下来，本文将对这 25 个已经消失的外来词的 4 种结构类型分布进行考察（表 1）。

表 1　已消失外来词的结构类型分布

零翻译类	语素对应 构词方法相同类	语素不对应 构词方法不同类	派生类
마누팍뚜라	고정폰드	농촌프로레타리아	군사아따쉬
브로카 카렌다	굴개콘베아	스칼라량	냄새막이크림
츄립 칼렌다	그라프트지		부르죠아사상
콩클 쿠테타	공기함마		신발레자
트레드유니온	게릴라전		차량카바
꼬미씨야			토지카드
빨류스 엔징			
게릴라			

从表 1 中可以看出，在已经消失的 25 个外来词里，零翻译类最多，共 12 个；派生类其次，共 6 个；语素对应、构词方法相同类第三，共 5 个；语素不对应、构词方法不同类最后，共 2 个。可以看出，零翻译类外来词的消失明显多于其他三种类型，这很有可能与零翻译类外来词中不含有被中国朝鲜语使用者熟悉的中国朝鲜语语素有关。其他三类外来词或者有中国朝鲜语的构词结构，或者含有固有词和汉源词语素，这对于中国朝鲜语使用者来说都是比较熟悉的，唯独零翻译类外来词根据中国朝鲜语语音体系直接转写了源词。众所周知，中国朝鲜语是表音文字，因此零翻译类外来词只能表示语音，而不能表示语义，这有可能导致语言使用者只知道怎么读，而不知道是什么意思，也就加大了语言使用者接受并使用新词的难度。

下面，本文将对已经消失的外来词在各个领域的分布情况进行探究（表2）。

表2　已消失外来词的语义类型分布

领域	外来词
经济	고정폰드　토지카드
工业生产	굴개콘베아　공기함마　신발레자　마누팍뚜라　엔징
日常生活	그라프트지　냄새막이크림　차량카바　카렌다　칼렌다
军事	게릴라전　게릴라
职业	군사아따쉬　브로카
政治	농촌프로레타리아　부르죠아사상　쿠데타
科学	스칼라량　쁠류스
植物	츄립
活动	콩클
组织	트레드유니온　꼬미씨야

从表 2 中可以看出，已经消失的外来词分布在人文、科学、社会生产等各个领域。其中，工业生产领域和日常生活领域中的外来词最多。

（二）正在使用的外来词

本文中所谓的"正在使用的外来词"包括两部分：一部分是 2003 年版《现代朝鲜语词典》中出现的外来词，另一部分是 1981 年版《现代朝鲜语词典》中出现，而 2003 年版《现代朝鲜语词典》中没有出现且没有被其他词语代替的外来词。这一部分外来词没有出现在 2003 年版的《现代朝鲜语词典》中主要有两种原因。一是有一部分是具有十分强烈的时代政治特色的外来词，如"반파쑈민주화투쟁（反法西斯民主化斗争）"、"부르죠아민주주의혁명（布尔乔亚民主主义革命）"等。由于特殊的历史环境，这部分词在 20 世纪七八十年代频繁出现在各种报纸新闻中，为人们所熟悉，但随着历史的发展、政治经济制度的开放，这部分词已经逐渐退出了人们的视野。二是有一部分词应用于特定领域，比较生僻，如"구부림모멘트（弯曲力矩）"、"공폴리아미드（聚酰胺）"。三是有部分词在 2003 年版的《现代朝鲜语词典》中虽然依然出现，但改变了拼写方式，如"쎄미날（研讨

会）"变成"쎄미나르"。这部分词尽管没有被收入新的词典，但只要没有被其他词语所代替，就不能说这个词已经消失，因为一旦这个词所代表的事物再次出现，人们还会使用这个词语。

本文考察的 2885 个外来词中，出现在 2003 年版《现代朝鲜语词典》中的外来词有 2491 个，没有被收录但也没有消失的外来词有 369 个，因此，正在使用的外来词共 2860 个。下面，本文将对这 2860 个外来词在 4 种结构类型中的分布进行考察。

在这 2860 个正在使用的外来词中，零翻译类外来词有 1415 个，占总体的 49.47%，零翻译类外来词举例如下。

中国朝鲜语	源语言	汉语义
시클로헥산	cyclohexane	环己烷
트리코산	tricosane	廿三烷
살바르산	salvarsan	洒尔佛散
월프람	wolfram	钨
와이샤쯔	ワイシャツ（white shirt）	衬衫
왁찐	vaccine	疫苗，痘苗
원피스	one-piece	连衣裙
엠씨피비	MCPB	二甲四氯丁酸
엑스까와또르	excavator	挖掘机
에필로그	epilogue	结语
에피소드	episode	插曲
에프론	apron	围裙
에스페란토	Esperanto	世界语
앨트	ALT	丙氨酸转氨酶
인디고	indigo	靛蓝
이데올로기	ideology	意识形态
유엔	UN	联合国
아스팔트	asphalt	沥青
빠루	パル	羊角起钉钳

从源语言上看，零翻译类外来词大多数来源于英语，也有来源于俄语

或日语的词。事实上，还有一种特殊的情况：外来词来源于源语言，而源语言却又有它的源语言。例如，零翻译类外来词例词中的"와이샤쯔"一词，它的源词是日语"ワイシャツ"，那么它就是"와이샤쯔"一词的根源吗？并不如此，因为日语"ワイシャツ"来源于英语的"white shirt"，原意为白衬衫，但在它通过日语借入中国朝鲜语的曲折过程中词义扩大，现在泛指衬衫，并不特指白色的衬衫。

外来词中有不少词都是通过这种曲折的方法进入中国朝鲜语的。它们一般先进入日语或俄语，成为日语和俄语中的外来词，然后中国朝鲜语又将这些被借进日语或俄语中的外来词引入中国朝鲜语词汇系统中，因此，这类借词就具有了日语词语或俄语词语的发音特征。例如，"엑스까와또르（挖掘机）"一词，在英语中，虽然有"excavator"这样的源词，但从中国朝鲜语对外来词的发音标记方法上看，二者相距甚远，而恰有俄语词语"экскаватор"与"엑스까와또르"发音相近，于是我们就可以假设，"excavator"一词先由英语借入到俄语中，成为俄语中的外来词，带有了俄语词汇发音的特征，而后又被中国朝鲜语借入，因此在标注发音时保留了俄语词汇的发音特征而并非英语词汇的发音特征。本文一开始提到的中国朝鲜语外来词和韩国语外来词在标记方法上的不同也有部分原因在此。韩国语外来词（尤其是印欧语系外来词）在借入时通常参照英语的发音，而中国朝鲜语则通常会参照被借入俄语或日语后的发音，因此二者大有不同。

对于源词是缩写形式的情况，中国朝鲜语采用两种方法标注：一种是直接标注缩写字母的发音，如"UN—유엔""MCPB—엠씨피비"；另一种是将缩写形式拼读成一个词后再进行标注，如"ALT——앨트"。

正在使用的第二类（语素对应、构词方式相同类）外来词共 646 个，占总体的 22.58%，举例如下。

中国朝鲜语	源语言	汉语义
가스기관	gas engine	内燃机，气体发动机
결정와니스	crystal varnish	晶纹清漆
경땅크	light tank	轻型坦克

고무호스	rubber horse	橡胶水管
공기뽐프	air pump	真空泵
공동폰드	mutual fund	共同基金，信托基金
나무타르	wood tar	木焦油
노트종이	note paper	便签纸
들쭉시롭	blueberries syrup	蓝莓糖浆
디젤기름	diesel oil	柴油
대부르죠아지	grande bourgeoisie	大资产阶级
라지오수신기	radio receiver	无线电接收器
런닝샤쯔	running shirt	运动背心
령벡토르	zero vector	零矢量
로라파쇄기	roller crusher	滚筒式碎石机
로라용접	roller welding	轧焊
성장호르몬	growth hormone	生长激素
섬광스펙트르	flash spectrum	闪光光谱
수력타빈	hydraulic turbine	水轮机

从上例中可以看出，这一类外来词的源词在构词结构上都是修饰成分在前、中心词在后的结构，这种构词结构与中国朝鲜语的构词结构十分相似，因此只需要将语素移入外来词就可以了，而语素中通常有一个是固有词语素或汉源词语素。如果所有语素都是对源词进行音译后得到的，那么这个词就应该是零翻译类的外来词。

正在使用的第三类（语素不对应、构词结构不相同类）外来词共 353 个，占总体的 12.34%，举例如下。

中国朝鲜语	源语言	汉语义
에스테르교환	transesterification	酯基转移（作用）
요드화은	silver iodide	碘化银
요드화칼리움	potassium iodide	碘化钾
오리온자리	orion	猎户座
염산코카인	cocaine hydrochloride	盐酸可卡因
찌프차	jeep	吉普车
뽀뿌라나무	poplar	杨树；杨木
펭긴새	penguin	企鹅

페리시안화칼리움	potassium ferricyanide	铁氰化钾
탄성카프링	flexible coupling	弹性〔挠性〕联轴节
탄닌질	tannin	鞣质
마그네사이트광석	magnesite	菱镁矿

在这一类外来词中，出现了大量化学相关词语，如"요드화은—silver iodide"、"염산코카인—cocaine hydrochloride"等，在化合物标注的方法上，中国朝鲜语的构词结构不同于源语言的构词结构，通常将前后两个词倒置，这与汉语标注化合物的方法相同，如"요드화은—溴化银"。

正在使用的第三类外来词中也存在本来可以成为零翻译类外来词，但在该词后加了上表示属性的词来帮助人们认知的例子。例如，源词"penguin"本可以标记为"펭긴"，但在其后加上表示其属性的"새"来表示"펭긴"是一种鸟，又如，在"뽀뿌라"后加上"나무"，表示"뽀뿌라"是一种树等。

正在使用的派生类外来词共 446 个，占总体的 15.59%，具体举例如下。

中国朝鲜语	源语言	汉语义
늄가마	—	铝锅
늪가스	methane	沼气
모기크림	—	防蚊膏
물크림	—	液态乳液
보이라간	steam shop	锅炉间
보이라공	stillman	锅炉工
비타민먹이	—	含维生素的食物
속샤쯔	underwear	内衣
메터발차기	penalty kick	罚球
코트천	—	制作大衣的布料
크레용화	crayon drawing	蜡笔画
뽀트놀이	—	游船
뽐프간	pump house	水泵间
양이온	cation	阳离子
아빠트살림	—	公寓生活

和已经消失的派生类外来词类似，正在使用的派生类外来词也没有明

确的源词。例如，"늪가스（沼气）"的源词不是"marsh gas"，而是"methane"；"속샤쯔（内衣）"的源词中也不含有"shirt"，而是"underwear"；"양이온（阳离子）"不是由表示阳性的"electropositive"和表示离子的"ion"组成的，而是"cation"。造成这种情况的原因有可能是中国朝鲜语中最初吸收了一批外来词，它们已经融入了中国朝鲜语词汇系统，被人们广泛地使用，因此当新的外来词试图进入中国朝鲜语时，新词中与原有外来词词义相同的部分就会被原有的、已被人们广泛使用的外来词替换掉，这样更方便使用者记忆。以"늪가스（沼气）"为例，将源词"methane"零翻译为"매센"也并不是不可以，但从"매센"一词中无法看出该词到底表示什么，使用者需要重新记忆一个新词。而"늪가스"则能让人一目了然，因为它是由表示沼泽的"늪"和表示气体的"가스"组成，使用者可以大概推测出这种事物的属性，并且"늪"和"가스"在中国朝鲜语中都经常被使用，所以对于记忆来说更加经济。

　　上面例举的例子中正在使用的派生类外来词有一些词，如"크레용화（蜡笔画）""뽐프간（水泵间）"在源语言中有相对应的词语"crayon drawing""pump house"，那么它们本应当被划分到第二类"语素对应、结构相同"的外来词中，为什么被归到了第四类派生类外来词中呢？因为考虑到人类的认知是相同的，当人们接触了蜡笔，自然就会想到用蜡笔画画，所以虽然蜡笔"크레용"是从英语中传入中国朝鲜语的，但很难断定"크레용화"也是从英语传入中国朝鲜语的，中国朝鲜语的使用者有可能一开始先接触了蜡笔这一事物并认识了"크레용"一词，然后使用"크레용"一词进行组合便得到了"크레용화"。但本文也不排除"crayon drawing"一词整体引入中国朝鲜语的可能。"뽐프간"也是同样的道理。即使中国朝鲜语的使用者未接触过"pump house"一词，熟练使用中国朝鲜语的人也能得出"安置水泵的房间"就是"뽐프간"。因此，这类外来词虽然有着看似和第二类"语素对应、结构相同"的外来词相同的特点，也被划分到了第四类派生类外来词。

　　根据上述正在使用的外来词的四类型分布可以看出，零翻译类外来词数量最多，占 49.47%；语素对应、构词结构相同类其次，占 22.58%；

派生类第三，占 15.59%；语素不对应、构词结构不相同类最少，占 12.34%。

综合已经消失的外来词和正在使用的外来词在四种结构类型当中的分布可以得出，零翻译类外来词最容易进入并且留在中国朝鲜语系统中，语素对应、构词结构相同类其次，派生类第三，语素不对应、构词结构不相同类最不容易进入。

正在使用的外来词在各领域的分布如表 3 所示。

表 3　正在使用的外来词在各领域的分布情况统计表

领域	数量（个）	百分比（%）
工业	705	24.65
化学	565	19.75
物理	235	8.21
日用	143	5.00
医学	123	4.30
生物	110	3.84
政治	134	4.68
音乐	87	3.04
食物	74	2.58
服饰	53	1.85
军事	54	1.88
体育	49	1.71
数学	45	1.57
植物	50	1.74
动物	32	1.11
交通	27	0.94
航天	22	0.76
经济	38	1.32
地理	19	0.66
文学	21	0.73
矿物	17	0.59
美术	21	0.73
天文	15	0.52
语言	14	0.48
其他	207	7.23

从表 3 中可以看出，进入中国朝鲜语中的外来词包罗万象，科学、文化、艺术、生活、生产等方面都有所涉及。工业类外来词所占比重最大，化学类其次，物理类第三。

三、中国朝鲜语外来词在媒体语言中的使用现状

媒体语言是指包括报刊语言、电视语言、广播语言在内的媒体对语言的使用方法，报刊、电视、广播等媒体可以说是人们生活中不可或缺的了解新闻动态、获取资讯的重要渠道，所以说媒体语言主导着社会语言生活也毫不夸张。因此，本小节将从媒体语言中较具有代表性的报刊语言中来考察中国朝鲜语外来词当前的使用情况。

下面是一篇 2014 年 3 月 18 日登载于《延边日报（朝文版）》中的关于马来西亚航班 MH370 失踪的报道：

> IT 로 본"실종 말레이시아 항공기 못찾는 리유"① 사막 어딘가에⋯아이폰으로⋯쓰이는 위치성항법장치（GPS）내비게이션이가진⋯리유를 IT 관점에서⋯위치 전송시 스템의⋯운항관리시스템은 GPS⋯항공관제쎈터에 항공기⋯중앙에서 아이폰을⋯사용자에게 GPS 가⋯위성으로 데이터를⋯적용하려면 시스템설치⋯수십억 딸라⋯100〜150 마일 아상⋯레이더는⋯레이더 종류에 따라 커버하는⋯고주파 라지오⋯3 만 5000 피트에서⋯라지오 통신⋯첨단 IT 미작동⋯만간항공시스템은 레이더⋯보잉⋯선진시스템⋯데이터를⋯ACARS（비행통신위치푸적보고시스템）⋯통상 데이터 전송⋯데이터가 증거⋯ACARS⋯

上文共千余字中出现了外来词 14 个，出现 31 次，具体情况如表 4 所示。

---

① 《延边日报（朝文版）》2014-4-11，作者：조목인。

表 4　《延边日报（朝文版）》马航 MH370 失踪报道中的外来词统计表

外来词	出现次数（次）
IT	3
아이폰	2
GPS	3
내비게이션	1
시스템	6
쎈터	1
데이터	4
딸라	1
마일	1
레이더	3
커버	1
라지오	2
피트	1
ACARS	2

从表 4 中可以看出当前中国朝鲜语外来词使用上的一些特点。为了更加全面地探究中国朝鲜语外来词在媒体语言中的使用现状，本文以 2003 年一周的《延边日报》和 2014 年一周的《延边日报》作为语料，从中找出出现的外来词进行对比。经过统计，2003 年一周的《延边日报》中共出现外来词 81 个，2014 年一周的《延边日报》中共出现外来词 157 个。具体情况如表 5 所示。

表 5　不同年度《延边日报》外来词使用情况表

类别	2003 年《延边日报》外来词			2014 年《延边日报》外来词		
	例词	数量（个）	百分比（%）	例词	数量（个）	百分比（%）
零翻译类	다이어트（diet）	66	81.48	시스템（system）	130	82.80
语素对应、构词方式相同类	금메달（gold medal）	2	2.46	인터넷방송（Internet broadcast）	16	10.19
语素不对应、构词方式不同类	갑 A（First Division Group A League）	2	2.46	포인트적립（accumulate points）	5	3.18
派生类	선제꼴（一）	11	13.58	재테크（money management）	6	3.82

从表 5 可以看出，在两份相差十年左右的语料中，零翻译类的外来词数量都是最多的，均占总体的 80% 以上；语素对应、构词方式相同类，2014年的语料比十年前的有所增加；而相应地，派生类则有所减少；语素不对应、构词方式不同类则变化不大。

从总的数量上看，在媒体语言中出现的新的外来词从 2003 年到 2014年十年左右的时间内增加了将近一倍，而这些外来词除了少数之外，都没有在《现代朝鲜语词典》中出现。出现这种现象的原因，一是部分外来词表示的新事物在 2003 年还未出现，所以不可能被编入词典当中，如"위챗（微信）""스마트폰（智能机）""업그레이드（升级）"；二是部分外来词仍然在和原有的词汇进行竞争，是否适合留在中国朝鲜语词汇系统中还有待验证，因此还不适合被录入，如"시스템（系统）""시즌（赛季）""브랜드（品牌）"。

经过对相隔十年的报纸中的外来词的统计比较，我们可以看出中国朝鲜语外来词发展的一些特点。

第一，这十年中又有新的外来词的加入。

时光荏苒，2003 年版的《现代朝鲜语词典》出版已有 11 年的时间，在此期间科学技术日新月异，新事物不断产生，因此新的外来词的产生也不足为奇。这里所谓新的外来词是指在 2003 年版的《现代朝鲜语词典》中还未出现而现在却使用的外来词。新的外来词数量庞大，虽然尚未被录入词典当中，但已经频繁出现在人们的语言生活中，人们耳熟能详。新出现的外来词中有一部分确实是新兴事物。比如"웰빙"，这是一种新产生的、不注重追求物质价值，而是通过调节精神和身体状态，追求健康生活的生活方式，这种生活方式显然在物质贫乏的年代是不可能产生并被人们热捧的，然而随着社会经济的进步，人们的物质生活逐渐得到了满足，于是人们就开始追求精神上的满足，"웰빙"一词应运而生。又比如"QR 코드"一词，它的产生与智能手机有着不可分割的紧密联系，因为"QR 코드"服务于智能手机，是智能手机区别于非智能手机的重要特征之一，所以说它产生于智能手机刚刚兴起的近几年时间也不无道理。

然而除了代表新兴事物的一部分外来词之外，也有部分外来词指代的

事物是原有的事物，在中国朝鲜语词汇系统中存在表示这种事物的词语。例如"라이프"一词，在中国朝鲜语中有"생활"一词也表示生活；又比如说"포토"一词，也有同样表示"照片"的"사진"一词。这一类词的出现，大多是受到了韩国语外来词的影响。

现阶段国内的朝鲜语受韩国语的影响很大，引入了大量的韩国语外来词。从引进外来词的原因上看，大体可以分为两类。第一类是落后的社会、文学、经济、政治、生产等领域在接收先进文化时为方便新生事物的表达而借用已有的先进文化的表达方法。这一类外来词的借用原因与《现代朝鲜语词典》中借用外来词的原因是相同的，"웰빙"一类词的借用也是同样道理。除此之外的第二类则以追求时尚、自我炫耀为目的，在没有必要借用的情况下借用外来词代替原有词汇系统中的表达方法。这是一种语言因素外的原因。这是韩国与西方各国特别是美国建立密切关系后，英语文化冲击韩国语词汇系统的表现，人们为了追求时尚，故意使用外来词来替代韩国语词汇系统中原有的一些词汇，具体如下。

韩国语中原有词汇	借入的外来词	源语言
안해	와이프	wife
정원	가든	garden
분홍색	핑크	pink
음악	뮤직	music
미술관	갤러리	gallery
정신	멘탈	mental
똑똑하다	스마트하다	smart
빌리다	렌트하다	rent
열다	오픈하다	open

从上例中就可以看出，韩国语词汇系统中引入的外来词并不是为了方便语言交流的需要，更多的是一种对时尚的追求，某种程度上也折射出一些对西方文化特别是英语文化的憧憬。引入韩国语词汇系统的外来词不仅包括名词，还包括表示动作、性质、感觉、状态等的动词和形容词。

近年来，这种以追求时尚、自我炫耀为目的的外来词逐渐进入中国朝鲜语词汇系统中，频繁出现在朝鲜语使用者的语言环境里，这显然是一种令人担忧的情况。当然，人类历史发展中始终存在着各个集团的相互交流，通过相互交流，不同集团交换心得文化与价值观，而在文化与价值观相互交流的过程中，外来词的借入是不可阻挡的，因此，任何语言都不可能完全没有借用其他语言中的要素而成为100%纯洁的语言。这一点是众所周知的。然而没有规则可遵循的外来词的借用甚至滥用将使语言陷入一片混乱的境地，甚至进而动摇这个社会的价值观，因此，中国朝鲜语在借入外来词时需要制订一些规则与限制，从而保证中国朝鲜语的正常发展。

第二，一些正在使用的外来词的标记方法发生了变化。

例如，"data"一词在《现代朝鲜语词典》中被标注为"데이타"，而在报纸中却被标注为了"데이터"，"cover"在《现代朝鲜语词典》中被标注为"카바"，而在报纸中被标注为了"커버"，"radar"也由"레이다"变成了"레이더"。这种变化也并不是闭门造车式的改造，因为韩国语外来词中的"data""cover""radar"就被标记为"데이터""커버""레이더"。这种变化在现如今的朝文报刊上比比皆是，这种变化产生的原因可以分为内、外两部分。从内部原因上看，中国朝鲜语词汇系统本身就是在不断更新发展的过程当中，那么中国朝鲜语词汇系统在标记外来词的方法上的更新发展也是必然的。发生改变的标记方法，让外来词听起来更趋近于源词。例如，"energy"在《现代朝鲜语词典》中被标注为"에네르기"，发音为/eneruki/，而改变后标注为"에너지"，发音为/enətɕi/，与/'enədʒɪ/更加相似。从外部原因上看，韩国语外来词的标记方法也有不可忽视的影响。由于韩国语和中国朝鲜语是跨境语言的不同变体，因此中国朝鲜语的使用者可以直接接触韩国的媒休语言而不需要经过翻译。韩国的报纸、书籍、网站以及新闻、连续剧等不同的媒体都成为中国朝鲜语使用者了解韩国语外来词的载体，韩国语外来词的标记方法也就潜移默化地影响了中国朝鲜语中外来词的标记方法。然而，在这两部分原因中占主体地位的还是内部原因，因为中国朝鲜语在改变外来词标记方法时并没有全盘接受韩国语外来词标记方法，而是在原有情况的基础上取长补短。最明显的例子就是源词词首辅音为/s/时，中国朝鲜语使用"ㅆ"而不是"ㅅ"来标注，这种标注方法与源词的

发音更加相似，而同样情况下，韩国语中则用"ㅅ"来标注，举例如下。

源词	中国朝鲜语	韩国语
sense	쎈스	센스
circle	써클	서클
sofa	쏘파	소파
service	써비스	서비스
sonata	쏘나타	소나타
center	쎈터	센터
cycle	싸이클	사이클
sausage	쏘세지	소세지
solo	쏠로	솔로

第三，移译类外来词的出现。

如前所述，零翻译类可以分为音译类和移译类，其中，移译类外来词就是指把源语言中的词语原封不动地"移植"到目标语中的外来词，比如字母词。

在两本《现代朝鲜语词典》中都曾出现过类似字母词的外来词如下所示。

中国朝鲜语	源语言	汉语义
엠케이에스	MKS	米·千克·秒（单位制）
엠씨피	MCP	磁罗经导航
엠씨피비	MCPB	二甲四氯丁酸

但这些外来词与其说是移译的字母词，不如说是对已经缩略成字母词的源词进行的音译，事实上，它也确实是将英语源词的发音按照中国朝鲜语的音位系统进行转写。而当前的朝鲜语外来词却有些不同，"VCD""QQ""E-mail""GDP"等词都出现在了报纸中，且并无任何注释，这说明大部分报纸的阅读者都能够理解这些移译类外来词的意思，并且认为使用起来没有不妥当。当然，这种移译类外来词完全被语言使用者接受也是需要相当长的一段过程的。例如，同样是移译类外来词，"UEFA"后则标注了"欧洲足球协会联盟"的注释。

结　语

　　不管对于哪种语言来说，外来词的借入都是不可避免的、正常的语言现象。然而各种语言对待外来词的态度却并不相同。以日本为例，日语词汇系统中借入了大量的外来词，而这些外来词通常以音译的方式经过简单的语音转写就进入日语词汇系统，对于外来词来说，这是一种相当宽容的态度。与日语不同，德语则尽量不直接借用外来词的源词形态，而是用本身词汇体系中的词语进行一定的替换，在一定程度上，这种做法反映了语言国粹主义甚至语言民族主义的思想。中国朝鲜语处于复杂的语言环境之中，英语、汉语等强势语言的影响不言而喻，韩国语也一直在潜移默化地影响着中国朝鲜语，因此如何做好外来词的借入和使用是确保中国朝鲜语健康发展的重要问题。对此，本文提出几点建议。

　　第一，要确立一个标准来判断一个外来词究竟是为了交流的便利必须借用的，还只是为了追求时尚、自我炫耀而借用的。那些只是为了交流的便利而借用的外来词，例如"뻐스""이데올로기""알루미니움"之类在日常生活中广泛使用的词或者是新词，就是合理的外来词。这些词出现在报刊、电视、广播等媒体语言中都是合适的；相反，那些以追求时尚、自我炫耀为目的而借用的外来词，在原有词汇系统中通常有指称相应事物的词语，如"와이프-안해""스마트하다-똑똑하다""렌트하다-빌리다"，这些外来词是不合理的，不应该出现在媒体语言等语言使用者容易接触的、具有导向性的语言环境中，媒体语言应该倡导语言使用者逐渐摒弃这些词的使用，使其逐渐退出朝鲜语词汇系统。但此时需要格外注意的是，一些外来词虽然在目标语中具有指称同一事物的词语，但是这个外来词如果产生了新的义项或产生了新的语法或语用功能，则这个词便不能单纯看做以追求时尚、自我炫耀为目的的外来词，也不能盲目摒弃这个词。语言系统内需要同义词的存在，如果原有的词汇系统中意义表述单一，那么具有相同或相似意义的外来词进入该词汇系统就是一种语言健康发展的正常现象。

　　然而随着与外国文化的接触愈加频繁，随之产生的外来词也以惊人的速度增加，那么是不是即使确立了判断一个外来词是否合理的标准，用它来判断所有外来词的合理性也是不现实的呢？其实不然。每个外来词的生命力都并不相同，像"아이스크림""아빠트""쏘파"等这些词经过漫长岁月最终融入了中国朝鲜语词汇系统；而如"게릴라""냄새막이크림""콩클"这些词则最终在漫长的岁月中自然被淘汰。因此，数量众多的外来词涌入中国朝鲜语系统后并不要急于对其进行合理或不合理的判断，经过一段时间的观察，那些不具备生命力的外来词自然会被语言系统本身淘汰掉，而人为判断一个外来词的合理性应该是在这之后进行的。

　　第二，外来词被引入中国朝鲜语时，对语素、构词方法的处理方式要符合中国朝鲜语使用者的认知心理。衡量一个外来词是否符合语言使用者的认知，其标准应该是语言使用者对这个外来词的熟悉程度或容易理解程度。外来词进入中国朝鲜语词汇系统时根据对语素和构词方法等的不同处理可以分为四种结构类型。语言使用者对这四种结构类型的接受程度和容易理解程度各有不同。一个理想的外来词应该容易被语言使用者接受且符合他们的语感。

　　显然，过度使用原有词语替换外来词中的语素是不可取的做法，这将大大伤害中国朝鲜语词汇的表现能力，同时也不一定能让语言使用者更加容易理解。如果违反语言规律强行用原有语言词语替换外来词中的语素，导致外来词与语言使用者的认知及语感相左，那么这个外来词将不被语言使用者接受，也就会慢慢退出这个词汇系统。

　　第三，端正对外来词的态度。外来词的产生是一个语言集团与另一个语言集团接触时产生的、不可避免的自然现象，其现象本身并无好坏之分，然而，一个语言集团对待外来词的态度却有着国粹主义、崇洋媚外等的区别。缺乏对自身民族文化的认同感，逐渐遗忘本民族的主体性，只知道一味滥用外来词的语言必将导致语言陷入危机；相反，如果国粹主义盛行，语言的使用者持狭隘的态度去接纳外来词甚至排斥外来词进入本语言系统，那么这个语言集团很有可能在与其他语言集团的交流中产生无法沟通的问题，逐渐落后于世界的发展脚步，而这种语言也必将失去活力。因此，正确对待外来词、端正对外来词的态度不仅仅是维护中国朝鲜语健康发展的一个重要课题，也是与这个语言集团整体的发展息息相关的重要问题。

一个语言集团对外来词的态度表现在哪些外来词最终留在了该语言的词汇系统中，而哪些外来词被淘汰以及外来词进入该语言系统时对语素、构词结构等的处理方法。因此，作为语言的使用者，应该树立客观的标准和原则，谨慎地对外来词进行甄别，在借入外来词时也应该将符合多数语言使用者认知心理作为一个重要的衡量标准。

参 考 文 献

阿布力克木·喀吾孜. 2012. 维吾尔语中英语外来词研究. 中央民族大学硕士学位论文.

卜祥忠. 2002. 谈汉语外来词的"汉化"现象. 泰安师专学报, (4): 92-94.

朝鲜社会科学院语言文学研究所. 1981. 现代朝鲜语词典. 平壤: 朝鲜科学百科辞典出版社.

朝鲜社会科学院语言科学研究所. 2003. 现代朝鲜语词典. 哈尔滨: 中国黑龙江朝鲜民族出版社.

崔允甲. 1984. 朝鲜语的汉字语汇及动名词和形名词. 延边大学学报, (4): 74-77.

董晓敏. 2003. 外来词音节语素化的文化语言阐释. 语文研究, (1): 30-32.

董秀梅. 2001. 关于改革开放以来汉语吸收外来词的思考. 聊城师院学报, (2): 120-122.

范宏贵. 1998. 现代越语中的古汉语借词. 东南亚纵横, (4): 13-16.

方欣欣. 2004. 语言接触问题的三段两合论. 华中师范大学博士学位论文.

冯敏萱. 2000. 从汉语新词看语言接触与新时代社会心态. 南京师范大学文学院学报, (1): 85-90.

高明凯, 刘正埮. 1958. 现代汉语外来词研究. 北京: 文字改革出版社.

高明凯. 1995. 现代汉语外来词研究. 北京: 商务印书馆.

高燕. 1998. 现代汉语外来词的单音化缩略. 松辽学刊, (4): 72-74.

高燕. 2001. 谈汉语中的本族外来词. 社会科学战线, (6): 264-266.

高燕. 2002. 汉语外来词研究五十年. 松辽学刊, (1): 88-93.

惠晓娟. 1996. 民俗语言与借词的汉化. 南昌大学学报, (4): 116-117.

贾影. 2002. "零翻译"还是"不可译". 中国翻译, (4): 75-77.

姜焱. 2001. 汉语中英语借词的语义研究. 辽宁大学学报, (3): 31-33.

金多荣. 2008. 汉韩外来词对比研究. 华中师范大学硕士学位论文.

李得春. 1984. 朝鲜语中的满语借词与同源成分. 民族语文, (1): 46-51.

李得春, 金基石. 2001. 展望 21 世纪的中国朝鲜语. 延边大学学报, 34(1): 80-81.

李亿哲. 1990. 朝鲜语从汉语中吸收新词的原则与方法. 民族语文, (3): 33-39.

马英美. 2012. 改革开放后中国朝鲜语新词研究. 延边大学博士学位论文.

戚雨村. 1959. 词的借用与语言的融合. 中国语文, (2): 51-53.

全香兰. 1992. 朝鲜语汉字成语和与之相对应的汉语成语之间的差异及其产生原因. 延边大学学报, 2.

全香兰. 1999. 谈朝鲜语独有的汉字成语. 民族语文, (2): 128-130.

史有为. 2000. 汉语外来词. 北京：商务印书馆.

孙正镐. 2011. 中国朝鲜语与韩国标准语的词汇差异研究. 中央民族大学硕士学位论文.

太平武. 2000. 21 世纪中国朝鲜语面临的问题及其对策. 民族教育研究, (3): 73-77.

汤志祥. 2003. 汉语词汇的"借用"和"移用"及其深层社会意义. 语言教学与研究, (5): 44-51.

王远新. 1993. 中国民族语言学史. 北京：中央民族学院出版社.

许璧. 1991. 朝鲜语中的汉字词——论汉语和日本语对朝鲜语的影响. 汉语学习, (2): 37-42.

宣德五. 1992. 关于朝鲜语汉字词的几个问题. 民族语文, (1): 52-60.

姚巍. 2006. 韩国语和中国朝鲜语的词汇比较. 甘肃农业, (1): 189-190.

张兴权. 1981. 朝鲜语中的印欧外来词. 民族语文, (2): 49-54.

张兴权. 1985. 现代朝鲜语中的英语外来词. 中央民族学院学报, (3): 66-69.

张兴权. 1994. 从语言接触看朝鲜族的语言使用和朝鲜语的共时变异. 民族语文, (5): 59-64.

我国高校哈尼语言文学专业
培养回顾与展望

李泽然　刘晓燕（中央民族大学）

　　在我国的高等院校中，到 2017 年为止，只有中央民族大学和云南民族大学开办过哈尼语言文学专业。20 世纪五六十年代，中央民族大学少数民族语言文学系先后开办过两届哈尼语言文学专业，1985 年，开办了第三届。20 世纪 90 年代，云南民族大学开办过两届。两校共开办了 5 个班，总人数 39 人。从 2012 年起，云南民族大学恢复对哈尼语言文学专业的招生。现在回顾当年哈尼语言文学专业招生、教学和培养情况，总结取得的成绩和存在的不足等，都是有意义的。同时，本文根据目前我国政治经济、社会文化的现状和特点，展望哈尼语言文学专业在我国高校的发展前景，提出我们的建议。

一、哈尼语专业在高校开班情况回顾

（一）中央民族大学开设哈尼语专业情况

1. 开设哈尼语专业的背景

　　"我国是一个多民族、多语种的国家，多语种、多文种是我国多元文化的重要组成部分。因此，在高校设立民族语文专业，是由我国的国情决定的。这当中有其必要性和必然性，当然也就会受到党和国家的重视。"（戴庆厦，2012：378）

　　"新中国成立后，面对民族地区工作的开展、边疆的稳定、民族地区的社会主义革命和社会主义建设，急需大批既懂民族语言又懂汉语的民族语文干部。"（刘劲荣等，2011：12）为此，中央民族大学（原中央民族学院）1952 年正式建立语文系（斯琴，2000：183），并陆续开设了包括哈尼语言文学专业在内的蒙古、藏、维吾尔、哈萨克、朝鲜、彝、苗、傣、景颇、傈僳、拉祜等数十种语言的专业（戴庆厦，2012：378）。哈尼语言文学专业于 1958 年招收了第一届本科生。

2. 哈尼语专业的培养情况

1）本科和专科的培养情况

中央民族大学少数民族语言文学系于 1958 年成立了哈尼语教研组（斯琴，2000：189），并于 1958 年和 1963 年先后开办了两个哈尼语文本科班，学制均为 4 年，共培养了哈尼文专业人才 14 人（戴庆厦和段贶乐，1995：219）；1985 年开办哈尼文专科班，学制 2 年，培养哈尼文专业人才 11 名（斯琴，2000：82）。

其中，1958 年开办的哈尼文班为第一届哈尼文班，共 10 人，1 女 9 男，在民族成分上是白族 3 人，彝族 1 人，汉族 4 人，哈尼族 2 人。其中，白族学生有李绍尼，男，大理洱源县人，毕业之后一直任教于中央民族大学，从事白族语言文学的教学和研究工作，现为白语专家，副教授；杨城，男，大理洱源县邓川人，毕业后分配到老家一所小学（该小学附设初中部），他先后教过小学和初中，后调至洱源县法院工作；王纯高，男，大理洱源县人，毕业分配回家乡的中国人民银行乔后区银行工作；彝族学生有苏光普，男，大理漾濞县人，毕业后分配到漾濞县人民政府工作，曾担任漾濞县革命委员会主任。汉族学生 4 人，赵治民，男，昆明晋宁县人，毕业后分配到元阳公安局，后来调任至车管所，管理交通道路；段贶乐，女，大理市人，毕业后分配到大理南涧一中任教，"文化大革命"结束后，先调至云南理工大学，不久调至云南民族出版社，从事哈尼文的出版工作，编审；何炳坤，男，个旧人，毕业后在金平县委会民族工作队从事民族工作，后来调入云南省少数民族语文指导工作委员会从事哈尼文研究工作，副译审；李开文，男，红河哈尼彝族自治州石屏县人，毕业后分配到昆明铁路局工作。哈尼族学生 2 人，王治文，墨江县人，毕业后分配到墨江一所中学（原墨江中学）教书，直至在该校退休；李云飞，原名李志德，男，墨江县人，大学毕业后分到绿春县工作，历任绿春县民族工作队队长、公社秘书、党校教员、副校长、县委常委、县委副书记、代理县长、县长等职。

1963 届开设第二届哈尼班，4 人均为哈尼族，男生 3 人，女生 1 人。白纯德，男，墨江县人，大学毕业后在墨江县做过初中教员、县委宣传部干事、县民族宗教事务委员会副主任、普洱县县长、思茅行政公署副秘书长、副专员等；张佩芝，女，红河县人，大学毕业后回红河县工作，20 世纪 80 年代调入红河哈尼彝族自治州民族研究所，之后一直从事哈尼文的研究工作，先后做过机关干部、中学副校长、教研室副主任等，副译审；李晓义，男，红河县人，大学毕业回红河县工作，历任区委秘书、县委宣传部部长、公社党委书记、县委副书记、县长、红河哈尼彝族自治州广播电视局党委书记、局长等；蔡横昌，男，墨江县人，大学毕业后曾入伍，1981 年转业到云南省民族宗教事务委员会工作，历任云南省民族宗教事务委员会民族工作部秘书、接待处处长、云南省民族宗教事务委员会副巡视员兼云南省少数民族语文指导工作委员会主任等。

1985 年开设的哈尼文专科班，共有学生 11 人，均为哈尼族，男生 8 人，女生 3 人。杨羊就，绿春县人，工作于云南民族出版社，从事哈尼文出版工作；胡毅坚（女），绿春县人，工作于云南省少数民族语文指导工作委员会；卢云春，元阳县人，工作于云南省少数民族语文指导工作委员会；黄绍文，元阳县人，工作于红河学院；王树林，元阳县人，工作于元阳县纪检委；李机斗，红河县人，工作于红河哈尼彝族自治州民族研究所，从事哈尼文研究工作；李克山，红河县人，现调到云南省文学艺术界联合会；李美亮（女），元阳县人，工作于元阳县统战部，现借调至红河哈尼彝族自治州民族研究所；郭志琼（女），绿春县人，工作于红河县文学艺术界联合会；黄俊勇，墨江县人，工作于墨江县民族宗教事务委员会；金争古，墨江县人，工作于墨江县民族宗教事务委员会。①

---

① 以上三届学生的情况，大部分是采访李绍尼、段贶乐、何炳坤、杨羊就等时得到的信息，也有部分信息来自王正芳主编的《中国少数民族大辞典·哈尼族卷》（民族出版社，2006 年）。

2）研究生的培养情况

1992 年、1994 年分别招收 1 名哈尼语言文学专业硕士研究生（斯琴，2000：75-77），学制 3 年。1992 年招收的哈尼语言文学专业第一届硕士研究生陈丁昆，男，元江县哈尼族，指导教师为王尔松，毕业后在国家文化部任职；1994 年招收第二届硕士研究生李泽然，男，绿春县哈尼族，指导教师为戴庆厦，毕业后任教于中央民族大学，一直从事哈尼语言文学的教学和研究工作。

20 世纪 90 年代末和 21 世纪初，中央民族大学哈尼学研究所和云南省红河哈尼族彝族自治州人民政府联合在中央民族大学开办了两届研究生课程班。学员由红河哈尼彝族自治州人民政府选送，到中央民族大学脱产学习两年。第一届是 1997 年 9 月至 1999 年 7 月，学员有 5 人，其中哈尼族 3 人，彝族 2 人；第二届是 1999 年 9 月至 2001 年 7 月，学员有 6 人，哈尼族和彝族各 3 人。这两批哈尼族学员里，第一届的车金明和白居舟在少数民族语言文学系深造，师从哈尼语言文学专家李泽然，攻读哈尼族语言文学专业。车金明，男，元阳县人，在红河哈尼彝族自治州教育局教研室工作；白居舟，男，绿春县人，在红河哈尼彝族自治州广播电台从事哈尼语播音工作。现在车金明和白居舟都已成为红河哈尼彝族自治州有影响的哈尼族语言文学的专家。

最近十年来，中央民族大学又分别招收了岳雅风（2007）、刘晓燕（2011）、文翠萍（2012）、李云净（2013）、田茹月（2014）、熊雯（2015）、杨云和赵勇（2016）以及麦朵拉错（2017）等哈尼语言文学专业硕士研究生，学制 3 年。他们的指导教师均为李泽然。

2009 年 8 月，李泽然带着岳雅风到云南省绿春县牛孔乡进行双语现象的田野调查。根据这次调查的材料，岳雅风写出了她的硕士毕业论文《绿春县牛孔乡双语状况调查研究》。

2013 年 8 月 8 日到 8 月 20 日，李泽然带着刘晓燕和文翠萍到云南省进行哈尼文的使用及其活力状况的实地调查。文翠萍的主要工作是协助刘晓燕的调查。在昆明、红河哈尼族彝族自治州州府蒙自、玉溪、绿春县以及西双版纳等地访问了有关单位和有关人士。在这次调查的基础上，刘晓燕写出了她的硕士毕业论文《哈尼文的创制及其推行使用情况研究》。

2014年8月2日到8月16日，李泽然带着文翠萍和李云净到云南省绿春县三猛乡进行哈尼族语言使用现状的实地调查。李云净的主要工作是协助文翠萍的调查。在这次调查的基础上，文翠萍写出了她的硕士毕业论文《云南省绿春县三猛乡哈尼族语言使用现状及其发展趋势》。

2015年8月，李泽然带着李云净和田茹月到云南省绿春县大黑山乡进行哈尼族语言使用现状的实地调查。田茹月的主要工作是协助李云净的调查。在这次调查的基础上，李云净写出了她的硕士毕业论文《云南省绿春县大黑山乡哈尼族语言使用现状及其发展趋势》。

2016年8月，李泽然带着田茹月、熊雯和赵勇到云南省绿春县大水沟乡进行哈尼族语言使用现状的实地调查。熊雯和赵勇的主要工作是协助田茹月的调查。在这次调查的基础上，田茹月写出了她的硕士毕业论文《云南省绿春县大水沟乡哈尼族语言使用现状及其发展趋势》。

3）课程设置情况

本科阶段开设的课程包括语音学、语言学概论、彝语支语言比较、现代汉语、古代汉语、汉语音韵学、语言调查、语言学史、中国语文概要等，还开设逻辑学、外语（俄语）、哲学、政治理论等课。其中，哈尼语文包括语音、口语、会话、民间文学、语法等，由教授哈尼文的王尔松、白祖额编订。①

研究生阶段开设的课程包括学位课和选修课两类。学位课包括哈尼语文、哈尼语方言、文化语言学、中国少数民族文学史。选修课包括社会语言学、民族学通论、西南民族史、汉语音韵学、汉藏语概论、中国语文概要、民族古籍知识、民俗学、中国少数民族语言研究、第二外国语、计算机基础知识等（斯琴，2000：87）。研究生培养方案的拟订人是王尔松，后经学校有关学术委员会通过之后实行。1992年培养的第一届哈尼语言文学专业的硕士研究生，就完全按照这个方案所设置的课程培养。但1994年培养第二届硕士生的时候，这个方案有了些微调，主要的变动有，学位课中

---

① 该信息为采访李绍尼、段贶乐、何炳坤时几位受访者提供的材料。

的文化语言学和中国少数民族文学史两门课改为彝语支语概论和语言调查课；选修课中的民族学通论、西南民族史、民俗学改为语言学理论与方法、语言学史、双语学概论等。

（二）云南民族大学开设哈尼语专业情况

1. 开设哈尼语专业的背景

20 世纪五六十年代和 90 年代初，云南民族大学先后开办过几届哈尼语文班，但都是断断续续，没有连续性。2012 年开始招生的哈尼语文专业，标志着哈尼语文专业真正走进了云南民族大学。为什么在这个时候哈尼语文专业能走进云南民族大学呢？刘劲荣等指出，2000 年开始，云南高校"培养的'中国少数民族语言文学专业'学生，远远不能满足民族地区社会发展的需要。一些民族自治州、自治县感到前所未有的民族语言人才危机，许多单位无法招录到既懂民族语言文化又有学历的本民族干部"（刘劲荣等，2011：13）。为此，云南"省委和省政府决定 2009 年在全省法院系统进行试点，正式启动少数民族人才培养的'订单式'模式"（刘劲荣等，2011：14）。"订单式"模式就是"学校+政府"两个办学单位合作办学形式。在此背景下，2012 年，云南民族大学与红河哈尼族彝族自治州人民政府签订了合作培养人才的协议，从此，哈尼语文专业正式进入了云南省最高的民族高等学府——云南民族大学。

2. 哈尼语专业的培养情况

"1956 年云南民族大学及时创办了景颇、傈僳、哈尼、拉祜、傣、佤等民族语文班，并成立了民族语文部，招生对象主要为少数民族上层人物子女和懂少数民族语的少数民族青年，学习内容是新创制或改进的少数民族文字，重点是培养这些语种的翻译与教学人才。"（刘劲荣等，2011：12）

云南民族学院民族语文部（今云南民族大学民族文化学院）分别于 1957 年 3 月和 1960 年 9 月开办了两个哈尼文大专班，培训哈尼文人才共 60 多人。（戴庆厦和段贶乐，1995：219）

云南民族学院（今云南民族大学）于 1992 年开办双语文秘专业，学制 3 年，培养层次为专科，面向各民族招生，第一届双语文秘专业中，招收哈尼族 11 人，其中，男生 8 人，女生 3 人，来自红河、元阳、金平、绿春等地。1993 年第二届双语文秘专业招收哈尼族 3 人，均为男生。两届总共招收 14 个哈尼族学生，都是红河哈尼彝族自治州人。

当时的培养形式是公共课各民族一起上，专业课分开上。哈尼语方向开设的专业课大致包括哈尼语、基础语法、民间文学三大类。当时学校并未给他们安排实习。这些人毕业后分别去到银行、中小学、民族宗教事务委员会、扶贫开发领导小组办公室、广播电台等部门工作，大部分毕业生选择到学校教书。1992 年招收的三个女生，有 1 个在绿春县戈奎教书，有 1 个在红河的民族干校教书，另外 1 个在红河哈尼彝族自治州广播电台工作。

2012 年云南民族大学与红河哈尼彝族自治州政府签订合同，在云南民族大学开设哈尼文专业，合同期限为 5 年，因此，从 2012 年起，5 年内云南民族大学都招收哈尼文专业的学生。

云南民族大学 2012 年开设哈尼文本科班，第一届招收 26 人，学生都来自绿春、元阳、金平、红河、建水 5 个县的哈尼族，其中，男生 9 人，女生 17 人，学制 4 年。2013 年招收 28 人，其中，男生 8 人，女生 20 人，也都分别来自红河、元阳、绿春、金平、建水 5 个县。

开设的专业课程包括语言学基础知识、语法、民语语法、民族文学、哈尼族传统文学、民语写作、民汉翻译理论与实践，由于专业开设时间不长，民族语方面的课程教材由任课教师编订。

该专业的开设旨在培养能在政府机关、企业里用汉语、民族语言进行写作、办公的人才。

此外，1985 年，中国社会科学院民族研究所在中国社会科学院研究生院民族系集中招收了一批民族语言专业的硕士研究生，学制 3 年。其中，哈尼语言学专家李永燧教授培养了徐世璇和白碧波。徐世璇，女，汉族，本科在湖南师范大学中文系就读，1988 年硕士研究生毕业之后在中国社会科学院民族研究所语言室工作至今，现为教授，中国社会科学院研究生院博士研究生导师。白碧波，男，哈尼族，绿春县人，1988 年硕士研究生毕业后，在红河哈尼彝族自治州民族研究所工作，后调至玉溪师范学院任教，现为该院教授。

二、哈尼语言文学专业在高校取得的成绩和存在的不足

（一）取得的成绩

从 20 世纪五六十年代开始至今，我国高校和社会科学院等有关单位培养的哈尼语言文学专业人才，包括专科、本科、研究生三个层次，但培养的人数不多，若不将云南民族大学该专业在读的本科生计算在内，培养的人数总共不到 100 人。即便如此，哈尼语言文学专业的开设还是取得了很大的成绩，具体表现在以下几个方面。

1. 为相关单位培养了专门人才

国家培养哈尼语言文学专业的人才，是为了配合我国的社会主义建设，为有关单位培养专门的哈尼语言文学专业人才。1958 年培养的第一批哈尼语言文学专业的学员中，段贶乐在云南民族出版社工作，专门负责哈尼文的图书出版；何炳坤在云南省少数民族语文指导工作委员会工作，负责哈尼文在哈尼族地区的推行。李绍尼留校在中央民族大学少数民族语言文学系工作，由于工作的需要，他没有进行哈尼语言文学的教学和科研工作，转而进行白族语言文学的教学和研究工作，但也成为白族语言文学的专家学者。1963 年培养的第二批哈尼语言文学专业的学员中，张佩芝在红河哈尼彝族自治州民族研究所从事哈尼语言文字的科研工作，编写哈尼文教材，编写各地哈尼语方言土语词汇集等。1985 年培养的第三批哈尼语言文学专业的学员中，杨羊就在云南民族出版社工作，专门负责哈尼文的图书出版；卢云春和胡毅坚在云南省少数民族语文指导工作委员会工作，负责哈尼文推行应用的有关工作。1997 年培养的哈尼语言文学专业的研究生课程班两位学员，红河哈尼彝族自治州教育局

教研室的车金明和红河哈尼彝族自治州广播电台民语部的白居舟，凭借比较扎实的语言学功底，现已经成为红河州委州政府牵头组织开展的《哈尼族口传文化译注全集》（100卷）项目的专家。1992年中央民族大学培养的首届哈尼语专业硕士研究生陈丁昆，目前在文化部任办公厅副主任。1994年培养的硕士研究生李泽然，现在已经在中央民族大学专门从事哈尼语言文学的教学和研究工作，同时培养了一批哈尼语言文学专业的高级人才。1985年中国社会科学院培养的硕士研究生白碧波，先后获得过国家社会科学基金项目和国外的有关项目，在包括哈尼语在内的语言学的研究上取得了很大的成绩。

2. 为哈尼族地区培养了民族干部

1958年培养的第一批学员中，李云飞担任过绿春县民族工作队队长、党校教员、副校长、县委副书记、县长等职务。1963年培养的第二批学员中，白纯德担任过初中教员、县委宣传部干事、县民委副主任、普洱县县长、思茅行政公署副秘书长、副专员等职务；李晓义，担任过区委秘书、县委宣传部长、公社党委书记、县委副书记、县长、红河哈尼彝族自治州广播电视局党委书记、局长等职务；蔡横昌担任过云南省民族事务委员会民族工作部秘书、接待处处长、省民委副巡视员兼云南省少数民族语文指导工作委员会主任等职务。1985年培养的第三批学员，分别在红河哈尼彝族自治州民族研究所、红河学院、红河哈尼彝族自治州民族博物馆、墨江县民族宗教事务委员会等单位工作，大部分学员都在从事与民族直接相关的工作。

3. 为哈尼传统文化的传承做出了贡献

哈尼族在历史上没有跟自己语言相一致的文字，千百年来，哈尼族的传统文化都是以口耳相承的方式传承下来的。用文字真实地记录哈尼族的传统文化，是社会主义中国成立后着手做的事情。哈尼语言文学专业人才的培养，如段贶乐、杨羊就，促进了哈尼族传统文化书籍的出版，如迁徙史诗《哈尼阿培聪坡坡》，丧葬祭词《斯批黑遮》《阿妈去世歌》，神话古歌《都玛简收》《缩最禾土玛绕》，民族历史古歌《哈尼族起源歌》等重要古籍。

此外，还有与生产有关的《哈尼族四季生产调》，与习俗有关的《哈尼族习俗歌》、《哈尼朵阿玛》、《哈尼求福歌》、《哈尼谚语》、《哈尼古歌》、《哈尼族民间故事》（6 集）等，它们以汉文、哈尼文双语对照的方式出版，有利于保存哈尼族传统文化。

（二）存在的不足

哈尼语言文学专业在高校存在的不足主要表现在两个方面。

第一，数量上的严重不足。我国哈尼族总人口有 160 多万（2010 年），居云南少数民族人口数第 2 位，在全国 55 个少数民族中处于第 15 位，是我国人口超过百万的十几个少数民族之一。相对于人口如此众多的民族人口，新中国成立六十多年来，哈尼语言文学专业培养的人才不足 100 人（不计目前在云南民族大学就读的哈尼语言文学专业的学生），远远不能满足哈尼族地区现代化建设的需要。

第二，高层次人才的严重不足。从专科、本科到研究生，几十年来培养的哈尼语言文学专业人才总数不到 100 人，而且其中高层次的人才（包括硕士研究生和博士研究生）寥寥几人，不能满足有关单位对哈尼语言文学专业人才的需求。比如，云南民族大学、红河学院等需要哈尼语言文学专业的博士生人才，但我们还没有能培养出来。

三、展望哈尼语言文学专业在高校的发展前景

展望哈尼语言文学专业在高校的发展前景，我们对我国高校培养哈尼语言文学专业的人才，提出以下建议。

第一，中央民族大学是我国少数民族的最高学府，为少数民族地区培养包括哈尼语言文学专业在内的人才，是中央民族大学义不容辞的责任。所以，中央民族大学要大力培养哈尼语言文学专业的高级人才，培养硕士研究生和博士研究生，为哈尼族地区的现代化建设输送高层次的人才。在条件允许的时候，中央民族大学还要继续培养哈尼语言文学专

业的本科生。

第二，云南民族大学是云南省少数民族的最高学府，为云南各少数民族地区培养包括哈尼语言文学专业在内的人才，是云南民族大学义不容辞的责任。云南民族大学建立以来，其民族文化学院一直在招收少数民族语言文学专业的学生。1980 年，该校少数民族语文系开始招收德宏傣语、西双版纳傣语、傈僳语、景颇语 4 个专业的本科生，1983 年增设彝语、佤语两个两年制专科班，1984 年增设拉祜语专科班（刘劲荣等，2011：12）。这些语种的招收为这些民族各个行业输送了大量人才。作为云南省 26 个世居民族之一的哈尼族，人口排在云南少数民族人口的前几位，长期以来，我们一直期盼云南民族大学也能增设哈尼语言文学专业。虽然 1992 年和 1993 年该校招收过两届哈尼语言文学大专班，但也没有延续下来。现在我们高兴地看到 2012 年云南民族大学与红河哈尼彝族自治州政府签订合同，在云南民族大学开设哈尼语言文学专业，合同期限为 5 年，因此，从 2012 年起，5 年内云南民族大学都将招收哈尼语言文学专业的学生。这是关心哈尼族语言文学发展的有识之士长久以来的期盼，我们希望五年合同期满之后，能再有第二个五年合同、第三个五年合同……在云南民族大学能够永远开设哈尼语言文学专业。

第三，希望红河学院开办哈尼语言文学专业。2006 年，由红河哈尼彝族自治州文学艺术界联合会哈尼族作家哥布联合组成一个调查组，其成员有红河哈尼彝族自治州内的李元庆、车金明、艾吉、白居舟和莫独等有关专家学者。这个调查组对红河哈尼彝族自治州哈尼族语言文字现状进行了全面调查研究，写出了《中国云南红河州哈尼族语言文字现状调查报告》。该报告中，调查组在建议里提出红河学院要开办哈尼学专业。其理由是："哈尼族作为一个国际性民族，随着各国学者对哈尼族的深入研究，哈尼学正在逐步形成一门国际性学科。在我州的主体民族中，彝语在中央民族大学开设有彝语专业，西南民族学院有彝学院，云南民族大学和凉山师范学院也有相关专业。而哈尼语专业则不同，至今没有一所大学固定开设这一专业，1958—1993 年，中央民族学院和云南民族学院（今云南民族大学）分别举办了 4 期哈尼文专业，招收学生总共不足 30 人。[①] 红河学院开办哈尼学专业，至少有以下三个方面好处。首先，哈尼族有了一个文化传习基地，哈尼文化可以得到有效保护和发展；其次，红河学院作为唯一开设这门学科的高等院校，哈尼学可以成为其特色专业；最后，随着哈尼学学科的发展，红河学院可能建成世界哈尼族文化的学术中心，成为各国哈尼族学者学习、交流的平台。"（哥布等，2007：201）

红河哈尼族彝族自治州也是全国唯一的哈尼族自治州，在州内唯一的高等学府——红河学院开设哈尼文专业或者哈尼学专业，为哈尼族地区的社会主义建设培养所需的人才，这是关心哈尼语言文学专业发展、关心哈尼族地区社会经济文化发展的有识之士的共同心愿。

参 考 文 献

戴庆厦, 段贶乐. 1995. 哈尼语概论. 昆明: 云南民族出版社.

戴庆厦. 2012. 办好高校民族语文专业的几个认识问题//戴庆厦著. 戴庆厦文集（第四卷）. 北京: 中央民族大学出版社: 378-383.

哥布, 李元庆, 车金明, 等. 2007. 中国云南红河州哈尼族语言文字现状调查报告//刘顺才, 赵德文主编. 第五届国际哈尼/阿卡文化学术讨论会论文集. 昆明: 云南民族出版社: 188-202.

刘劲荣, 罗海麟, 张琪, 等. 2011 云南民族大学民族语言教学回顾与展望//钟进文, 周国炎主编. 民族语文教学研究（第一辑）. 北京: 中央民族大学出版社: 11-23.

斯琴. 2000. 中央民族大学中国少数民族语言文学学科纵览. 北京: 民族出版社.

---

① 笔者注：20 世纪有案可查的情况是，中央民族学院和云南民族学院（今云南民族大学）总共招收了五届哈尼文专业学生，而不是四届。招收专科生和本科生总共 39 人。此外，凉山师范学院应为原西昌师范高等专科学院，现为西昌学院。

"中国少数民族语言文学"专业招生实行民族语言口语测试的重要性和必要性分析
—— 以贵州民族大学为例

韦述启（贵州民族大学）

为了落实《中共贵州省委关于贯彻党的十七届六中全会精神，推动多民族文化大发展大繁荣的意见》，加强中国少数民族语言文学专业的学科建设及贵州双语人才培养，更好地传承、研究贵州少数民族文化，为贵州少数民族地方经济建设服务。从 2012 年 6 月 4 日开始至今的中国少数民族语言文学专业对学生实行优惠政策，分别从降低录取分数、恢复面试、实现学费免费三个方面给予大力扶持。学校目前共开设有苗语、布依语、侗语、彝语、水语 5 个语种的本科班，每年招收 30 名学生。招生采取少数民族语言口语测试，测试有关费用由贵州省民族宗教事务委员会解决。招生安排在第二批本科批次录取，录取分数线原则上按二本分数执行，如果线上生源不足，可适当降分投档并从高分到低分进行录取。同时，从 2012 年开始录取到中国少数民族语言文学专业的学生免收学费，由贵州省民族宗教事务委员会全额补贴。如何更好地培养出地方政府需要的"中国少数民族语言文学专业"特殊人才，是摆在文学院领导及该专业教师面前不可回避的问题。本文从招生考试给"中国少数民族语言文学"人才培养带来的影响入手，分析贵州民族大学"中国少数民族语言文学"专业实行民族语言口语测试的重要性和必要性。

一、"中国少数民族语言文学"本科招生实行
民族语言口语测试情况

贵州民族大学文学院（前身由文学与传播学院的汉语言文学专业和民族文化学院的中国少数民族语言文学专业重组构成）1995 年开始招收本科生以来，由于定位不明确以及多种原因，政策变数大。21 年来，"中国少数民族语言文学"专业招生走过了实行民族语言口语测试到取消民族语言口语测试，再到恢复民族语言口语测试的艰难历程。

（1）"中国少数民族语言文学"专业开办前四年（1995—1998 年），招生实行民族语言口语测试工作，培养了一批合格的"民汉兼通"双语人才。他们中，有的回到自己的家乡工作，成为"下得去，耐得苦，用得上，留得住"的人才，成为民族地区民族事业的骨干分子。

（2）"中国少数民族语言文学"专业取消民族语言口语测试，招生按二本分数进行调剂录取，"中国少数民族语言文学"专业的人才培养处于低谷期。1999—2011 年，贵州民族大学"中国少数民族语言文学"专业的招生取消了民族语言口语测试，按二本录取线来招生，由于生源不足，只能靠调剂完成招生任务。这个阶段培养的学生，因部分学生没有语言基础，学习积极性不高，教师授课困难重重，毕业后，部分学生适应不了少数民族地方语言文字工作的需要。

（3）恢复民族语言口语测试成为"中国少数民族语言文学"专业人才培养模式的主要内容之一。2012 年以来，贵州民族大学文学院领导通过对黔东南苗族侗族自治州、黔南苗族布依族自治州、黔西南布依族苗族自治州进行细致的调研，写出了详细的调研报告，报请贵州省民族宗教事务委员会审批，认为民族地区对"中国少数民族语言文学"专业是有需求的，恳请贵州省民族宗教事务委员会对该校"中国少数民族语言文学"专业给予扶持。2012 年 6 月 4 日下午，贵州省民族宗教事务委员会、贵州民族大学联合在贵州民族文化宫召开"中国少数民族语言文学"专业招生优惠政

策新闻通气会,贵州省民族宗教事务委员会副主任吴建民在讲话中说,贵州是一个多民族的省份,也是一个多语种、多文种的省份,被称为少数民族语言的"富矿"省。少数民族语文工作在全面建设小康社会、构建和谐贵州中有着不可替代的作用。对贵州民族大学"中国少数民族语言文学"专业招生政策进行调整,显得非常迫切、重要。在贵州省招生考试院的大力支持下,对报考中国少数民族语言文学的学生,从降低录取分数、恢复面试、实现免收学费三个方面予以扶持。

通过过去的经验,我们认为"中国少数民族语言文学"招生实行民族语言口语测试,并作为录取的前提条件,这是由民族地区人才需求和培养目标决定的,从中可以看到采取民族语言口语测试来录取和培养"中国少数民族语言文学"专业人才的重要性和必要性。

二、"中国少数民族语言文学"专业招生实行民族语言口语测试的重要性和必要性

新中国成立以来,我国在民族地区广泛开展少数民族民汉双语教学,为民族团结发挥了巨大的作用。同时,为民族地区的经济、文化建设插上了腾飞的翅膀。对贵州这样一个具有 17 个世居少数民族的省份,在民族地区实行双语教学,更是意义重大。

(一)贵州省的省情

贵州省共有苗族、布依族、侗族、土家族、彝族、亿佬族、水族、回族、白族、壮族、瑶族、畲族、毛南族、蒙古族、仫佬族、满族、羌族 17 个少数民族,少数民族人口占全省总人口的 38.9%,仅次于广西、云南,居全国第三位。在全省 1500 万少数民族人口中,有 900 多万人以本民族的语言为第一交际语,有 500 多万人不通汉语(主要是妇女和儿童),半通汉语的有 200 多万人,民汉语兼通的有 200 余万人。贵州的少数民族同胞很大程度上是靠本民族的语言文字来理解党和国家的方针政

策的。从这个事实来看，我们的双语教学任务繁重，要努力推进民族地区的民族语言文学建设。

（二）生源情况

"中国少数民族语言文学"专业的学生很多是他们村的第一个大学生，他们的基础差，底子薄。如果按照国家二本线来录取，他们的成绩比不上外面条件稍好的学生。如果实行民族语言口语测试，并适当降分录取，就能照顾到他们，使他们能够在学好本专业的基础上，毕业后更好地为民族地区服务。

（三）民族地区实际需要

在贵州省民族地区的行政事务中，苗族、布依族、侗族、土家族、彝族、仡佬族、水族、毛南族等民族语言有广泛的应用空间。民族地区的主体民族语言是当地重要的交流工具。贵州的新闻媒介有一些特殊的领域，比如贵州民族报、贵州民族出版社以及民族地方的电视台、电台等部门，这些单位每年都需要民汉兼通的双语人才。另外，受过高等教育的民族语言文学专业的人才，可以用民族语言来进行母语的戏剧、文学作品创作等。当然，为了在法庭上使少数民族同胞能充分表达自己的诉求，贵州省高级人民法院最近几年都会招收懂少数民族语言的双语法官。

（四）专业建设和学科发展的需要

专业建设是高等学校的生命线，从"中国少数民族语言文学"专业的教学计划和培养目标来看，本科四年所安排的民族语言课不到总课时的1/4，不懂民族语言的学生是很难达到培养要求的。民族语言零起点的学生学习积极性不高，往往只是为了混个文凭，且毕业后不愿意回到自己曾经生活过的家乡工作。有较好民族语言基础的学生，很快就能学会自己的民族语言，有较大优势，能够成为民汉兼通的优秀人才，母语优势显而易见。

三、"中国少数民族语言文学"专业招生实行

民族语言口语测试的组织和实施

恢复民族语言口语测试是由学校直接领导，由文学院和招生就业处共同组织完成的。

（一）组织领导

考试均由贵州省招生考试院和贵州民族大学组织和领导。领导小组下设监督组和考务组，负责民族语言口试的考试工作和监督工作。考务组主要由贵州民族大学招生就业处、文学院的领导和专家组成。考务组下设口语考试组。监督组主要由贵州民族大学校领导和纪委工作人员组成。

（二）考前培训

为确保口语测试工作顺利进行，在考试前，贵州民族大学在招生就业处一楼会议室举办一次口语考试教师培训工作会议。参加会议的人员有分管校领导、校纪委工作人员、招生就业处领导、文学院党政领导、出题教师、民族语言测试教师等。会议的主要内容有民族语言口试评分标准、民族语文口试教师相关规定等，校纪律检查委员会对考试全程进行监督，坚持原则，确保公正、公平、公开，如果有违纪行为，将严肃查处。

（三）测试安排

根据相关规定，2012 年以来开考语种有苗语中部方言、苗语西部方言、布依语、侗语、彝语、水语 6 个语种。测试地点在贵州民族大学文学院。贵州省统一考试时间一般是每年 6 月 21—22 日高考结束之后。

（四）试卷命题

试卷由具有丰富民族语言教学经验的专家命题。题目总分为 300 分，测试试题分三种题型：①词汇（100 分）；②句子（100 分）；③场景介绍（100 分）。试卷的制作、运输、保管在校纪律检查委员会的全程监督下进行。

（五）考试方式

测试场地分：①报到处；②候考室；③考试室。考生按语种编号，在候考室候考，按先后顺序进入考场。5 位考官面对考生，按试卷要求提问，根据测试情况，5 位考官分别给出测试成绩，最终取平均分。成绩当场密封，交成绩录入组。

（六）录取工作

录取工作由贵州省招生考试院统一组织，具体由贵州民族大学招生就业处录取，对报考"中国少数民族语言文学"专业并参加口语考试合格的考生单独按照考生成绩从高到低择优录取。

实践证明，"中国少数民族语言文学"本科招生实行民族语言口语测试是培养"民汉兼通"合格人才的一个很好途径。我们期待更多懂少数民族语言的学生通过四年本科阶段的学习，获得一个光明的前途，能为少数民族地区民族语言文学事业的发展贡献力量。

参 考 文 献

戴庆厦.2012. 戴庆厦文集（第四卷）. 北京：中央民族大学出版社.
刘劲荣，罗海麟.2011. 民族语文教学研究（第二辑）. 昆明：云南民族出版社.
钟敬文，周国炎.2011. 民族语文教学研究（第一辑）. 北京：中央民族大学出版社.